职业教育课程改革创新教材

消费心理学

第 2 版

主　编	王　旭　李秀英　张　弘
副主编	廉玉昆　董婷婷　董瑞玲
参　编	王梓妃　刘天鹤　杨淑娟
	孙攀远　黄显明

机械工业出版社

本书共分为10章，包括消费心理学基本理论，消费群体与消费心理，环境因素与消费心理，销售服务与消费心理，商品名称、商标、包装与消费心理，商品价格与消费心理，商品广告与消费心理，新产品与消费心理，消费品市场与消费心理以及消费心理的新发展。

本书既可作为职业院校市场营销专业、市场调查与统计分析专业的专业课程教材，直播电商服务专业、跨境电子商务专业、移动商务专业的拓展课程教材，又可作为企业营销人员的培训教材，同时也适合普通读者自学使用。

图书在版编目（CIP）数据

消费心理学 / 王旭，李秀英，张弘主编. —2版. — 北京：机械工业出版社，2024.1
职业教育课程改革创新教材
ISBN 978-7-111-74629-4

Ⅰ.①消⋯ Ⅱ.①王⋯ ②李⋯ ③张⋯ Ⅲ.①消费心理学-职业教育-教材 Ⅳ.①F713.55

中国国家版本馆CIP数据核字（2024）第041092号

机械工业出版社（北京市百万庄大街22号 邮政编码100037）
策划编辑：刘益汛　　　　　责任编辑：刘益汛
责任校对：张爱妮　张昕妍　封面设计：马精明
责任印制：张　博
北京建宏印刷有限公司印刷
2024年3月第2版第1次印刷
210mm×285mm·11.75印张·301千字
标准书号：ISBN 978-7-111-74629-4
定价：49.00元

电话服务　　　　　　　　　网络服务
客服电话：010-88361066　　机　工　官　网：www.cmpbook.com
　　　　　010-88379833　　机　工　官　博：weibo.com/cmp1952
　　　　　010-68326294　　金　书　网：www.golden-book.com
封底无防伪标均为盗版　　机工教育服务网：www.cmpedu.com

前言

消费心理学是一门应用类学科，与哲学、心理学、经济学、社会学、管理学、营销学等有着极为密切的联系。本书通过对消费心理学基本概念、基本理论的介绍，经典案例的解读，全面系统地阐述了消费心理学的知识及其在实际中的应用。全书共 10 章，将消费心理学的基本理论和市场营销实践相结合，从消费心理学和市场营销的角度揭示了消费者的购买行为特点及其规律。本书有如下特点：

1）突出可操作性，精选大量的实际案例。党的二十大报告明确提出"增强文化自信，围绕举旗帜、聚民心、育新人、兴文化、展形象建设社会主义文化强国"。本书基于海底捞、九阳集团、娃哈哈等民族企业的创新产品与营销模式，融合消费心理学理论，深入浅出讲解了消费心理学的理论。

2）内容系统、实用、合理，涉及消费者群体特征、个性特征等基本知识，以及其对消费心理的影响因素；消费心理和消费行为的基本规律，消费者心理动机的概念、类型、应对方法；社会环境、商品因素、营销因素等对消费心理的影响方式、影响程度等。

3）知识性与趣味性并存。从实际生活中的消费场景展开描述，深入浅出地介绍消费场景中运用的心理学原理，循序渐进地将不同消费场景背后的心理学知识及营销技巧结合起来，增强了知识的趣味性。

4）结构新颖，适用教学。本书构建了以引导案例、知识讲解、消费心理研究室、复习思考题、案例分析题和实训题为内容的应用型模式，突出教师精讲、学生参与、师生互动、提高技能的教学理念和教学方法。

本书由王旭、李秀英、张弘任主编，廉玉昆、董婷婷、董瑞玲任副主编，王梓妃、刘天鹤、杨淑娟、孙攀远、黄显明参加了编写。王旭编写第 1 章、第 2 章、第 6 章，廉玉昆、黄显明编写第 3 章、第 4 章、第 10 章，董婷婷编写第 5 章，董瑞玲编写第 7 章、第 8 章、第 9 章。全书由李秀英负责策划并统稿。张弘组织其他参编人员完成制作课件、微课视频、习题答案等工作。

本书在编写过程中得到了机械工业出版社、辽宁石化职业技术学院、辽宁大学、辽宁工业大学、上海电器环保集团、辽宁省农业经济学校、锦州市现代服务学校、南阳农业职业学院等单位的大力支持，同时参考并引用了相关作者的文献与研究成果，谨在此表示衷心的感谢！

由于编者水平有限，书中难免有疏漏或不妥之处，恳请同行与读者批评指正。

编　者

目 录

前言

第 1 章
消费心理学基本理论

引导案例 / 001

1.1 消费者的心理活动过程 / 001

1.2 消费者的个性心理特征 / 012

1.3 消费者的需要与动机 / 019

复习思考题 / 025

案例分析题 / 025

实训题 / 026

第 2 章
消费群体与消费心理

引导案例 / 027

2.1 消费群体的概念及分类 / 027

2.2 消费群体的心理特征 / 030

2.3 网络消费者与其消费心理 / 041

复习思考题 / 044

案例分析题 / 044

实训题 / 045

第 3 章
环境因素与消费心理 / 046

引导案例 / 046

3.1 经济、社会环境与消费心理 / 046

3.2 家庭环境与消费心理 / 052

3.3 购物环境与消费心理 / 057

复习思考题 / 062

案例分析题 / 062

实训题 / 062

第 4 章
销售服务与消费心理

引导案例 / 064

4.1 销售服务的类型与消费心理 / 065

4.2 营销人员的仪表风度与消费心理 / 067

4.3 营销人员接待技巧 / 075

复习思考题 / 084

案例分析题 / 084

实训题 / 085

第 5 章
商品名称、商标、包装与消费心理

引导案例 / 086

5.1 商品名称与消费心理 / 086

5.2 商标与消费心理 / 089

5.3 商品包装与消费心理 / 093

复习思考题 / 098

案例分析题 / 098

实训题 / 099

第 6 章
商品价格与消费心理

引导案例 / 100

6.1　商品的价格 / 100

6.2　消费者的价格心理 / 104

6.3　商品定价的心理 / 107

复习思考题 / 115

案例分析题 / 115

实训题 / 116

第 7 章
商品广告与消费心理

引导案例 / 117

7.1　商品广告及其心理功能 / 117

7.2　广告媒体及其心理效应 / 122

7.3　商品广告传播的策略与技巧 / 129

复习思考题 / 134

案例分析题 / 134

实训题 / 135

第 8 章
新产品与消费心理

引导案例 / 136

8.1　新产品设计和开发与消费心理 / 136

8.2　新产品推广与消费心理 / 142

8.3　影响新产品购买的因素 / 146

复习思考题 / 150

案例分析题 / 150

实训题 / 151

第 9 章
消费品市场与消费心理

引导案例 / 152

9.1　饭店市场与消费心理 / 153

9.2　汽车市场与消费心理 / 158

9.3　旅游市场与消费心理 / 163

复习思考题 / 168

案例分析题 / 168

实训题 / 169

第 10 章
消费心理的新发展

引导案例 / 170

10.1　电子商务与消费心理 / 170

10.2　绿色消费与消费心理 / 177

复习思考题 / 180

案例分析题 / 180

实训题 / 181

参考文献 / 182

第 1 章
消费心理学基本理论

> 引导案例

为老年人开设的"60+"超市

一家超市货架上的商品价格标签很大,是普通超市的好几倍,目的是让老年人看清价格标签。在货架上,每隔不远的距离都放一个老花镜和放大镜,便于顾客看清每件商品外包装上的文字。在"60+"超市里,一部分导购员是老年人;所有商品是为老年人量身定制的,食品和饮料几乎都是低糖、低盐、低油的;衣服和鞋子都是用健康的材质做成的。

此外,超市的购物环境明亮、通风,地上铺的是防滑地面砖,台阶和转弯处非常平缓,设有残疾人通道。

当消费者有了购买需要和动机的时候,就会调动自身的所有积极因素,实施购买行为。企业和商家最好先去了解消费者需要的类型、内容,然后想办法去满足消费者,促成消费者购买行为的实现。

在现实生活中,消费者的行为千差万别、表现各异。消费者的心理活动、个性心理特征、消费者的需要与购买动机直接影响着消费者行为。其中,心理活动是消费者行为的前提和基础,是影响消费者行为的首要因素。个性心理特征的差异导致不同消费者的购买行为千差万别。消费者的需要与动机是消费者行为的原动力和驱动力,在需要与动机的共同作用下,消费者最终形成购买行为并实现购买需求。

1.1 消费者的心理活动过程

消费者的心理活动过程是指消费者实现消费行为的全部心理活动过程。它是一个动态的过程,包括认识过程、情感过程和意志过程三个方面。这三个方面之间相互联系、相互作用,共同对消费者的消费行为产生重要影响。

1.1.1 消费者的认识过程

消费者购买商品的心理活动,是从对商品的认识过程开始的。消费者对商品的认识过程,就是消费者通过自己的各种感觉器官获得商品的个别属性,并加以联系和综合的反映过程。从心理学的角度分析,消费者对商品的认识过程是通过感觉、知觉、注意、记忆、想象、思维、联想等一系列心理机能的活动来共同完成的。认识过程是消费者购买行为的前提,也是消费者其他心理活动过程的重要基础。

1. 消费者的感觉与知觉

感觉与知觉是消费者认识过程的初级阶段，消费者往往通过感觉和知觉活动获得最初的有关商品的信息。

（1）消费者的感觉。消费者的感觉就是商品外部的个别属性作用于消费者不同的感觉器官而产生的心理现象。在消费过程中，消费者一般是借助触觉、视觉、听觉、嗅觉和味觉这五种感觉来接受有关商品的各种信息，形成对商品的初步印象。消费者通过眼、耳、口、鼻、手等感受器官，能对光线、色彩、声音、气味等基本刺激产生直接反应。商品或服务为迎合市场的需求，在不断更新变化，但只有少数商品或服务能让消费者的感觉发生变化。

1）差别阈限。差别阈限是指感官系统对于两个刺激之间的变化或差异所能够觉察最小量值。差别阈限有三个影响因素：初始刺激、刺激物特性和感知方式的影响、消费者主体因素。

消费心理研究室

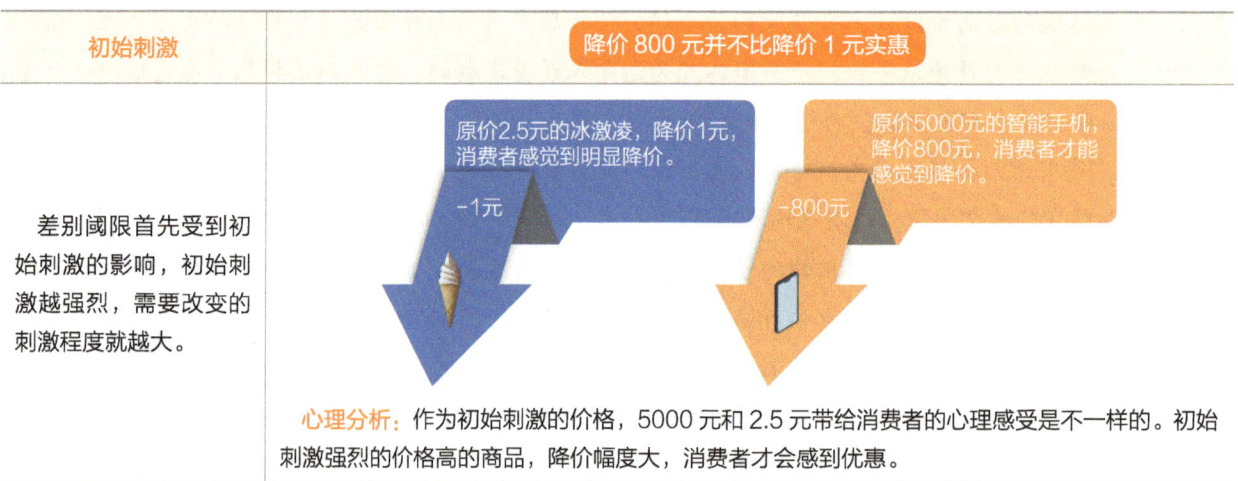

初始刺激	降价 800 元并不比降价 1 元实惠
差别阈限首先受到初始刺激的影响，初始刺激越强烈，需要改变的刺激程度就越大。	原价2.5元的冰激凌，降价1元，消费者感觉到明显降价。 −1元 原价5000元的智能手机，降价800元，消费者才能感觉到降价。 −800元

心理分析：作为初始刺激的价格，5000 元和 2.5 元带给消费者的心理感受是不一样的。初始刺激强烈的价格高的商品，降价幅度大，消费者才会感到优惠。

营销策略：了解消费者对不同商品质量、数量、价格等方面的差别感受性，合理调节消费刺激量。

刺激物特性和感知方式的影响	衣服重量可能在悄悄减轻
刺激物特性对感官的刺激有所差异，如人的视觉敏感度远远高于触觉敏锐度。	款式、色彩的变化明显，衣服布料的重量变化不明显。

心理分析：一些快销时尚的服饰品牌每年会进行服装设计方面的创新，但很少强调质量上的变化。

营销策略：因为人们更容易察觉到视觉上关于款式、色彩搭配的变化而不是触觉上能感知到的质量变化。购买方便面时，人们对于商品价格的敏感度是高于重量的，所以在不同品牌的方便面中，消费者往往选择价格便宜的商品。

刺激物强弱的感知顺序依次是价格，颜色、款式，重量。在进行商品更新改进时，可依据正向改进和负向改进依次改变刺激物的特征。

消费者主体因素	口红有多少种颜色
消费者主体因素主要体现在性别差异、年龄差异等。	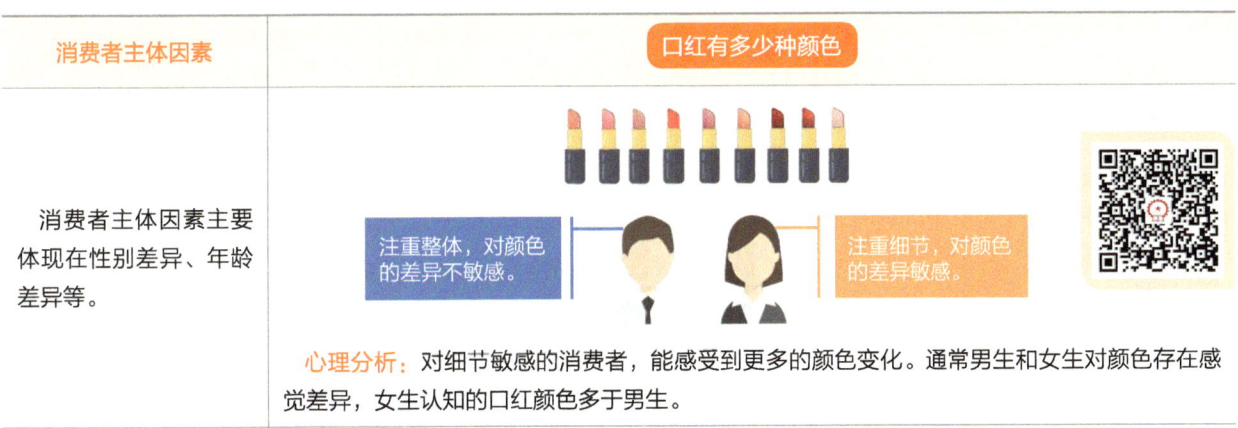 **心理分析**：对细节敏感的消费者，能感受到更多的颜色变化。通常男生和女生对颜色存在感觉差异，女生认知的口红颜色多于男生。

营销策略：通过分析消费者的主体因素，研究消费者在购买产品时的心理，准确选择合适的产品。

刺激强度要在感觉阈限之内，太弱的刺激消费者很难感受到，太强的刺激会超出消费者的承受范围。正面的改进要想办法超出消费者的差别阈限范围。例如，冰红茶加量不加价，加的量为150mL，这样消费者才更容易感觉到重量增加。反之，加量50mL，消费者不容易察觉。相反，负面的改变要控制在差别阈限范围内，如减少商品重量、涨价等，尽量不要让消费者感觉到。因为消费者总希望用同样的钱买到更多的商品，而不是少量的商品。例如，在商品涨价时不能幅度过大，否则容易引起消费者不满。

2）感觉特性。消费者的感觉特性有适应性、对比性、联觉性，如图1-1所示。

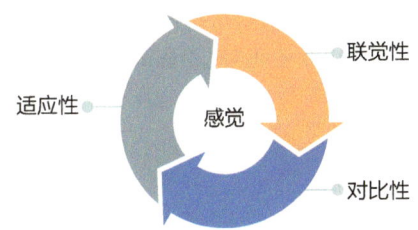

图1-1　消费者的感觉特性

消费心理研究室

适应性	化妆品柜台的引导
感受器官在同一刺激的持续作用下，感受性发生变化，并习以为常的现象。	**心理分析**：进入商场时闻到化妆品柜台的香水气味，但香味过一会儿就感觉不到了，这是因为消费者嗅觉已经适应。因刺激过久而使感受器官变迟钝，持续作用的强刺激使感受性降低，如入芝兰之室，久而不闻其香。因刺激缺乏而使感受器官变敏锐，持续作用的弱刺激使感受性增高，如从暗处来到光亮处。

营销策略：高端品牌的商品过一阶段就更换包装和广告，目的是不断地给人们带来新奇感，避免消费者产生感觉适应性。

消费心理研究室

对比性	被感觉欺骗的消费者
同一感受器官接受不同刺激而使感受发生变化的现象。感觉对比分同时对比和继时对比两种。	**心理分析**：吃糖之后再吃苹果，会觉得苹果很酸，吃了苹果之后再吃糖，会觉得糖更甜。
营销策略：同时对比是几个刺激物同时作用于同一感受器官而使感受发生变化的现象。例如，同样一个灰色长方形，放在白色背景上就显得暗些，而放在黑色背景上则显得亮些。继时对比是几个刺激物先后作用于同一感受器官，使感受发生变化的现象。要注重感觉对比性下，消费者对于商品或服务的感受。	

联觉性	不同感受之间的联动
消费者在同时接受多种消费刺激时，经常会出现由感觉间相互作用引起的联觉现象。	**心理分析**：大型连锁超市在卖场营销活动中运用联觉性原理，在果蔬区的墙壁上挂有大幅果园的照片，在奶制品区域绘有大片牧场的照片，通过环境衬托产品，有效地对消费者行为进行调节和引导。
营销策略：联觉性对消费行为有直接影响，如在优雅柔和的音乐声中挑选商品，对色泽的感受力会明显提高；进餐时色泽鲜亮的菜肴会使人的味觉感受增强。	

3）感觉营销。感觉营销是指利用人体感官的视觉、听觉、嗅觉、味觉和触觉，开展体验式消费和情景式消费，让消费者留下难忘的感觉，引起即兴购买的欲望，如图1-2所示。

图1-2 感觉营销

消费心理研究室

视觉营销	同一种咖啡浓度不同
利用颜色错觉，优化产品带给消费者印象和感受。	黑色杯盛的咖啡让人感觉"太淡了" 褐色杯盛的咖啡让人感觉"有点淡" 黄色杯盛的咖啡让人感觉"正合适" 红色杯盛的咖啡让人感觉"太浓了"
心理分析：不同颜色会使人产生不同的感觉，如果咖啡店用红色杯子盛咖啡，在保证咖啡视觉上浓度合适的条件下，既节约了成本，又使顾客对咖啡质量和口味感到满意。	
营销策略：咖啡店的咖啡杯视觉调研说明，利用视觉错觉，可提升消费者的消费体验，同时降低成本。	

 **消费心理研究室**

味觉和嗅觉营销	面包店的气味与口感
利用味觉和嗅觉，优化产品带给消费者印象和感受。	面包店现场烤制松软的面包，邀请消费者试吃，通过烤制面包的香味进行嗅觉营销，试吃面包进行味觉营销，激发消费者的购买欲望。 **心理分析**：独特的气味和口感可以唤起消费者的认同感，形成情感记忆，激发消费行为。

营销策略：味觉营销和嗅觉营销通常以"味"诱人，以"情"感人，创设体验式消费和情景式消费。气味能够激发强烈的感情，可以唤醒记忆，也可以减小压力。在嗅觉消费方面，可以直接利用消费者的嗅觉开发新产品，如芳香性电扇、喷雾剂、香薰灯、干花等，也可以将气味融入商品或营销传播中，如卡夫食品在杂志上做气味广告，消费者翻开杂志就能闻到零食的香味；星巴克每天会研磨咖啡豆，让店里充满咖啡的香味。独特的气味可以唤起消费者的认同感，形成情感记忆，激发消费行为。

触觉营销	触摸＝拥有？
引导消费者感受商品和服务，激发消费者的购买欲望。	**心理分析**：超市中，消费者任意触摸商品，会产生拥有商品的错觉。一旦失去商品，消费者会产生心理落差，从而下单购买。

营销策略：研究发现，参与者触摸一件物品30秒，甚至更短的时间，能对产品产生更高的依赖感和信任感，这种感觉提升了消费者购买意愿。在网络购物发达的时代，很多品牌减少了用于销售的实体店，反而增加了提供给顾客感受的体验店，鼓励顾客在店内体验商品，从而获取消费者的好感，提高产品销量。

听觉营销	音乐与消费行为
听觉是指人们对声音频率、音量大小、音色的感觉。商家可以利用某种特别的声音来达到营销的目的。	**心理分析**：服装店轻快的音乐能够促发消费者的购买行为；咖啡厅舒缓、低沉的音乐可为消费者提供融洽的交谈氛围；快餐店明快、节奏感很强的音乐会让消费者吃得更快。这类音乐叫功能性音乐。 利用听觉制作特别的声音来表现独特的品牌，如OPPO手机的广告就突出了其音乐手机的定位。

营销策略：听觉营销可以创造购物氛围，连接品牌与消费者的感情，促进消费体验，凸显品牌识别，促使消费者决定购买。根据品牌个性及定位，选择声音；品牌传播中把声音元素推广常态化；选择有特点、识别度高的声音作为品牌名称或声音标志；增强声音与产品使用场景的联系，形成正向联想。

消费者借助于感觉器官对外界各种商品、服务、信息以及对自身需要的各种属性的感觉，形成一切消费活动的基础。对儿童、女性、老人的感觉营销应有所差异，如图1-3所示。

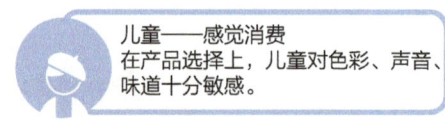

图1-3 儿童、女性、老人的感觉营销

（2）消费者的知觉。知觉是人脑对客观事物整体的反映，它以感觉为基础，是对感觉进行选择、组织和解释的过程。知觉的过程包括：暴露→注意→解释。

1）暴露。

消费心理研究室

暴露	打造暴露效果的途径			
刺激物展现在消费者的感觉神经范围内，感官意愿就会被激活。	商品信息巧妙地融入某些电影、电视剧、小说故事、软文中，实现自然式的营销广告。	越熟悉、接触越多，就会越喜欢。	通过社交媒体、人际拜访等实现对消费者的一对一的信息推送。	占领消费者注意和认知的最佳时间和位置。
	自然式营销推广	多接触	一对一信息推送	占领注意和认知

营销策略：媒体是营销人员投放商业广告信息的载体，包括电视、广播、杂志、广告牌和互联网等，媒体暴露的主动性和自我选择性所产生的影响体现在广告播出时，人们或快速跳过广告节目，或观看广告节目，了解信息。

2）注意。当刺激物激活感觉神经，由此引发的感受被传送到大脑做处理时，注意就产生了。注意经常与具体环境相联系。在不同环境下，消费者对同一物体的刺激会给予不同程度的注意。

消费者的注意是人的心理活动对外界一定事物的指向与集中。注意有两个基本特征，即指向性和集中性。指向性特征表现为人的认识活动具有选择性；集中性特征表现为人的认识活动能在特定的选择和方向上保持持久，同时能够排除外界的干扰。例如，消费者走进超市，面对琳琅满目的商品，能引起注意的仅是他们关心的少数商品。注意的中心总是清晰的，注意的边缘总是模糊的。当消费者在选购商品时，他们的注意力总是集中于某一商品，而对其余商品的注意受到抑制，以便对该商品获得明确的反映，从而决定是否购买。在市场营销活动中，正确发挥注意的心理功能，用多元化经营调节消费者在消费过程中的注意转换，使用成功的广告引起消费者的注意，都具有引发消费需求、提高销售效率的实际意义。例如，运用巨幅的广告牌、明亮的橱窗来增强刺激物的强度；陈列商品经常变化，举办新产品展销会以更换刺激物的刺激点；时装表演、闪烁的霓虹灯则是运用刺激物的运动性等方法引起消费者的注意。

注意力由三个因素决定：刺激物、环境和个体。

① 刺激物。刺激物包括大小、色彩、运动、强度、位置、对比、趣味性等。刺激物本身不能太单调，刺激物在一定时间内出现的次数不能超过上限。越大的刺激物越容易引起注意，如大的横幅广告可以吸引更多的注意力。刺激物的强度（如响度、亮度、长度）也能增加注意，广告在屏幕上播放时间越长，越容易被注意。鲜艳的色彩和移动的物体更容易引人注目，鲜艳的包装比色彩暗淡的包装容易吸引人们的视线，红黄暖色调比蓝灰冷色调更使人兴奋。

② 环境。处于视线正中的位置比处于边缘的位置更容易被人注意。对于与背景混合在一起的刺激物，人们更倾向于关注那些与背景反差很大的刺激物。那些与消费者预期大相径庭的广告会更加引人注目。有趣的信息、店面和店内陈列也会引起消费者的兴趣，通常商店里的体育节目和电影的联合促销比普通的陈列更引人注目，也会产生更多的销量。交通路口突然竖起的超大广告牌，霓虹灯灯管的闪烁都容易引起人们的注意。

③ 个体。消费者更容易注意到他们刚好想购买的商品，如当消费者准备购买电视机，在商场里会走到电视机专卖区。其实消费者周围一直存在刺激物，但消费者对此没有理会，直到消费者刻意去留意它。

3）解释。解释是人们赋予刺激物的意义，有两种方式：直接解释和间接解释。直接解释不要求中介性的思维过程，间接解释则需要经过复杂的思维过程。对于同样的商品，消费者的知觉也可能完全不同，如有的消费者非常喜欢榴梿的味道，但有的消费者避之不及。消费者两极分化的评价说明知觉解释的重要性。在这个阶段，人们会遵循格式塔理论，即感知到的"整体大于部分之和"。比如只听到一段广告语或主旋律的一小部分时，就能哼出全部歌曲；只看到一小部分品牌标识时，就能识别这个品牌。更重要的是，消费者会在解释中融入自己过往的经验，这就要求企业与消费者建立情感联系，促使他们正面解读企业的创新。

知觉的特性有选择性、恒常性、整体性。选择性：消费者主动收集有价值的信息，回避那些令人不愉快或者带有欺骗性的营销刺激，这种筛选属于知觉的选择性。恒常性：在商品经营活动中，特别注意消费者对商品和企业的积极知觉，这种积极知觉一旦形成，即使商品偶尔出现瑕疵，消费者也会给予谅

小贴士

消费者的错觉

错觉又称错误知觉，是指在特定的条件下，对不符合客观实际的歪曲知觉。它包括几何图形错觉、时间错觉、运动错觉、空间错觉以及光渗错觉、整体影响部分的错觉、声音方位错觉、形重错觉、触觉错觉等。错觉不等于一般的不正确认识，它带有必然性、规律性。错觉现象并非绝对无益，在商品营销中巧妙利用消费者的错觉，有时可以取得意想不到的效果。例如，在商品的陈列中充分利用镜子、灯光之类的手段，不仅能使空间显得大，商品显得丰富多彩，减少陈列商品的数量，而且还能调节消费者和销售人员的心情，使销售人员保持好心情为消费者服务。又如，商家利用对比错觉，科学制定商品价格。研究表明，价格尾数的微小差别，能够明显影响消费者的购买行为。一般认为，五元以下的商品，末位数为9最受欢迎；五元以上的商品，末位数为95效果最佳；百元以上的商品，末位数为98、99最为畅销。尾数定价法会给消费者一种经过精确计算的最低价格的心理感觉。此外，奇数定价比偶数定价使消费者觉得便宜，这主要是因为消费者对奇数有好感，容易产生一种价格低廉、降价促销的概念。

解。相反，一旦形成消极知觉，则很难改变。知觉的恒常性使消费者对质量优良的商品、名牌商品形成良好的印象。这种良好的印象会转化为他们的购买行为，并成为该品牌的忠实消费者 。整体性：消费者在感知某一商品时，总是把它作为一定结构的整体，而不是把它感知为片面的孤立的部分。消费者的知觉直接影响购买行为，如消费者在购买商品时，不只关注商品的质量、款式，还要看营销人员的言谈举止、服务态度、售后服务等综合因素，这些因素构成消费者对商品的整体感知印象。

2. 消费者的记忆

（1）消费者的记忆是过去感知的事物在人脑中的反映。记忆中所保留的映像就是人的经验。记忆是一个比较复杂的心理过程，包括识记、保持、回忆、再认等几个环节，其中主要以回忆和再认的方式表现出来。例如，消费者在购买商品时，往往在头脑中重现曾在别处见过或自己使用过的同种商品，进行对比选择，这就需要回忆。又如，消费者能够认出购买过的商品、光顾过的商场、观看过的广告等，这就是再认。记忆在一定程度上影响着消费者的购买决策，决定着购买行为。当消费者初步感知商品后，通常会回忆使用过的商品及感受，从而进一步加深对商品的认识。商品的名称、商标、包装和广告是消费者记忆的主要内容。因此，在市场营销过程中，应注意充分利用记忆规律，帮助消费者明确购买目的，商品信息应通俗易懂，吸引消费者积极参与商品的使用活动，增进与消费者的感情，以此增强消费者的记忆。

加强消费者记忆的方法如图 1-4 所示。

图 1-4　加强消费者记忆的方法

（2）回忆营销的实现方式：寻求有共识的回忆点→打造回忆内容→选择合适的传播媒介。例如，南方黑芝麻糊专题怀旧广告的画面：典型的南方麻石小巷，有母女俩挑着竹担，悬在竹担前的灯摇摇晃晃。随着一声亲切悠长的"黑芝麻糊喽"的吆喝，一个身着棉布衫的男孩，从大院中推门出来，眼中充满渴望，大婶将浓稠的芝麻糊舀入碗里，递给男孩，男孩大口地飞快吃光，意犹未尽地舔着碗底，引得一旁碾芝麻的小女孩发笑。此时，画外音传来男声旁白：一股浓香，一缕温暖，南方黑芝麻糊。该广告引发了许多消费者对自己孩童时期的美好回忆。对于不同年龄段的消费者，要选择合适的传播媒介，如对于 50 后、60 后的消费者，广播电视和会议营销等方式较有效，而对于 70 后、80 后、90 后来说，网络则是更好的传播媒介。

3. 消费者的想象与思维

（1）消费者的想象是人脑用过去感知的材料来创造新形象的过程。它是人所特有的一种心理活动，是在记忆的基础上，把过去经验中已经形成的联系进行加工改造，创造出没有直接感知过的事物的新形象。想象对于深化消费者的认知具有重要的作用。消费者在购买过程中常常会运用到想象，许多商品对于消费者来说并不是急需的，但是在经历了想象心理活动后常常会导致购买行为。例如，有些女性消费者在购买衣服时常常把衣服搭在身上，对照镜子边欣赏边想象穿在自己身上的效果。又如，消费者购买房子后，必然伴随着对居室的装修、家电购买和家具布置的整体想象。因此，商家应充分利用消费者的这一心理特点，在进行商品设计、品牌包装、广告设计以及橱窗布置时，综合运用各种方法来激发消费者积极的想象力，以达到促销的目的。

（2）消费者的思维是人脑对客观事物本质特征的间接、概括的反映，是认识活动发展的高级阶段。间接性和概括性是思维的主要特征。间接性是通过其他媒介来认识客观事物，如通过收看电视广告，了解到某种商品的性能。概括性是借助已有的知识、经验来理解和把握没有直接感知的事物。例如，消费者在购买过程中，多次感知到名牌商标与商品质量之间的联系，从而得出"名牌商品质量好"的认识。思维的基本过程包括分析、综合、比较、判断、推理、抽象和概括、具体化。在消费者的购买活动中，思维过程也是决策过程。消费者的思维方法和思维能力存在差异，购买决策的方式和速度各不相同。例如，有的消费者思维的独立性与灵活性很强，易于做出购买决策；有的消费者思维的深刻性与广阔性很强，往往经过反复对比才做出购买决策。因此，商家需要根据商品的性质和购买对象，为消费者提供思维的感知材料，使消费者产生丰富美好的想象，从而引起强烈的购买欲望。

个体在日常生活和人际交往中想要展现的并不是真实的自我，而是理想的自我。在这种逃避真实的自我但又想让理想的自我以现实的方式出现的心理驱动下，美颜相机就应运而生了。美图秀秀公司出品的美颜相机通过把照片中的人像进行程式化的美化给拍照的人带来自信，而这种自信来源于美颜相机镜头对理想自我的确认。美颜相机模糊了个体心中现实自我与理想自我之间的界限，而且还借助社交媒体使外界对个体的认知越来越趋向于个体的理想自我。

2020年11月30日，美颜相机上线了"医美体验馆"功能。消费者可以通过这个神奇的功能，体验割双眼皮、增高鼻梁等医疗美容项目的模拟效果。无论消费者对自己的相貌有多不满意，都可以轻松一键美化自己的照片，重塑形象。美颜相机不仅让中国消费者为之魂牵梦萦，更是迅速红遍全球。海外版美颜相机的总下载量高达8亿次，消费者覆盖了全球230个地区，月活跃人数高达7500万。

美颜相机号召消费者改变真实的自己，从而塑造更加完美却不真实的形象。事实上，每个消费者都时不时地在思考"我想成为怎样的人"，但与此同时，他也在不断探索"我是谁"。对这两个问题的回答影响了消费者的消费行为。

根据关于自我差异的理论，人会努力缩小真实自我和理想自我之间的差异，从这个角度看，向消费者推销理想自我或许是一种有效的促销策略。但相比承诺帮助消费者实现理想自我的产品，消费者更有可能与认可他们当下真实自我的产品建立情感依恋。例如，消费者更认可接近真实自我，适度理想的美颜照片，如图1-5所示。

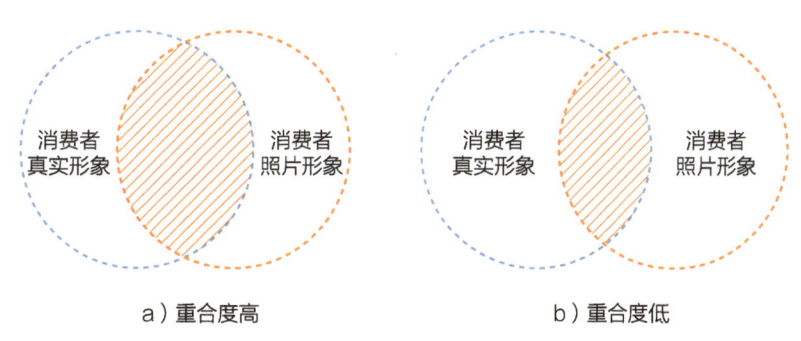

图1-5 消费者真实形象与照片形象的重合度

1.1.2 消费者的情感过程

通常情况下，消费者完成对商品的认知后，就具备了购买的可能性，做出购买决策。理论上讲，消费者的购买活动都应是高度理性的行为，但是在现实购买活动中并非完全如此。人是具有感情的，消费行为的发生经常受到情感的影响，还需要消费者情感过程的参与。情感过程就是消费者在购买过程中对商品或服务的态度体验，如喜怒哀乐等。积极的情感如喜欢、热爱、愉快等，可以增强消费者的购买欲望；反之，消极的情感如厌恶、反感、失望等，会削弱消费者的购买欲望。

1. 情绪与情感

情绪与情感是人的需求是否得到满足时所产生的一种对客观事物的态度和内心体验。情绪与情感从不同角度来揭示人的心理体验。情绪一般与生理需要是否满足相联系，由特定的条件所引起，并随条件的变化而变化。情绪具有较大的情景性、冲动性和短暂性，常常在活动中表现出来。例如，当消费者购买某种商品时，该商品的数量多，有挑选的余地，就会出现满意的情绪；反之，情绪就不愉快。情感是与人的社会性需要和意识紧密联系的内心体验，如理智感、道德感、美感等。与情绪相比，情感具有较大的稳定性、深刻性和持久性，不会因为活动的结束而消失。例如，商场的购物环境优雅、商品陈列有序、服务态度良好，都会使消费者产生赞赏和信任之感，因此经常光顾。情绪与情感之间有着密切的内在联系，可以相互转化。情绪长期积累，就会转化为情感，而情感在一定条件下也会以情绪的形式表现出来。因此，从某种意义上说，情绪是情感的外在表现，情感是情绪的本质内容。

2. 情绪与情感的表现形式

现实生活中，消费者表现出来的情绪多种多样，根据情绪的强度、持续时间和复杂程度，可以将情绪分为以下几种类型。

（1）心境。心境是一种比较微弱、平静而持久的情绪状态，具有弥散性、感染性和持久性的特征。在消费活动中，良好的心境会提高消费者对商品、服务、环境的满意程度，反之，不良的心境会使消费者感到厌烦，而拒绝购买商品。

（2）激情。激情是一种突然爆发、强烈而短暂的情绪状态，具有瞬间性、冲动性和不稳定性的特征。通常是由强烈的欲望或刺激引起的，如狂喜、暴怒、恐惧、绝望等。消费者在激情状态下会出现失常现象，冲动取代理智，往往做出非理性的购买决定。

（3）热情。热情是一种强烈、深刻而稳定的情绪状态，具有持续性、稳定性和行动性的特征。它不如激情强烈，但比激情持久，如喜爱、厌恶等。在消费活动中，热情能推动消费者为实现目标而持续地努力。例如，集邮收藏爱好者为了不断增加藏品，实现自己的爱好，减少其他商品的购买。

（4）应激。应激是一种在出乎意料的紧张情况下所引起的情绪状态，具有临时性、动态性的特征。应激的最直接表现是精神紧张。在应激状态下，人们会把体内的所有潜能都调动起来，以应付紧张的局面。人们处理应激的方式主要依赖于生活经验以及意志品质对情绪的控制能力。

消费者的情感过程主要是通过面部表情、语言、体态、动作等外部形式表现出来。面部表情是最丰富、最重要的一种表现形式，消费者在购买过程中的喜怒哀乐等都通过不同的面部表情表现出来。例如，看见中意的商品时，消费者会全神贯注地观察。语言也是消费者情感的外部表现形式之一，消费者在高兴、急躁的时候会采用快速、激昂的语调，失望、犹豫的时候会采用缓慢、低沉的语调。体态是消费者情感在身体姿态、动作上的表现。例如，对商品不感兴趣时会东张西望。因此，在商品营销过程中，销售人员应善于观察消费者的面部表情、语言、体态和动作，以此揣摩判断消费者的购买心理，从而促成消费者购买行为的实现。

3. 影响消费者情感过程的因素

在购买过程中，影响消费者情绪、情感的因素是多方面的，主要有个人心境、审美情趣、购买环境、商品因素、服务质量、商品宣传等。

（1）个人心境。个人心境是指消费者进入购买现场时的情绪状态或精神状态。心境能影响消费者的整个购买行动，保持积极或消极的影响。不同的心境会导致消费者不同的情绪色彩，如兴高采烈、抑郁寡欢、烦躁不安等。

（2）审美情趣。审美情趣是消费者根据自己的看法对商品或服务审美价值的评价。消费者在购买商品时总是按照自己的审美情趣去选购，当产生对某种商品或服务的美感时会持肯定态度，并以积极的情绪色彩表现出来。消费者的审美情趣受出身地位、文化素养、兴趣爱好、实践经验、社会生活条件的影响和制约。商品如果符合消费者的审美观，就具备了一定的感染力，就可以影响消费者情感，使消费者在消费商品使用价值的同时，也产生了审美感受。

（3）购买环境。消费者的情绪产生和变化，受到购买环境的影响。例如，购买环境宽敞明亮、优雅舒适，会使消费者产生愉悦、舒畅的积极情绪。反之，则会使消费者产生厌烦、失望的消极情绪。因此，很多商家非常注意购物环境的设施和装饰，尤其是色彩、照明、温度、气味、音响、空间大小等条件。

（4）商品因素。消费者购买活动中，商品是影响消费者情绪的最主要因素。消费者需要的满足大多是借助商品实现的，所以有关商品的外观、质量、价格等各方面的特征，能够引起消费者的不同情绪。式样别致、包装新颖的商品，价格具有优势并且符合不同消费者需要的商品，都能引发消费者购买的积极情绪。

（5）服务质量。服务质量是消费者在购买过程中，对其所受到的接待和服务的满意程度。消费者受到销售人员热情礼貌的接待，就会产生信任感、满意感，表现出愉悦的积极情绪，购买商品的欲望就会强烈。因此，所有商家都把微笑服务作为一条基本原则，以饱满的热情和微笑的表情接待消费者。

（6）商品宣传。消费者对一种商品和品牌的认知与购买过程是一个情感不断变化的过程，其中商品宣传对消费者的情感影响很大。商品宣传要想打动消费者，必须针对消费者的需要，使消费者一出现类似需要就会想到该商品，与消费者产生共鸣，只有这样才能取得良好的商品促销效果。例如，大宝化妆品广告词"大宝明天见，大宝，天天见"，广告的宣传贴近消费者，透着朴实、温暖的生活气息，拉近了产品与消费者的情感距离。

1.1.3 消费者的意志过程

消费者在对商品进行认知、做出购买决策、实施购买行为时，需要排除各种外界干扰，以保证实现购买目的。这个过程就是消费者的意志过程。目的性、坚持性和调节性是意志过程的主要特征。目的性能使消费者按照预定的目的去支配自己的购买行为。坚持性会使消费者在实现购买目的的过程中，自觉排除其他因素的干扰。调节性表现为意志对行动的调节，包括发动行为和制止行为两个方面：发动行为激发积极的情绪，推动消费者为实现购买目的而采取一系列行动；制止行为则激发消极的情绪，阻止不符合购买目的的行动。

在购买活动中，消费者的意志表现为一个复杂的作用过程，可分为决策、执行、体验三个相互联系的阶段。

1. 做出购买决策阶段

这是意志过程的初始阶段，也是购买活动的准备阶段。在这一阶段，消费者要确定购买目的，权衡购买动机，选择购买方式，制订购买计划。例如，在同一时期，消费者可能会有多种不同的需要，但又不可能同时实现，就必须根据自己的实际消费能力和商品的供应情况，分清主次、轻重、缓急，依靠意志来进行权衡取舍，做出是否购买和购买顺序等决定。消费者在这个阶段，主要是依靠意志的果断性来克服个人心理上的购买冲突，迅速而合理地做出购买决定，否则就会因犹豫不决、缺乏主见而坐失购买良机，或导致草率的购买行为。

2. 执行购买决策阶段

这是购买决策转化为实际购买行动的阶段，是意志过程的中心环节。在这一阶段，消费者把主体意识转化为实现购买目的的实际行动。一般来讲，就是去购买计划中需要的商品。在执行阶段往往会出现一些意想不到的障碍，特别是在面临重大采购决策时。有时计划购买的商品在质量、价格、式样等方面并不都与消费者期望完全符合，这就需要消费者依靠意志的坚持性来进行排除，需要消费者具有一定的智力、体力和克服挫折的毅力。消费者如果意志薄弱，就可能放弃执行购买决策，只有自觉排除外界干扰，才能较好地执行购买决策，完成购买活动。

3. 体验执行效果阶段

完成购买行为后，消费者的意志过程并未完全结束。通过对商品的使用，消费者还要体验执行购买决策的效果，即感受满意度的阶段，这是意志过程的发展阶段。通常，消费者对所购买的商品都会有期望值，完成具体购买活动的消费者，常常会将购买前后的心理感受做一番比较，如果购买前后心理感受相符，就会对商品产生满意感，否则就会产生失败感。在体验阶段，消费者将评价其购买行为是否明智，并将影响今后的购买行为，决定今后是重复购买还是拒绝购买，是增加购买还是减少购买。

1.2 消费者的个性心理特征

在整个消费过程中，消费者无一例外地都要经历认识、情感、意志等心理活动过程，这一过程体现着消费者心理活动的普遍性规律。但在不同的消费者之间，消费行为又存在着明显的差异。构成消费者千差万别、各具特色的购买行为的心理基础，就是消费者的个性心理特征。个性是指个体身上带有倾向性的、比较稳定的、本质的心理特征的总和。个性的心理结构十分复杂，包括能力、气质、性格、兴趣等许多心理特征。个性作为消费者个体本质的心理特征，具有稳定性、整体性、独特性和可塑性等特点。消费者个性心理特征的差异是通过不同的购买行为表现出来的。

1.2.1 消费者的能力

能力是指人顺利完成某项活动所必备的，并且直接影响活动效率的个性心理特征。因此，能力总是和活动联系在一起，离开了具体活动就不能表现人的能力。消费者的能力是通过消费活动表现出来的。消费者只有综合运用和不断提高消费能力与技能，才能在复杂多变的消费环境中保持高度的自主性和消费行为的自由度，以获得最佳的消费效果。

1. 消费者的能力结构

根据层次、作用和性质的不同，消费者的能力可以分为以下几个方面。

（1）各种消费活动所需要的基本能力。在各种消费活动中，消费者必须具备一些基本能力，如对商品的感知能力，对信息的分析、评价能力，对购买的选择、决策能力，以及记忆力、想象力等，这些基本能力是消费者从事消费活动的必备条件。基本能力的高低强弱会直接导致消费行为方式和效果的差异。

感知能力是消费者对商品的外部特征和外部联系加以直接反映的能力。通过感知，消费者可以了解到商品的外观、色彩、气味、轻重以及整体风格等，从而形成对商品的初步印象，为进一步对商品做出分析判断提供依据。因此，感知能力是消费行为的先导。消费者感知能力的差异主要表现在速度、准确度和敏锐度方面。例如，感知能力强的消费者，往往能很快地抓住商品的特征，形成对商品的整体印象，挑选出满意的商品；而感知能力弱的消费者，往往不能迅速确定商品的主要特征，忽略商品的微小变化或同类商品之间的细微差别。

分析评价能力是消费者对接收到的各种商品信息进行整理加工、综合分析、比较评价，进而对商品的优劣好坏做出准确判断的能力。分析评价能力的强弱主要取决于消费者的思维能力和思维方式，同时与个人的知识经验有关。例如，分析评价能力强的消费者，能迅速果断地做出比较准确的判断；而分析评价能力差的消费者，经常表现为犹豫不决，有时甚至会做出错误的判断。一项试验表明，大多数消费者在蒙眼的味觉实验中不能准确辨别可口可乐与百事可乐的区别，许多喜爱可口可乐的消费者在试验中却选择了百事可乐。这说明消费者对商品的分析评价很大程度上是建立在商家提供的商品信息基础上的。

选择决策能力是消费者在充分选择和比较商品的基础上，及时果断地做出购买决定的能力。消费者的决策能力直接受到个人性格和气质的影响，同时还与消费者对商品的熟悉程度、使用经验和消费习惯有关。

此外，记忆力、想象力也是消费者必须具备和经常运用的基本能力。消费者记忆力和想象力的好坏，关系到能否有效地做出购买决策。有的购买决策是面对商品时做出的，而有的决策则是在没有见到商品的情况下做出的，在这种情况下，记忆是一个关键要素。丰富的想象力可以使消费者从商品本身想象到该商品在一定环境和条件下的使用效果，从而激发消费者美好的情感和购买欲望。

（2）特殊消费活动所需要的专业能力。专业能力是指消费者从事某种专门性消费活动所必备的特殊能力，它是以专业知识技术为基础的消费技能。例如，购买高档电子产品的鉴别能力，购买古玩字画的鉴赏能力，购买二手汽车的检测能力等，这些都属于专业性很强的特殊消费技能。如果不具备专业能力而购买某些专业性商品，就难以获得满意的消费效果，甚至无法发挥应有的使用效能。此外，专业能力还包括一些由基本能力发展而形成的优势能力，如创造力、审美力等，这些能力往往在服饰搭配、美容美发、家居装饰、礼品选择等方面体现出来。

（3）对自身消费权益的保护能力。保护自身权益是消费者必须具备的一项重要能力。在消费活动中，消费者享有许多天然权力和利益，这些权力和利益经法律认定，成为消费者的合法权益。但是在现实消费活动中，侵犯消费者合法权益的事件屡屡发生。因此，客观上要求消费者树立消费权益意识，掌握合法权益内容，不断提高自我保护能力。按照《中华人民共和国消费者权益保护法》的规定，消费者享有九项基本权利，具体包括安全保障权、知情权、选择权、公平交易权、获得赔偿权、成立维权组织权、获得知识权、受尊重及信息保护权、监督权。当消费权益受到侵犯时，消费者要善于运用舆论、社团、行政、法律等多种途径和手段，寻求有效保护，挽回利益损失。

2. 能力与消费行为表现

消费能力的差异使消费者在购买和使用商品过程中表现出不同的行为特点，决定了消费者不同的购买类型，一般分为以下几种类型。

（1）成熟型又称确定型，这类消费者通常具有全面的能力结构和水平。他们具有比较明确的购买目标，事先掌握一定的市场信息，了解较多的相关商品知识，能够正确辨别商品的质量优劣，很内行地在同种或同类商品中进行比较、选择，其专业程度甚至超过了销售人员。这类消费者在购买商品过程中往往比较自信，自主性较高，主动提出购买商品的规格、式样、价格等要求，有时会向销售人员提出少量关键性问题，很少受外界环境及他人意见的影响。销售人员在接待这类消费者时要充分尊重他们的意见，配合提供一些技术性的专业资料，不必过多地解释和评论商品。

（2）一般型又称半确定型，这类消费者的能力结构和水平处于中等状况。他们通常具备一些商品方面的知识，但仅掌握有限的商品信息，缺乏相应的消费经验，主要通过广告宣传、他人介绍等途径来了解和认识商品。在购买之前，只有一个大致的购买目标，对商品的具体要求尚不明确。他们在购买过程中，行为是随机的，与销售人员接触时不能具体地提出对所需商品的各项要求，往往乐于听取销售人员的介绍和商家的现场宣传，缺乏购买自信和独立见解，购买决策过程要根据购买现场情景而定。在接待这类消费者时，销售人员应及时补充商品知识，有侧重点地向消费者介绍商品。

（3）缺乏型又称盲目型，这类消费者的能力结构和水平处于缺乏或低下状态。他们不了解有关的商品知识和消费信息，不具备购买和使用经验。在购买之前，没有明确的购买目标，仅有一些朦胧的意识和想法。因此，在购买过程中往往无目的地浏览，对所需商品的各种要求表达不清，挑选商品常常不得要领，犹豫不决，极易受购买环境、广告宣传、其他消费者或销售人员的影响，如销售人员的态度、其他消费者的购买情况等。这种状况一般出现在对不熟悉商品或新产品的消费中，以及未成年人、老年人和残疾人消费者中。在接待这类消费者时，销售人员要不怕麻烦，主动认真、实事求是地介绍商品，帮助消费者选购适用的商品。

1.2.2 消费者的气质

气质是个体心理活动的典型的、稳定的动力特征。所谓动力特征，主要表现在心理活动和状态的强度、速度、灵活性、稳定性以及指向性上。例如，有些人活泼、好动、反应迅速，有些人安静、稳重、反应迟缓等。每个消费者都会以特有的气质风格出现于各种消费活动中，购买同一商品，不同气质类型的消费者会采取完全不同的行为方式。因此，气质是消费者固有特质的一种典型表现。

1. 气质的类型

消费者的气质类型如图1-6所示。

（1）胆汁质。胆汁质的人高级神经活动类型属于兴奋型。他们的情感和行为动作反应迅速而强烈，有极明显的外部表现。表现为情绪兴奋性高、直率热情、精力旺盛，但抑制能力差、脾气暴躁、易于冲动、心境变化剧烈、缺乏耐心。

（2）多血质。多血质的人高级神经活动类型属于活泼型。他们的情感和行为动作发生得快，变化得也快，但较温和。表现为情绪兴奋性高、外部表露明显、活泼好动、动作敏捷、兴趣广泛，但兴趣不持久、注意力易转移、情感不够深刻稳定、缺乏忍耐性。

（3）黏液质。黏液质的人高级神经活动类型属于安静型。他们的情感和行为动作进行得迟缓、稳定。表现为情绪兴奋性低、外部表现少、安静沉稳、少言寡语、善于克制、慎重细致，但缺乏灵活性、比较刻板、易固执己见、可塑性差。

（4）抑郁质。抑郁质的人高级神经活动类型属于抑制型。他们的情感和行为动作进行得都相当缓慢、柔弱。表现为情绪兴奋性低、情感体验深刻持久、敏感细腻、观察敏锐、富于想象，但脆弱多疑、优柔寡断、不善交往、易遭受挫折。

在现实生活中，大多数消费者的气质介于四种类型的中间状态，或以一种气质为主，兼有其他气质的特点，即属于混合型气质。

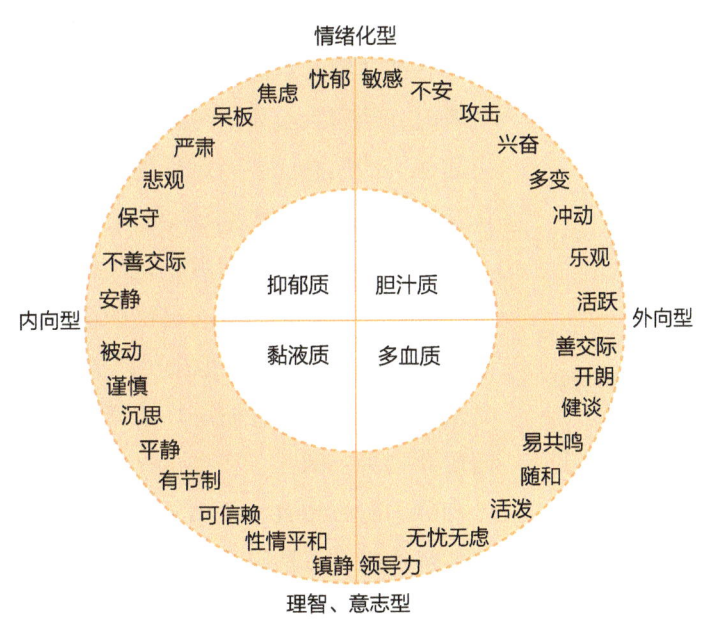

图1-6 消费者的气质类型

2. 气质与消费行为表现

消费者气质反映在消费心理行为的各个方面，主要涉及消费者购买商品前的决策，购买时的行为特点和情绪的反映强度，购买之后消费体验等方面。

（1）胆汁质型消费者。这类消费者在购买过程中反应迅速，选购商品时言谈举止显得匆忙，一旦感到某种需要，购买动机就会很快形成，且表现得非常强烈，不愿意反复选择比较，因此总是快速地、甚至草率地做出购买决定，事后又往往容易后悔。他们比较喜欢购买新颖奇特、标新立异的商品。在购买过程中，如果遇到热情周到的接待就会迅速成交；如果等候时间过长或销售人员怠慢，就会引发其烦躁情绪。因此，在接待这类消费者时，要求销售人员头脑冷静、动作快捷、耐心细致、应答及时、语言简明，可适当向他们介绍商品的有关性能，以引起消费者的注意和兴趣，还要注意语言与目光的友好，不

消费案例

3月15日是国际消费者权益日，某大型零售企业为了改善服务态度，提高服务质量，向消费者发出意见征询函，调查内容是"如果您去商店退换商品，售货员不予退换怎么办？"要求被调查者写出自己遇到此类事件是怎样做的。其中有如下几种答案：

1. 耐心诉说。尽自己最大努力，慢慢解释退换商品的原因，直至得到解决。
2. 自认倒霉。向商店申诉也没用，商品质量不好又不是商店生产的，自己吃点亏，下回长经验。缺少退换商品的勇气和信心。
3. 灵活变通。找好说话的其他售货员申诉，或找值班经理求情，只要有一人同意退换就可以解决问题。
4. 据理力争。与售货员争论到底，不能退换货就向媒体投诉曝光，或向工商局、消费者协会投诉。

上述情况反映出不同气质类型的消费者，在消费行为中显现出不同的甚至截然相反的方式、风格和特点。

要刺激对方，使消费者的购买情绪达到最佳状态。

（2）多血质型消费者。这类消费者在购买过程中善于表达自己的愿望，对商品的外表、造型、颜色、功能等比较关注，但有时注意力容易转移，兴趣忽高忽低，购买行为易受情绪的影响。在购买过程中，他们愿意与销售人员沟通，乐于咨询、交流所要购买的商品，喜欢向别人讲述自己的使用感受和经验。此外，他们易受周围环境的感染、购买现场的刺激和时尚因素的影响。因此，在接待这类消费者时，销售人员应主动介绍、与之交谈、有问必答，尽可能多地为消费者提供商品信息，同时注意与他们联络感情，取得信任与好感，从而促使购买行为的顺利完成。

（3）黏液质型消费者。这类消费者挑选商品认真、冷静、慎重，善于控制自己的感情，喜欢与否不露声色，不易受广告宣传、商品包装及他人意见的干扰影响。在购买过程中，这类消费者往往细心地选择比较，决策较慢。因此，在接待这类消费者时，销售人员要避免过多的提示和过分的热情，否则容易引起他们的反感；要有足够的耐心，允许消费者有足够的时间认真挑选商品，对顾客的意见给予充分的肯定与支持。

（4）抑郁质型消费者。这类消费者在购买过程中对外界刺激反应迟钝，不善于表达自己的愿望，表现为优柔寡断，挑选商品谨小慎微，不仓促地做出购买决定；同时不愿与他人沟通，对销售人员的推荐介绍心怀戒备、态度敏感，经常因犹豫不决而放弃购买。因此，在接待这类消费者时，销售人员要注意态度和蔼、耐心细致，要熟知商品的性能、特点，及时正确地回答各种提问，以消除消费者的疑虑，增强他们的购买信心，对消费者的反复行为应予以理解。

1.2.3 消费者的性格

性格是个体表现在对现实的态度和行为方式上的比较稳定的心理特征。性格是个性心理特征中最重要的方面，它通过人对客观事物的倾向性态度、意志活动、言语、行为等方面表现出来，是一个人的本质属性的独特结合。人在现实生活中表现出来的一贯性的态度倾向和行为方式，如勤奋、懒惰、诚实、虚伪、谦虚、骄傲、勇敢、懦弱等，都反映了自身的性格特点。

1. 性格的特征及类型

性格是十分复杂的心理现象，包含多方面的特征。一个人的性格由不同方面的性格特征有机结合，形成独特的性格统一体。性格的特征包括以下四个方面。

（1）性格的态度特征，表现为个人对客观事物和现实的态度倾向性特点，如对社会、集体、他人、自己、工作、学习、生活的态度等，是性格的核心。

（2）性格的理智特征，表现为个体在心理活动过程方面的差异性特点，如在感知方面是主动观察还是被动感知，在思维方面是具体罗列还是抽象概括，在想象方面是富于创造还是简单模仿等。

（3）性格的情绪特征，表现为个人受情绪影响的特点，如个人情绪反应的强弱、快慢，情绪起伏波动的大小，情绪持续时间的长短等。

（4）性格的意志特征，表现为个人对自身行为的自觉调节方式和控制程度的特点，如在行为目标确定方面是主动计划还是被动接受，在行为自觉控制方面是主动控制还是放任自流，在意志行动方面是独立坚毅还是依赖放弃等。

人的性格类型可以按多种角度进行分类，按性格的机能性可分为理智型、情绪型和意志型；按性格的倾向性可分为外向型和内倾型；按性格的独立性可分为独立型和顺从型。由于人的性格是复杂多样的，因此，单纯属于某一性格类型的人是极少的，大多数人的性格是由多种类型混合形成的。

2. 性格与消费行为表现

性格特征反映在消费者对待商品的态度和购买行为上，就构成了消费性格。消费者的性格是在购买行为中起核心作用的个性心理特征。不同性格的消费者，在各自的消费活动中会形成千差万别的消费行为。性格在消费行为中的具体表现可以从不同角度进行划分。

（1）从消费态度角度划分，可分为节俭型、自由型、保守型、顺应型。

1）节俭型又称现实型、实用型。这类消费者在消费态度上崇尚节俭，讲究实用。在选购商品的过程中，更多的是注重商品的质量、性能和实用性，以物美价廉作为购买的标准，不追求商品的外观和品牌，受商品外在包装和广告宣传的影响较小，不喜欢销售人员人为地赋予商品过多的象征意义。这类消费者在我国为数众多，中老年消费者尤其居多。

2）自由型又称随意型。这类消费者在消费态度上比较随意浪漫，生活方式自由，选择商品既注重内在质量，也讲求外在美观，但更多的是追求外观。他们选择商品的标准往往多样化而且不稳定，不拘泥于一定的市场信息，易受外界环境和商品宣传的诱导，联想丰富，有时不能自觉地、有意识地控制自己的情绪。这类消费者以年轻人居多。

3）保守型又称怀旧型。这类消费者在消费态度上比较严谨固执，生活方式刻板，喜欢遵循传统消费习惯。在选购商品时，经常与过去的消费经验进行比较，习惯购买传统的和以前使用过的商品，而对新产品、新观念持怀疑、抵制态度，不愿冒险尝试新产品。这类消费者以老年人居多。

4）顺应型。这类消费者在消费态度上比较随和，生活方式大众化。在选购商品时，既不购买标新立异的商品，也不固守传统消费习惯。他们的消费行为受相关群体影响较大，喜欢与自己相仿的消费群体保持比较一致的消费水平，并能够随着社会的发展不断调节和改变自己的消费方式和习惯。

（2）从购买方式角度划分，可分为习惯型、慎重型、挑剔型、被动型。

1）习惯型。这类消费者在对使用过的商品有了深刻体验后，便保持稳定的注意力，逐步形成习惯性的购买和消费，不轻易改变自己的观念和行为。他们的消费行为和方式一般不受时尚和社会潮流的影响。

2）慎重型。这类消费者在选购商品时，往往根据自己的实际需要和购买经验进行购买。在购买商品前广泛收集有关商品信息，进行慎重考虑；在选购时认真仔细地进行商品的比较，反复权衡之后才做出购买决定。他们受外界影响小，不易冲动，具有较强的自控能力。

3）挑剔型。这类消费者一般具有一定的商品知识和购买经验。在选购商品时主观性强，自信果断，不愿听从他人意见，对销售人员的解释说明常常持怀疑和戒备心理。他们善于观察商品的细微之处，有时甚至过于挑剔。

4）被动型。这类消费者大多不经常购买商品，缺乏商品知识和购买经验，往往是奉命购买或代人购买。在选购商品时往往犹豫不决，缺乏自信和主见，希望得到他人的帮助。这类消费者的购买行为常处于消极被动状态，销售人员的宣传和推荐会对他们的购买行为产生较大的影响。

从市场销售的角度看，销售人员可以利用消费者的某些性格进行商品销售，新产品的推广与传播。一是友善型。这类消费者是商品口碑的传播者，他们热情、外向、善于交际，对于感兴趣的或使用后评价好的商品，会主动地充当商品的义务宣传员。具有这种性格特征的消费者，喜欢给别人出主意，提建议，帮助他人选购商品。二是冒险型。这类消费者性格开朗，思想解放，容易接受新事物，敢于尝试新产品，他们是新产品购买和使用的先行者和"活广告"。三是时尚型。这类消费者追求时髦，观念更新，善于通过时尚消费展示自己的价值观念，他们的消费行为往往成为时尚消费的"风向标"。上述三类性格特征的消费者对新产品有着浓厚的兴趣，并愿意做出购买尝试，因此受到商家的欢迎。

1.2.4 消费者的兴趣

兴趣是人对客观事物特殊的认识倾向，是人们在认识事物过程中带有的稳定的志向和取向，并能保持较长时间的个性倾向性。消费兴趣则是指消费者需要某种商品的情绪倾向。例如，每年春节购买礼品、服装等已成为一种家庭消费习惯，因而春节期间，消费者就会对各种各样的礼品、服装等感兴趣。兴趣是以需要为前提和基础的，在现实生活中，由于消费者的需要是多种多样的，因此，消费者的兴趣也是十分广泛的。

1. 消费者兴趣的特点

（1）倾向性。倾向性是指消费者的兴趣指向客观事物的具体内容和对象。人们的任何兴趣都是针对一定的事物而产生的，由于年龄、性别、环境等属性的不同，消费者的兴趣指向也有所不同。例如，女性消费者对服装、化妆品、装饰品等感兴趣，男性消费者则对汽车、电子产品等感兴趣；年轻消费者对体育运动商品感兴趣，老年消费者则对养生商品感兴趣。

（2）效能性。效能性是指兴趣对消费者购买行为所产生的推动作用和效果。例如，有的消费者对感兴趣的商品会迅速决定购买，体现在行动上的效能就高；而有的消费者只停留在好奇和期待的状态，不会产生实际效果，也称无效兴趣。

（3）广泛性。广泛性是指消费者感兴趣的客观对象范围的大小。兴趣的范围因人而异，差别很大。例如，有的消费者兴趣范围广泛，琴棋书画样样爱好；有的消费者兴趣范围狭窄，对任何事情都不感兴趣。在购买活动中，兴趣广泛的消费者知识面广，接受能力强，常常能够高质量地完成购买行为；而兴趣贫乏的消费者知识面窄，接受能力差，购买行为教条僵化，对不需求的商品漠不关心。

（4）稳定性。稳定性是指消费者兴趣持续时间的长短。兴趣的稳定性对消费者购买行为具有一定的影响，例如，兴趣稳定的消费者对商品关注持久，品牌忠诚度较高；而兴趣转移的消费者对商品喜新厌旧，品牌忠诚度低。

2. 兴趣与消费行为表现

在购买活动中，兴趣对消费者的购买行为有着直接的影响，主要表现在以下几个方面。

（1）兴趣有助于消费者为未来的购买活动做准备。消费者对某种商品感兴趣，往往会主动搜集有关信息，了解相关知识，关注市场动向，为未来的购买活动打下基础。例如，喜爱汽车的消费者，平时就会关注汽车的品牌、性能、价格等，留意汽车市场动向，一旦时机成熟，就会主动迅速购买。

（2）兴趣能促使消费者尽快做出购买决定。消费者在选购自己感兴趣的商品时，心情愉快，精神集中，态度积极。由于对商品信息了解较多，能够很快熟悉商品，便于购买过程的顺利进行。

（3）兴趣可以刺激消费者重复消费和长期使用。消费者一旦对某种商品产生持久的兴趣，就会发展成为一种偏好，从而促使他们固定地使用，形成重复的、长期的购买行为。例如，有的消费者习惯使用白猫洗洁精，对其有了偏好，不管什么新的洗洁精产品问世，都不会改变使用习惯，总是购买白猫洗洁精。又如，对集邮、钓鱼、体育运动感兴趣的消费者，就会经常光顾相关商品的专业市场，会重复购买和使用与这类兴趣有关的商品。

（4）兴趣的变化能够促使消费者转变消费倾向。消费者的兴趣既受自身因素的影响，同时也受外界环境变化、认识水平提高、科学技术发展等因素的影响。当兴趣发生变化时，消费倾向、消费方式也会随之改变。因此，企业应根据消费者兴趣的变化，不断推出新产品；商家通过改变商品宣传方式来吸引消费者，激发消费者的购买兴趣。

1.3 消费者的需要与动机

需要与动机是影响消费者行为的基本心理要素，是消费者购买行为的根源与动力。

1.3.1 消费者的需要

需要是指个体由于缺乏某种生理或心理因素而产生内心紧张，从而形成与周围环境之间的某种不平衡状态。需要的实质是个体为延续和发展生命，并以一定的方式适应环境，对所必需的客观事物的需求，通常以欲望、渴求、意愿的形式表现出来。例如，人们在饥饿时会产生对食物的需要；在寒冷时会产生对御寒衣物的需要；在孤独寂寞时会产生对娱乐活动的需要；在知识短缺时会产生对图书、网络资源的需要等。这些需要成为人们进行消费活动的原动力。为了满足形形色色的需要，消费者不断实施相应的消费行为。原有需要满足之后，又会产生新的需要，新的需要又推动新的消费行为发生，如此循环往复，形成延续不断的消费行为。

1. 消费需要的基本特征

消费需要包含在人类一般需要之中，表现为消费者对商品和服务的渴求和欲望。在现实生活中，消费需要由于受到各种因素的影响而千变万化，但仍具有一定的倾向性和规律性，这些规律性体现在消费需要的基本特征之中。

（1）多样性和差异性。多样性和差异性是消费需要的最基本特征之一，它既表现在不同消费者之间多种需要的差异上，也体现为同一消费者需要内容的多元化。

消费需要的产生取决于消费者自身的主观状况和所处消费环境两方面因素。由于不同消费者在年龄、性别、民族传统、宗教信仰、生活方式、生活习惯、文化水平、经济条件、个性特征、所处地域的社会环境等方面存在不同程度的差异，因此形成多种多样的消费需要。例如，我国人多地广，饮食消费习惯差别很大。北方居民通常喜欢面食，而南方居民通常喜欢稻米。每个消费者都按照自己的需要选择、购买商品。例如，有人以经济实用作为选择标准，有人则以美观新奇作为选择标准，显示出不同消费者之间消费需要的差异性。

就同一消费者而言，消费需要也是多方面的。每个消费者不仅有衣、食、住、行等生理、物质方面的需要，还有娱乐、学习、运动、旅游等心理、精神方面的需要。同时，消费需要的多元性还表现在同一消费者对某一特定商品常常有多方面的要求，如既要求商品质优价低，又要求商品美观新颖。

（2）层次性和发展性。消费需要是有层次的，从不同角度出发，可以把消费需要划分为五个高低不同的层次，如图1-7所示。例如，充饥、御寒属于较低层次的需要；提高个人修养、实现自我价值属于较高层次的需要。通常，消费者先要满足低层次的需要，然后才能追求高层次的需要。但在特殊情况下，需要的层次顺序也可以改变，消费者可能跨越低层次需要去满足高层次需要，或在高层次需要满足之后，转而寻求低层次需要的满足。

从发展的观点来看，消费需要是一个由低到高、由简到繁不断向前推进的过程。随着商品经济的发展和精神文明的提高，人们的消费需要内容也日益扩展，不断产生新的消费对象、消费方式。消费者的某项需要得到满足之后，就会渴望并谋求更高一级的需要，并不断向新的需要发展。人们的消费追求已从"吃饱穿暖"发展到"吃得营养、穿得漂亮、住得舒适、用得高档"，同时要求通过消费满足社交、尊重、情感、审美、求知、实现自我价值等多方面的高层次需要。

图1-7 消费需要的层次

（3）伸缩性和周期性。伸缩性是指消费者对某种商品的需要会因某些因素，如支付能力、价格、储蓄利率等的影响而发生一定程度的变化。从支付能力来看，在一定时期内，多数消费者的支付能力是有限的，消费需要只能部分得到满足，表现出一定的伸缩性，即在需求数量和程度上可多可少，可强可弱。伸缩性还表现在消费者对需要追求的层次高低和程度强弱上。在现实生活中，消费者的需要，尤其是满足精神、心理的需要，具有很大的伸缩性。当客观条件限制了需要的满足时，需要可以抑制、转化、降级，可以滞留在某一水平上，也可以通过某种可能的方式同时或部分地满足几种需要，还可以只满足某一种需要而放弃其他需要。例如，备考的学生为了全力以赴迎接高考，而放弃看电视、打球、旅游等精神需要。一般来说，日常生活必需品的消费需要的伸缩性较小，而非生活必需品或高档消费品的消费需要的伸缩性较大。

消费需要具有明显的周期性。一些消费需要在获得满足后，在一定时期内不再产生，但随着时间的推移还会重新出现，显示出周而复始的特点。不过这种重复出现的需要，在形式上总是不断翻新的，内容上也变得更加丰富。消费需要的周期性往往和消费者的生理运行机制、心理特性及自然环境变化周期相适应，也同商品寿命、社会风尚、购买习惯等相关联。例如，许多商品的消费需要淡旺循环变化直接受气候变化的影响，表现出明显的季节性；服装的流行周期与社会时尚变化周期相适应，具有不确定性，一种风格款式可能在消退5年、10年甚至更长时间后重新流行起来。

（4）可变性和可诱导性。消费需要的形成、发展和变化，直接受到所处环境状况的影响和制约。因此，一定阶段社会政治经济制度的变革、伦理道德观念的更新、生活和工作环境的变迁、广告宣传的诱导以及生态环境的变化等，都可能改变人们消费需要的具体内容，消费需要具有可变性。

消费需要还具有可诱导性，通过人为地、有意识地给予外部诱因或改变环境状况，引导消费需要按照预期的目标发生变化和转移。例如，计算机产品当场给消费者试用，豆浆机等小家电产品当场操作示范等。

（5）互补性和替代性。消费需要对某些商品具有互补性的特征。例如，购买计算机时可能会附带购买软件、打印机、音箱、电脑桌等；购买西装时可能会附带购买衬衫、领带等。此外，消费需要还具有替代性的特征，这是因为某些商品的功能具有相互代替的特点，在一定程度上不同的商品可以满足同种消费需要。例如，随着数码照相机的普及，传统的胶卷照相机消费量减少了；随着洗衣机的普及，洗衣液的消费量增加了，而肥皂的消费量减少了。

2. 商品消费需要的基本内容及影响因素

（1）对商品基本功能的需要。基本功能指商品的有用性，即商品能满足人们某种需要的物质属性。商品的基本功能是商品生产和销售的基本条件，也是消费需要的基本内容。例如，食品要具有热量、营养价值；电冰箱要具有制冷功能。在正常情况下，基本功能是消费者对商品诸多需要中的第一需要。随着消费水平的不断提高，消费者对商品基本功能要求的标准也呈不断提高的趋势。

（2）对商品质量性能的需要。质量性能是消费者对商品基本功能达到满意或完善程度的要求，通常以一定的技术性能指标来反映。但就消费需要而言，商品质量不是一个绝对的概念，而是具有相对性的。一方面，消费者要求商品的质量与其价格水平相符；另一方面，消费者往往根据商品实用性来确定对质量性能的要求和评价。例如，某些质量一般的商品，由于已经达到消费者的质量要求，也会被消费者所接受。

（3）对商品安全性能的需要。消费者要求所使用的商品卫生、安全可靠、不危害身体健康。这种需要通常发生在对食品、药品、卫生用品、家用电器、儿童玩具、化妆品、洗涤用品等商品的购买和使用中，是人们追求安全需要在消费需要中的体现。

（4）对商品消费便利的需要。这一需要表现为消费者对购买和使用商品过程中便利程度的要求。在购买过程中，消费者要求以最少的时间、最短的距离、最快的方式购买所需商品。同类商品，质量、价格相差不大，购买条件便利便成为消费者购买的首选。在使用过程中，消费者要求商品使用简便，易于操作，容易维修。

（5）对商品销售服务的需要。商品与服务是不可分割的整体。消费者购买的不仅是商品实体，还包括与商品相关的服务，主要有售前、售中、售后服务。消费者要求在购买和使用商品的全过程中享受到良好的服务。一定意义上，商品服务质量的好坏已成为消费者选择购买商品的主要依据之一。

（6）对商品审美功能的需要。这一需要表现为消费者对商品在设计、造型、色彩、包装、整体风格等审美价值方面上的要求。在消费活动中，消费者对商品审美功能的要求，是一种持久的、普遍存在的心理需要。由于社会地位、生活背景、文化水准、职业特点、个性特征等方面的差异，不同的消费者往往具有不同的审美观念和审美标准。因此，对同一商品，不同的消费者得出的审美评价也不同。

（7）对商品情感功能的需要。它是指消费者要求商品蕴含浓厚的感情色彩，能够体现个人的情绪状态，成为人际交往中感情沟通的媒介，并通过购买和使用商品获得情感上的补偿、追求和寄托。许多商品能够体现某种感情，起到传递和沟通感情、促进情感交流的作用。例如，探望病人购买的鲜花、春节走亲访友购买的礼品等。

（8）对商品社会象征的需要。商品的社会象征是指消费者要求商品能够体现和象征一定的社会意义，使购买、拥有该商品的消费者能够显示出自身的某些社会特性，如身份、地位、财富、声望等，从而获得心理上的满足。一般情况下，出于社会象征需要的消费者，对商品的实用性、价格等因素往往要求不高，而特别看重商品所具有的社会象征意义。这种需要在珠宝首饰、名牌服装、高级轿车、豪华住宅等奢侈品的消费中表现得尤为突出。

消费者的需要受到许多因素的影响，主要是消费者自身因素和外界客观因素的综合影响。消费者自身因素的影响主要有年龄、性别、文化水平、个性心理、生理状态、精神状态等；外界客观因素的影响主要有社会历史条件、社会群体、政治经济环境、社会文化、家庭状况等。

1.3.2 消费者的动机

动机是引发和维持个体行为并导向一定目标的心理动力，是行为的直接原因。当消费者的需要必须通过购买行为才能获得满足时，便产生了购买动机。动机的产生由三种因素构成：①需要驱使；②足够的需要强度；③刺激诱因。例如，消费者都有御寒的需要，但是只有当冬季来临，消费者因寒冷而感到生理紧张，并在市场上发现待售的冬装，才会产生购买冬装的强烈动机。动机把消费者的需要行为化，消费者通常按照自己

消费案例

无所不洗的洗衣机

创立于1984年的海尔集团，现已享誉海内外，海尔洗衣机也成为家喻户晓的知名品牌。

1996年，四川的一位农民投诉海尔洗衣机排水管经常堵塞，服务人员上门维修时发现，这位农民用洗衣机洗红薯，泥土多，当然容易堵塞。服务人员并不推卸自己的责任，而是帮助顾客加粗了排水管。海尔营销人员调查四川农民使用洗衣机的状况时发现，在盛产红薯的成都平原，许多农民将大量的红薯洗净后加工成薯条。但红薯上沾带的泥土洗起来费时费力，于是农民就动用了洗衣机。这令海尔集团萌生了一个大胆的想法：发明一种洗红薯的洗衣机。1998年4月投入批量生产，该洗衣机不仅具有一般双桶洗衣机的全部功能，还可以洗红薯、水果甚至蛤蜊，首次生产了1万台投放农村，立刻被一抢而空。

的动机去选择具体的商品类型。

1. 消费者动机的功能

（1）引导功能。动机能使行为指向一定的方向，指向特定的商品或服务，形成具体购买意愿。同时还影响消费者对选择标准或评价要素的确定，使消费者需求的满足最大化。

（2）调整功能。消费者在购买决策过程中，由于新的消费刺激出现而发生动机转移，原来的非主导性动机由潜在状态转为显现状态，上升为主导性动机，即主导性动机和非主导性动机的相互转移或转化。许多消费者在购买商品过程中临时改变预定计划，就是动机发生转移的结果。例如，在购买现场发现商品质量有问题，价格不理想，或看到式样更新、功能更全的商品等，就会产生新的购买动机。

 消费心理研究室

调整功能	最厉害的销售员
消费的主导性动机决定购买行为，主导性动机又隐含非主导动机。多种动机产生矛盾时，主导性动机起支配作用。	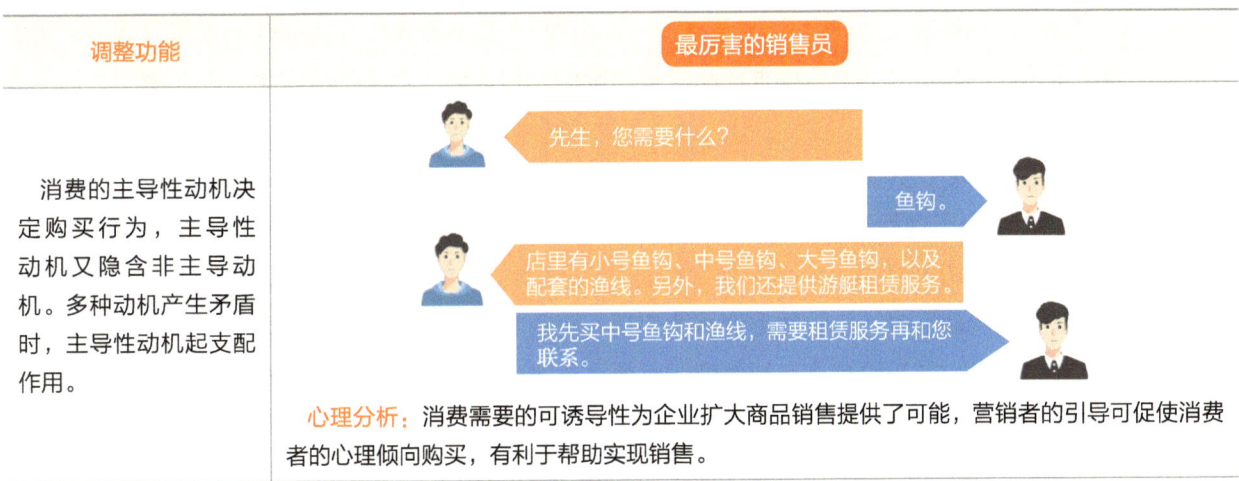
	心理分析：消费需要的可诱导性为企业扩大商品销售提供了可能，营销者的引导可促使消费者的心理倾向购买，有利于帮助实现销售。
营销策略：建议性引导是不失时机地向消费者提出购买建议，达到扩大销售目的的途径。	

（3）显性功能。消费者具有向别人显示事业成功、生活优越、家庭富有，有意识公开的倾向。

（4）隐性功能。消费者没有意识到或者不愿意承认的动机，往往使购买动机形成内隐层、过渡层等多层次结构。消费者在复杂的消费活动中，有时会将真正的动机隐藏起来。

 消费心理研究室

显性功能 隐性功能	汽车的购买动机
购买动机包含显性功能与隐性功能，促使消费者产生消费行为。	**心理分析**：购买汽车的显性动机是显示车主事业成功、生活优越、家庭富有。隐性动机是无意识显示车主魅力。
营销策略：挖掘消费动机的显性功能与隐性功能，促使消费者产生购买动机。	

（5）组合功能。消费者在购买一种商品时，可能是出于一种动机，也可能是出于多种不同的动机，这种现象称为动机的组合性。例如，消费者购买房子，可能是出于改善住房条件、遗赠子女等多种动机。展示个性、体现自身价值等较复杂的动机会促使消费者购买时尚服装、高档家用电器等。同样的动机可能产生不同的购买行为，而同样的购买行为也可以由不同的动机所引起。

2. 消费者具体的购买动机

消费者的需要和欲望是多方面的，其消费动机也是多种多样的。按照动机的层次不同，可以分为生存性动机、享受性动机和发展性动机；按照动机形成的心理过程不同，可以分为情感型动机、理智型动机等。在实际购买活动中，消费者的购买动机常以简明的方式表现出来，称为具体的购买动机。据统计，消费者具体的购买动机多达600种以上，具有代表性的有以下几种。

（1）求实型。它属于理智型动机，是以追求商品的使用价值为主要目的的购买动机，其核心特征是"实用"和"实惠"。这种购买动机在消费者的具体购买动机中最具普遍性和代表性。求实型购买动机的消费者比较注重商品的功用和质量，要求商品具有明确的使用价值，追求经济实惠，经久耐用，而不太注重商品的品牌、包装、造型等。这种动机并不一定与消费者的收入水平有必然联系，而主要取决于个人的价值观念和消费态度。例如，消费者对一些日用品的消费，就以实用型的购买动机为主。

（2）求廉型。它属于理智型动机，是以注重商品价格低廉，希望以较少支出获得较大收益为主要目的的购买动机，其核心特征是"价廉"和"物美"。这种购买动机也具有普遍性和代表性。求廉型购买动机的消费者在选购商品时，比较注重价格的变动，喜欢对同类商品的价格进行比较，喜欢购买处理价、优惠价、特价商品，甚至因价格有利而降低对商品质量的要求。这种购买动机与消费者的经济条件有关，以经济收入较低的人居多，但并不绝对。

（3）求新型。它属于情感型动机，是以追求商品的新颖、时尚为主要目的的购买动机，其核心特征是"时髦"和"奇特"。求新型购买动机的消费者在购买商品时，特别重视商品的款式和流行式样等，追求新奇、时髦和与众不同，对陈旧、落后的商品不愿购买。他们容易受广告宣传和消费潮流的影响，是时装、新式发型及各种时尚商品的主要消费者。这种购买动机以经济条件较好的消费者和没有经济负担的年轻人居多。

（4）求美型。它属于情感型动机，是以追求商品的欣赏价值和艺术价值为主要目的的购买动机，其核心特征是"装饰"和"美化"。求美型购买动机的消费者在选购商品时，特别重视商品的造型、色彩和艺术感，追求商品的美感带来的艺术体验和心理享受。在文化层次较高或艺术界人士中，具有这种动机的人比较多，这与他们的文化修养、审美素养和职业特点有关。

（5）求名型。它属于情感型动机，是以追求名牌商品、显示个人地位和名望为主要目的的购买动机，其核心特征是"炫耀"和"显名"。求名型购买动机的消费者对商品的商标、品牌特别重视，喜欢选购名牌商品，重视商品所蕴含的社会声誉和象征意义。例如，一些成功人士喜爱购买奢侈服装、手表、烟酒等来显示自己的社会地位。一般来说，伴随求名型购买动机出现的有不适度消费和攀比消费。

（6）嗜好型。它属于情感型动机，是以满足个人的特殊爱好为主要目的的购买动机，其核心特征是"收藏"和"偏好"。嗜好型购买动机的消费者经常重复、持续、稳定地购买某种个人偏好的商品。例如，有些人喜欢种花、养鱼，有些人喜欢摄影、集邮，有些人喜欢古玩、字画等，他们会经常购买与其嗜好有关的商品。

（7）从众型。它属于情感型动机，是以在购买某些商品方面与别人保持同一步调为主要目的的购买动机，其核心特征是"效仿"和"同步"。从众型购买动机的消费者喜欢购买和使用别人已经拥有的商品，其购买动机是在相关群体和社会风气的影响下产生的。一般来说，这类消费者的购买动机欠缺理性。

（8）储备型。它属于情感型动机，是以占有一定量的紧缺商品为主要目的的购买动机，其核心特征是"抢购"和"存储"。当市场上某种商品供不应求、价格上涨或者限量购买时，这类消费者便会尽可能多地购买这种商品。在一些日用消费品的购买上，通常会出现这种购买动机。

复习思考题

1．情绪与情感对消费者的购买行为有哪些影响？
2．在消费活动中，消费者应具备哪些基本能力？
3．销售人员应如何接待不同气质类型的消费者？
4．兴趣对消费者购买行为有什么影响？
5．如何利用消费需要的特征来引导消费者的需求？
6．消费者的具体购买动机有哪些？

案例分析题

宜家：营造温馨的家

宜家家居（IKEA）是创立于1943年的一家瑞典家居用品企业，它的创始人是瑞典人坎普拉德，其"创造温馨舒适的家"经营理念融入整个集团的运作并在其逐步的扩张中将自己的触角伸及世界各地，产品的范围扩展到各类家居用品。1998年，宜家落户上海，1999年在北京开设家居广场，并迅速蹿升为中国家居市场的明星。

宜家刚进入我国不久，便获得了正在崛起的中产阶层消费者的关注，并成为时尚家居和小资生活的符号。在消费者越来越追求生活品位的今天，宜家为我们带来了一种全新的营销理念。

在自己的私人空间里，宜家的家具是为生活中的不断变动而设计的，即使随意地逛逛宜家的商场都会让许多人振奋起来。宜家的空间都被分隔成小块，每一处都展现一个家庭的不同角落，向人们充分展示那可能的未来温馨的家。而看到价码会令人更加振奋，这些外表高档、有品位的家具竟然是普通家庭就可以负担的。

在宜家购物，你会发现它与其他家居市场有着根本上的不同，因为你完全可以自由地选择喜欢的方式逛商场，因为轻松、自在的购物氛围是宜家商场的特征。宜家强烈鼓励消费者在卖场进行全面的亲身体验，如拉开抽屉、打开柜门、在地毯上走走、试一试床和沙发是否坚固等。宜家出售的沙发、餐椅展示处还特意提示顾客："请坐上去！感觉一下它是多么的舒服！"此外，宜家的店员不会像其他家具店的店员一样，一进门就对着你喋喋不休，你到哪里店员跟到哪里，而是非常安静地站在一边，除非你主动要求店员帮助，否则店员不会轻易打扰，以便让你静心浏览，在一种轻松、自由的气氛中做出购物的决定。

国内很多家居商场采取的是通过店员的详细介绍来说明每一件商品的特点，但是宜家没有选择这样做，宜家将营销的信息全面公开和透明，完全打消了消费者的顾虑，也节省了消费者的时间。宜家精心地为每件商品制订"导购信息"，有关产品的价格、功能、使用规则、购买程序等几乎所有的信息都一应俱全。宜家总是提醒顾客："多看一眼标签：在标签上您会看到购买指南、保养方法、价格。"即使是一个简单的灯泡，宜家也可以将灯泡的特点完全展示出来。如果你不懂怎样挑选地毯，宜家会用漫画的形式告诉你："用这样简单的方法来挑选我们的地毯。"

买一件使人放心的好家具，是每位消费者由衷的心愿。因此，在购买家具前消费者都会有犹豫的心理。担心如果买回去，不好用或者出现问题。从消费者进商场的那一刻起宜家就让消费者的担心和顾虑彻底打消了。比如你要购买沙发，除了沙发的基本信息，宜家还会告诉你沙发的特点以及适不适合你，体现了对消费者的人文关怀，加上消费者可以充分体验，再也不用担心自己购买到不合适的沙发。但是消费者如果还是不放心，那也不要紧，宜家的《商场指南》里写着："请放心，您有14天的时间可以考虑是否退换。"14天以内，如果消费者对已购买商品不满意，还可以到宜家更换等值商品或办理退款手续。

思考题：

（1）宜家的促销方式抓住了消费者哪些个性心理特征？

（2）宜家的成功案例对中国服务业有何启示？

》》》实训题

（1）针对年轻人喜爱购买名牌商品的现象，调查年轻人购买名牌商品的具体动机，并给出合理的营销建议。

（2）李小萌从某大学市场营销专业毕业，自己立志要单独开店大干一番事业。目前市场上经营学生喜欢的各种小礼品、小饰品的店铺比较多，小李觉得进入这个行业投入的资金不多，回收利润又相当可观，于是打算开一家这样的店铺。那么请你给李小萌出出主意，她应该如何经营才能吸引更多的顾客？

第 2 章
消费群体与消费心理

> **引导案例**

一家油漆厂在对许多潜在消费者进行需求方面的访问和调查后，对市场进行以下细分：本地市场的60%是一个较大的普及市场，对各种油漆产品都有潜在的需求，但是本厂无力参与竞争。另有四个分市场，各占10%的份额：一个是家庭主妇群体，特点是不懂室内装修需要什么油漆，但要求质量好，油漆效果美观；一个是油漆工助手群体，替住户进行室内装饰，他们一向从老金属器具店或木材厂购买油漆；一个是老油漆技工群体，他们的特点是一向不买调好的油漆，只买颜料和油料自己调配；最后是对价格敏感的青年夫妇群体。

经过研究，该厂决定选择青年夫妇作为目标市场，并制定了相应的市场营销策略：

（1）产品。经营少数不同颜色、不同大小、不同包装的油漆，并根据目标顾客的喜爱，随时增加、改变颜色品种和装罐大小。

（2）分销。产品送抵目标顾客住处附近的每一家零售商店。目标市场范围内一旦出现新的商店，立刻招揽经销本厂产品。

（3）价格。保持单一低廉价格，不提供任何特价优惠，也不跟随其他产品调整价格。

（4）促销。以"低价""满意的质量"为卖点，适应目标顾客的需求特点，定期变换商店布置和广告版本，创造新颖的形象，使用多种广告媒体。

虽然该油漆商经营的不是名牌商品，刚开始知名度并不高，但由于选对了消费群体，并采取了灵活多样的市场营销策略，满足了目标顾客的各种需要，虽然经营的是低档产品，但仍然获得了成功。

在种类繁多的商品面前，消费者的需要千差万别。但也存在具有统一特征的消费群体，他们具有相同或相近的消费心理特征。一般可以从年龄、性别、职业等角度划分出不同的消费群体。

2.1 消费群体的概念及分类

2.1.1 消费者群体的概念与分类

1. 群体与消费群体

群体是指若干社会成员在长期接触交往过程中，在相互作用与相互依存的基础上形成的集合体。一个群体内的成员之间通常存在着某种稳定的联系和心理影响。

消费者群体是指具有某些共同消费特征的消费者所组成的群体。同一消费者群体中的消费个体在消费心理、消费行为、消费习惯等方面都具有明显的共同之处，而不同消费者群体成员之间在消费方面存在着差异。

消费者群体的形成是内在因素与外在因素共同作用的结果。内在因素主要有性别、年龄、个性特征、生理方式、兴趣爱好等。外在因素主要有生活环境、所属国家、民族、宗教信仰、文化传统、政治背景等。一般来说，属于特定群体的消费者具有一定的群体意识和归属感，遵守群体的规范和行为准则，能承担角色责任，同时也会意识到群体内其他成员的存在，在心理上相互呼应，在行为上相互影响。

2. 消费者群体的类型

（1）正式群体与非正式群体。根据消费者群体组织的特点可以划分为正式群体与非正式群体。

正式群体是指具有明确的组织结构、完备的组织章程、确切的活动时间的消费者群体。正式群体中的消费者必须遵守群体的行为准则，严格保证群体活动的规范性。例如，职业协会、消费活动俱乐部、同业者联谊会等均属于正式的消费者群体，正式群体的规模比较大。

非正式群体是指规模较小的或没有明确组织结构与章程的消费者群体。例如，几个相识的朋友、多年的邻居、某种共同兴趣爱好者等，都属于非正式群体。

（2）首要群体与次要群体。根据群体的成员影响力的大小可划分为首要群体与次要群体。

首要群体也称主要群体或主导群体，是指有着极其密切关系的消费者所组成的群体。首要群体对其成员的消费心理和行为有十分重要的制约作用。例如，家庭、亲朋好友、单位同事属于首要群体。

次要群体也称次级群体或辅助群体，是指对成员的消费心理与行为的影响作用相对较小的消费者群体，通常是由某种共同兴趣、需要、追求的消费者组合而成的。

（3）自觉群体与回避群体。根据消费者对群体的意识与态度不同可以划分为自觉群体与回避群体。

自觉群体是消费者根据自身条件在主观上把自己列为其成员的某个群体，如知识分子群体、网络消费群体等。自觉群体中成员并无直接交往，但是其成员通常会自觉地约束自己的行为使之符合群体的规范。

回避群体是指消费者认为与自己完全不符合并极力避免与之行为相似性的群体。消费者对于回避群体的消费行为持坚决的反对态度，并且极力排斥其对自身行为的影响。例如，高收入者对低收入者的消费行为，成年人对于青少年的消费行为，男性消费者对于女性的消费行为等都在一定程度上采取回避态度。

（4）长期群体与临时群体。根据消费者与群体联系的时间长短可划分为长期群体与临时群体。

长期群体指消费者加入时间较长久的群体。长期群体的规范准则对消费者行为具有重大且稳定的影响作用，甚至可能使群体成员形成一定的消费习惯。

临时群体只是消费者暂时参与的群体。临时群体对消费者行为的影响也是暂时性的，但影响力可能很大。例如，参加某企业有奖销售的消费者群体，多数成员的参与热情会激发更多人的购买欲望，形成一时的热潮。

（5）实际群体与假设群体。根据消费者群体的真实存在性可以划分为实际群体与假设群体。

实际群体是现实生活中客观存在的群体，成员之间具有实际交往与相互间的影响与制约。

假设群体也称统计群体，指具有某些共同特点的消费者群体，但成员之间没有现实的联系，也没有任何的组织形式，只是具有统计意义或研究意义的群体。例如，不同年龄的、不同性别的、不同职业的、不同收入水平的、不同文化水平的、不同家庭规模的、不同居住地区的、不同居住环境的消费者群体，都属于假设群体。

2.1.2 消费群体对消费心理的影响

消费者个体在消费群体中相互作用、相互影响产生了消费群体心理。从众、模仿、流行、暗示、群体压力等消费群体的心理现象，对消费者个体心理及行为会产生影响和制约。

（1）从众。从众在消费领域中是一种普遍的心理现象。从众行为具有积极意义，也有消极意义。从众心理的产生主要是源于个体对群体的信任感，以及对偏离群体的恐惧感。积极方面是可以引导消费者创造消费流行趋势，在消费行为中量力而行、合理安排、讲究实效等。消极方面是可能导致消费者不考虑自己的收入水平，盲目攀比通过借债甚至非法手段来达到消费目的。

（2）模仿。模仿是普遍存在的一种心理现象，是指个人、组织和群体受到非控制的社会刺激而形成的一种心理行为。个体对他人的工作方法、生活方式，以至于对整个社会生活有关的风俗、习惯、礼节、时尚等都存在着模仿行为。

（3）流行。消费行为的流行是一定时期内常常出现的一种为一个群体、阶层的许多人都接受和使用的商品和服务。在消费流行中，形成了对某种商品、服务的需求热以及对某种消费形式的追求热，如买车热，国潮热等。

（4）暗示。暗示是指人或环境以含蓄间接的方式向他人发出某种信息而使之无意识地接受，并做出相应的反应。营销活动中，运用暗示对消费者的心理和行为施加影响，可以使消费者产生顺从性的反应或接受暗示者的观点，按暗示者的方式行事。例如，聘请名人为商品打广告，雇用一批人探店，营造"生意兴隆"的现象。

（5）群体压力。任何社会群体都会对与之有关或所属的消费者心理产生一定的影响。这种影响往往通过集体的信念、价值观和群体规范对消费者形成一种无形的压力。

 消费心理研究室

同调行为	什么流行就想要什么
与周围人保持步调一致的心理导致的行为。	**心理分析**：如果时尚杂志中刊登了"今年的流行色是橙色"的专栏，那么看到信息的消费者就会去购买橙色的衣物。

营销策略：根据商品的产品定位，加入"广受年轻人欢迎的×××"宣传语，利用消费群体的从众心理促进销售。

稀缺效应	风靡只能一时
希望自己与他人不同，且比他人更好的心理。	 **心理分析**：如果高跟鞋因为流行而被广泛购买。那这件商品的价值就会变低。消费者希望区别于他人的差异化需求会更看中限量商品的价值。

营销策略：通过不断创新产品，提升产品的价值，或者以限量发行的方式增加产品的稀缺性。

2.2 消费群体的心理特征

2.2.1 不同年龄段消费群体的消费心理

消费群体按照年龄可以划分为少年儿童消费者群、青年消费者群、中年消费者群和老年消费者群。

1. 少年儿童消费者群

少年儿童消费者群是由 0~14 岁的消费者组成的群体。少年儿童消费者群有其特定的心理与行为特征。研究少年儿童消费者心理，有助于认识和揭示其消费心理发展和变化的规律，有利于进一步开拓少年儿童消费的现实市场。

（1）儿童消费者群的消费心理与行为特征。从出生的婴儿到 11 岁的儿童，受一系列外部环境因素的影响，他们的消费心理和消费行为变化幅度较大。这种变化在不同的年龄阶段表现得最为明显，即乳婴期（0~3 岁）、学前期（3~6 岁，又称幼儿期）、学初期（6~11 岁，又称童年期）。在这三个阶段中，儿童的心理与行为出现三次较大的质的飞跃，心理上表现在：开始了人类的学习过程，逐渐有了认识能力、意识倾向、学习、兴趣、爱好、意志及情绪等心理品质，学会了在感知和思维的基础上解决简单的问题；行为方式上表现在：逐渐从被动转为主动。

1）纯生理性需要逐渐发展为社会性需要。儿童在婴幼儿时期消费需要主要表现为生理性的，且具有由他人帮助完成的特点。随着年龄的增长，儿童对外界环境刺激的反应日益敏感，消费需要从本能发展为加入自我意识的社会需要。四五岁的儿童学会了比较，年龄越大，这种比较越深刻。然而，该阶段的儿童仅是商品和服务的使用者，很少成为直接购买者。处于学前期、学初期的儿童，已经具有一定的购买意识，并对父母的购买决策发生影响。有的还可以单独购买某些简单商品，即购买行为由完全依赖型向半依赖型转化。

2）模仿型消费发展为带有个性特点的消费。儿童的模仿性非常强，尤其在学前期，对于其他同龄儿童的消费行为往往有强烈的模仿欲望。随着年龄的增长，这种模仿性消费逐渐被有个性特点的消费所代替，购买行为也开始有一定的目标和意向，如自己的玩具用品一定要区别于其他同龄儿童。

3）消费情绪从不稳定发展到比较稳定。儿童的消费情绪极不稳定，易受他人感染，易变化，这种心理特性在学前期表现得尤为突出。随着年龄的增长，儿童接触社会环境的机会增多，有了集体生活的锻炼，意志得到增强，消费情绪逐渐趋于稳定。

（2）少年消费者群的消费心理与行为特征。少年消费者群是11~14岁年龄阶段的消费者，是儿童向青年过渡的时期。在这一时期，生理上呈现第二个发育高峰。与此同时，心理上也有较大变化，如有了自尊与被尊重的要求，逻辑思维能力增强。总之，少年期是依赖与独立、成熟与幼稚、自觉性与被动性交织在一起的时期。少年消费群体的心理与行为特征可以从以下几点表现出来。

1）有成人感，独立性增强。有成人感是少年消费者自我意识发展的显著心理特征。他们认为自己已长大成人，应该有成年人的权利与地位，要求受到尊重，学习、生活、交友不希望父母过多干涉，而希望按自己的意愿行事。在消费心理与行为上，他们表现出不愿受父母束缚，要求自主独立地购买所喜欢的商品的意愿。

2）购买的倾向性开始确立，购买行为趋向稳定。少年时期的消费者知识不断丰富，对社会环境的认识不断加深，幻想相对减少，有意识的思维与行为增多，兴趣趋于稳定。随着购买活动的次数增多，感性经验越来越丰富，对商品的分析、判断、评价能力逐渐增强，购买行为趋于习惯化、稳定化，购买的倾向性也开始确立。

3）从受家庭的影响转向受社会的影响，受影响的范围逐渐扩大。儿童期的消费者所受影响主要来自于家庭。少年时期的消费者则由于参与集体学习、集体活动，与社会的接触机会增多，范围扩大，受社会环境影响的比重逐渐上升。这种影响包括新环境、新事物、新知识、新产品等内容，其影响媒介主要是学校、教师、同学、朋友、书籍、大众传媒等。与家庭影响相比，他们更乐于接受社会的影响。

（3）少年儿童用品市场营销的心理策略。

1）区别不同的对象，采取不同的心理诉求方式。乳婴期的儿童，一般由父母作为其消费商品的主要购买者。因此，产品设计、价格策略、促销宣传可以完全从年轻父母的消费心理出发。服装、用品应考虑不同父母审美情趣的要求；商品质地、效用应考虑父母对儿童给予保护的心理；产品价格的确定应考虑不同收入家庭的承受能力；促销方式也应考虑不同阶层父母的具体情况。

少年期的儿童已能不同程度地参与到父母为其购买商品的活动中。因此，营销者既要考虑父母的要求也要考虑儿童的愿望。玩具、用品的外观设计要尽量符合儿童的心理特点；价格要符合父母的要求；用途要迎合父母提高儿童智力及多方面能力的心理。对小商品如文具、食品、玩具的设计和营销方式应直接针对少年儿童的心理要求确定，因为这类商品的购买和使用基本上是由儿童自己去完成的。而一些大件商品，如服装鞋帽大多数由家长购买，由儿童使用，因此这类商品的设计和营销活动，应同时考虑父母和少年儿童的购买心理。

2）运用直观形象吸引购买者的注意，促成购买行为。少年儿童虽然在逻辑思维上有一定发展，但直观的、具体的形象思维仍起主导作用。他们对商品的认识和购买经验不太丰富，不善于全面判断、考察商品，而较多的是通过直观商品的样式、色彩判断商品的好坏、优劣，加上他们有强烈的好奇心理，一些色彩鲜艳、造型奇特、包装图案活泼有趣的商品往往对他们有强烈的吸引力。为此，营销者应充分考虑儿童这一心理特点，在儿童学习用品、玩具、食品等的设计方面，要做到色彩丰富、形状多样、活泼有趣，以吸引少年儿童的注意力。

消费案例

西贝爱上儿童餐

2017年，西贝提出了"家有宝贝，就吃西贝"的口号及"家庭友好餐厅"发展战略，在接下来的5年时间里，西贝累计服务家庭已超过1亿人次。经过探索，西贝儿童餐的成绩喜人。根据西贝门店数据统计，西贝年平均接待儿童近500万人次。2022年6月至8月，西贝莜面村门店累计儿童客流超159万人次，最高一天来西贝用餐的宝贝超过3.6万人次。期间，西贝莜面村门店售出超347万份儿童餐，同比上年增长73.5%，最受欢迎的"苹果香烤鸡翅套餐"上市三个月即售出100万份，"嫩烤羔羊小串"则拿下单品人气王，单独售出超12万份。此外，暑期限量赠送的西贝原创设计绘本菜单也送出超过13万份。西贝儿童餐如图2-1所示。

图2-1 西贝儿童餐

3）提高识记程度，灌输企业或商品印象。儿童的识记往往具有随意性，随着年龄的增长，他们在家庭中的地位逐渐发生变化，逐步成为家庭购物的影响者、倡议者甚至决策者。他们或是提出购买建议，或是自己做主购买。因此，商品的品牌、商标就逐步印入少年儿童的头脑中，特别是一些耐用消费品或他们印象深刻的商品，品牌、商标会给他们留下长久的记忆，产生深刻的影响。设计少年儿童所熟悉和喜爱的商标与造型，把企业或商标印象留给少年儿童，对企业开拓市场具有深远的意义。

2. 青年消费者群

青年是指由少年向中年过渡时期的人群。处于这一时期的消费者，形成了青年消费者群。根据我国情况，青年消费者群的年龄阶段为15~34岁。

（1）青年消费者群的特点。

1）青年消费者群具有较强的独立性和很大的购买潜力。青年消费者已具备独立购买商品的能力，具有较强的自主意识。参加工作后有了经济收入的青年消费者，由于没有过多的负担，独立性更强，购买力也较高。因此，青年是消费潜力巨大的消费者群。

2）青年消费者群的购买行为具有扩散性，对其他各类消费者会产生深刻影响。他们不仅具有独立的购买能力，其购买意愿也多为家庭所尊重。新婚夫妇的购买行为代表了最新的家庭消费趋势，对已婚家庭会形成消费冲击和诱惑。孩子出生后，他们又以独特的消费观念和消费方式影响下一代的消费行为。这种高辐射力是任何一个年龄阶段的消费者所不及的。因此，青年消费者群应成为企业积极争取的对象。

（2）青年消费者群的心理与行为特征。

1）追求时尚，表现时代特征。青年消费者典型的心理特征之一就是思维敏捷、思想活跃，对未来充满希望，具有冒险和探索精神。任何新事物、新知识都会使他们感到新奇、渴望，并大胆追求。在消费心理与行为方面表现出追求新颖与时尚，力图站在时代前沿，领导消费新潮流。所以，青年往往是新产品、新消费时尚的追求者、尝试者和推广者。

2）追求个性，表现自我。青年消费者处于少年不成熟阶段向中年成熟阶段的过渡时期，在这一时期，他们的自我意识迅速增强。他们追求个性独立，力图在一举一动中突出自我，表现出自己的独特个性。表现在消费心理和消费行为方面，是对商品的品质要求不断提高，尤其要求商品有特色、有档次、有个性，而对那些一般化的、"老面孔"的商品不感兴趣。例如，购买服装时，青年人希望时装能体现自己的风格，因此，时装款式新颖、独特成为青年人购买的主要依据。

3）崇尚品牌和名牌。青年处在消费活跃时期，他们的思维敏捷，有知识有文化，接触信息广，社交活动多，并且希望在群体活动中体现自身的地位与价值。随着自我意识的增强，青年人追求仪表美、个性美，向他人表现自我、展示自我的欲望日益强烈。这种意识反映在消费心理与消费行为方面，就是特别注重商品的品牌和档次。在他们的眼中，名牌就是信心的基石、地位的介绍信、高贵的象征。因此，他们对商品的品牌要求越来越高。

4）注重情感，冲动性强。青年消费者的思想倾向、志趣爱好等还不完全稳定，行动易受感情支配。在消费活动中，表现为易受客观环境的影响，情感变化剧烈，经常发生冲动的购买行为。同时，直观选择商品的习惯使他们往往忽略综合选择的必要，款式、颜色、形状、价格等因素都能单独成为青年消费者的购买理由，这也是冲动购买的一种表现。

（3）新婚青年消费者群的消费心理与行为特征。结婚和建立家庭是青年消费者人生中的重大转折。此时，新婚青年的消费既有一般青年的消费特点，又有其特殊性，由此形成了新婚青年消费者群的心理与行为特征。

1）在消费需求构成上，新婚家庭的需求是多方面的。在需求构成及顺序上，日用商品数量最大，其次是衣服和食品。

2）在购买时间上，近年来，我国新婚家庭的购买时间发生了变化。20世纪80年代以前，青年婚前集中购置的物品大多以生活必需品为主，耐用消费品多是婚后逐渐购买。进入20世纪90年代以后，新婚家庭用品包括大件耐用消费品，大多在婚前集中购买完毕，且购买时间相对集中，多在节假日突击购买。如今，购置住房、成套家具、家用电器、汽车等大额消费品，已成为许多现代青年建立家庭的前提条件。

3）在消费需求倾向上，不仅对物质商品要求标准高，同时对精神享受也有较高的追求。在这种心理支配下，新婚青年对家庭用品的选购大多求新、求美，注重档次和品位，也要兼顾价格因素。同时，在具体商品选择上，带有强烈的感情色彩，如购买象征两人感情的物品，或向对方表达爱意的礼品等。

3. 中年消费者群

中年的年龄段为35~55岁，是青年向老年的过渡时期。中年人是心理和行为已达成熟的一个群体。他们一般有自己的事业和较为稳定的经济收入，但家庭负担也更为沉重，其子女大多尚未独立，父母已步入老年行列，所以中年消费者一般都处于购买商品的决策者位置。他们不仅决策一般家庭生活用品的购买，还决策家庭耐用消费品的购买，以及子女和老人衣食用品的购买。中年消费者在购物时一般表现出以下心理与行为特征。

（1）注重商品的实惠。中年消费者大多是家庭经济的主要负担者，操办和安排家庭衣食住行的全部开销。他们普遍具有勤俭持家、精打细算的传统美德。消费行为多以能否满足生活的实际需要为前提。丰富的消费经验和一定的经济条件，使他们的购物不像年轻人那样注重时尚和浪漫，而是更多关注商品的实际效用、合理的价格和简洁大方的外观。

（2）消费习惯和消费品位较为稳定。中年消费者对生活的激情和热情没有年轻人那样丰富和冲动，而是以稳重、自尊和富有涵养的风度有别于青年人，反映在消费方面，不会为了追求流行不惜一切代价，而会理智地评价时尚与流行对自己的实用性，更多地考虑别人和社会对自己的评价，慎重做出消费决策，寻求一种整体消费效果，通过合理搭配，达到体现自我个性的目的。

（3）选择商品的精确性。中年消费者在选择商品时常常货比三家、耐心细致。所以，购物都愿意到超级市场、自选商场。不仅因为这里的商品价格便宜，还因为它能使中年消费者通过比较一次性购买到自己满意的多种商品。

（4）注重商品使用的便利性。由于这一年龄段的消费者多有工作，再加上家务繁忙，因此，凡是能减轻家务劳动强度、提高劳动效率、节省劳动时间的商品都能激起他们的购买欲望。

企业应针对中年消费者的这些特点采取适宜的营销策略，如强化商品质量，突出商品的使用功能，坚持平价销售，提供优质服务，产品设计美观大方等。

4. 老年消费者群

老年消费者群一般指55岁以上的消费者。对老年消费者消费需求的满足，从一个侧面反映了一个国家的经济发展水平和社会稳定程度。因此，研究老年消费者群的消费心理与行为特征是非常必要的。

（1）老年消费需求的特点。由于生理和心理方面的变化，老年消费者在衣食住行等方面都有明显的变化。

1）吃的方面。老年人在吃的方面有特殊的要求，即多吃容易消化的食物，多吃低盐、低糖、低胆固醇的食物，少吃高脂肪的食物，而这种食物又往往同他们味觉上的要求相矛盾——他们常常感到吃的食物没滋味。由于老年人的新陈代谢过程以分解和代谢为主，消耗蛋白质较多，因此要求多提供豆制品、蛋类和其他滋补品。

2）穿的方面。老年人在服装的款式上要求易穿易脱，并随着季节变化能随时增减衣服，同时还要求宽松，穿着舒适。在服装面料上，夏季要求穿单薄透气性好的服装；冬季要求穿松、软、轻而且能保暖的服装。

3）住的方面。住所是老年人安度晚年的主要场所。人在进入老年后，睡眠时间减少，而且很难入睡，住房选购上讲究以静为主，环境优雅，活动场所适宜，交通便利，装修设计注重使用上的安全性。

4）用的方面。由于老年人的视力、听力、运动能力逐步减弱，在使用类的商品上要适应老年人的特点。如保健眼镜、助听器、手杖、防寒保暖用品、家具等都应考虑到老年人的健康与安全。老年人对保健体育用品以及给生活带来方便的用品颇感兴趣。他们都希望健康长寿，保健心理需要迫切，愿意将钱花在有利于健康的补品和体育用品上。

5）行的方面。21世纪，老年人身心更加年轻化，外出旅游购物交友的机会增多，他们更加愿意选择舒适、豪华、安全的交通工具，甚至自己驾车外出。

6）储蓄方面。进入老年后，身体机能逐渐衰退，各种活动逐步减少，相应开支减少，储蓄空间增大。同时，随着年老体衰，病痛可能增多，也要求储蓄防老。老年人储蓄注重保值增值，所以除银行储蓄外，还可以采取证券、保险、金银制品、古董字画等储蓄形式。

（2）老年消费者群的消费心理与行为特征。

1）心理惯性强，对商品、品牌的忠实度高。老年人在长期的消费生活中形成了比较稳定的态度倾向和习惯化的行为方式。对商标品牌的偏好一旦形成，就很难轻易改变。为争取更多的老年消费者，企业要注意"老字号"及传统商标品牌的宣传，经常更换商标、店名的做法是不明智的。

2）需求结构呈现老龄化特征。随着生理机能的衰退，老年消费者对保健食品和用品的需求量大大增加。只要某种食品、保健用品对健康有利，价格一般不会成为老年消费者的购买障碍。同时，由于需求结构的变化，老年消费者在穿着及其他奢侈品方面的支出大大减少，而对满足其兴趣、嗜好的商品购买的支出明显增加。

3）部分老年消费者抱有补偿性的消费动机。在子女成人独立、经济负担减轻之后，部分老年消费者产生了强烈的补偿心理，试图补偿过去因条件限制而未能实现的消费愿望。他们在美容美发、穿着打扮、营养保健、健身娱乐、特殊嗜好、旅游观光等商品的消费方面，同青年人一样有着强烈的消费兴趣，同时乐于进行大宗支出。

"银色浪潮"在中华大地上悄然涌动。许多有远见的企业家正在发掘一个崭新的市场——"银色"市场。由于老年人在吃、穿、用、住、行方面都有特殊要求，因此这个市场要求有自己独特的产品和服务。

2.2.2 不同性别消费群体的消费心理

1. 女性消费者

女性消费者数量庞大，是大多数购买行为的主体。女性消费者不仅人数众多，而且在购买活动中起着重要的作用。她们不仅为自己购买所需商品，而且由于在家庭中承担了女儿、妻子、母亲等多种角色，因而也是绝大多数儿童用品、男性用品、老年用品、家庭用品的主要购买者，所以女性消费者市场是一个广阔且潜力很大的市场。由于女性消费者在消费活动中处于特殊的角色地位，因而形成了独特的消费心理与行为特征。

（1）女性的心理特征。

1）谨慎、多变。女性购物谨慎，注重性价比；购物时主意多变，注意力易转移，表现出从众性。

2）倾听、善记、心细。女性善于倾听，无论什么话题都可能引起她们的注意，能够听别人的讲解和介绍；记忆力强，特别是机械记忆和短时记忆方面表现尤为突出；心细表现为善于观察，联想丰富，办事细致，还表现为多疑，对人对事总不太放心。

3）感情丰富、性格温柔。女性感情丰富，易受感染，不仅

消费案例

上海老年用品市场细分

随着社会敬老风气的弘扬，上海老年用品市场呈现新亮点，吃、穿、用商品得到有效开发，并成为新的经济增长点。

老年用品市场出现了细分化的特点，按年龄划分为三段：60~70岁的老年人，突出对旅游文化用品的需求；70~80岁的老年人，突出自我保健，对生活自理用品的需求；80岁以上的老年人，突出延年益寿，对保健用品、康复用品的需求。

老年食品市场如今丰富多彩，不仅有甜酥食品、休闲食品，还有现代保健食品、绿色食品，以及讲究热闹的寿星宴、寿星面等食品，并有适应老年人常见病和多发病治疗控制、调理、进补的食品、补品和药品。

穿着用品市场里不仅有按照老年人体型特制的服装鞋帽，还有老年人用的化妆用品，包括乌发焗油膏、抗皱护肤用品、淡妆化妆品以及黄金和玉石为主的首饰用品。日用品市场不仅供应老年人锻炼用的健身球、健身剑、运动衫、运动鞋等体育用品，以及老年人修身养性用的琴棋书画、报纸杂志、花鸟鱼虫，还有让老年人耳聪目明的助听器、放大镜及让老年人健脑防衰老的老年玩具，让老年人学会自我保健，有效控制常见病、多发病的自我测量仪器等。

但从上海老年用品市场的总体情况来看，对老年这个消费群体还没有大力开发。这对企业来说是绝佳的机会，应开发多元化、多特色、多档次、多样式的老年用品市场，以满足老年消费者的需要。

故事中人物的命运会激起她们强烈的爱憎,而且自然界风花雪月也会使她们动容。

(2)女性消费者的消费行为特征。

1)追流行,求时尚。自古以来,女性的审美观就比男性更加敏锐。女性对生活中新的、富有创造性的事物总是充满热情。年轻女性的心境和感性支配着流行;女性不仅自己爱美,还注意丈夫、儿女和居家的形象。加上她们自身不断完善,与社会交往不断增多,所以她们善于捕捉到市场的流行趋势并加入其中。

2)购买商品选择性强。由于消费品品种繁多,弹性较大,加之女性特有的细腻、认真,因而她们对商品的选择程度较男性高。另外,女性通常具有较强的表达能力、感染能力和传播能力,善于通过说服、劝告、传话等方式对周围其他消费者产生影响。

3)注重商品的外观和感性特征。女性消费者购买的主要商品是日常生活用品,如服装、鞋帽等,因而对其外观形象、感性特征等较重视,往往在某种情绪或情感的驱动下产生购买欲望。导致情绪或情感萌生的原因是多方面的,如商品名称、款式色彩、包装装潢、环境气氛等都可以使女性产生购买欲望,甚至冲动性购买行为。在给丈夫、子女、父母购买商品时,这种感性色彩更加强烈。

4)注重商品的实用性。女性消费者在家务劳动的经验使她们对商品的关注角度与男性大不相同。表现为对商品的实际效用要求强烈,特别是细微之处的优点,往往能迅速博得女性消费者的欢心,促成购买行为。

5)注重商品的便利性和生活的创造性。现代社会,中青年妇女的就业率很高,她们既要工作,又担负着大部分家务劳动,因此,她们对日常生活用品的便利性具有强烈的要求。能减轻家务劳动的便利性消费品会博得她们的青睐。同时,女性消费者对于生活中新的、富于创造性的事物也充满热情,如购置新款时装,布置新房间,烹调一道新菜肴等。

6)有较强的自我意识和自尊心。女性消费者有较强的自我意识和自尊心,对外界事物反应敏感,希望通过明智的、有效的消费活动来体现自我价值。即使作为旁观者,也愿意发表意见,并且希望被采纳。在购买活动中,营业员的表情、语调、介绍及评论等,都会影响女性消费者的自尊心,进而影响其购买行为。

(3)女性消费者的营销策略(图2-2)。

1)女性消费者的商品设计要注重细节,并且使用方便。为迎合女性消费者心理,在商品设计和包装方面要做到款式设计、色彩运用能够诱发女性消费者的情感,商品的包装要做到多姿多彩、细致方便,还要重视流行元素的添加和运用。女性观察细腻,特别是在服装、鞋帽、饰品、箱包等方面,设计上的一点点变化都会被她们敏感地观察到。穿戴应季新款的服装鞋帽往往是时尚女性引以得意的地方。在设计商品时还要考虑使用的方便性,如一些厨房刀具、小型家用电器、家庭日常卫生用品等,多为女性经常使用,这类商品的生产设计要为使用者着想,应简单、方便、实用。

2)接待女性消费者时要讲究语言艺术,态度要真诚热情,满足女性消费者的自尊心理。营业员用语要规范,有礼貌,讲究语言表达的艺术性,尊重女性消费者,赞美女性消费者的选择,以博得女性消费者的心理满足感。切忌对女性消费者已购商品的选择和评价下简单、生硬的断语,更不能抢白、顶撞。女性消费者对营业员的态度非常敏感,营业员不经意间一个怠慢的动作,一句不耐烦的话语,一个轻蔑的眼神,都可能将之前辛苦努力的营销成果毁于一旦。现场促销中,面向女性消费者的折扣商品要注意说明理由，允许消费者挑选。实践表明，喧闹的促销现场有时反而会使女性消费者"敬而远之"，收不到预期效果。

3）采用促销活动迎合对价格敏感的女性消费者。采用适当的促销手段，增进女性消费者对企业及其产品的好感，是开拓女性消费者市场的重要途径。价格对女性的影响比对男性的大得多，一般来说女性很少能够抵挡得住降价的诱惑。在市场中进行讨价还价的绝大多数都是女性消费者，一方面出于节约的天性，比较有耐心，另一方面由于家庭中大多是女性直接控制家庭日常开支。有些女性一方面会花成百上千元买一套流行时装，而另一方面在菜市场上买菜时却对几元几角讨价还价，可见女性比较计较小数目的低档品，而对高档品却认为价高质好。附赠品正是迎合了女性的这种心理，例如，两个商店的营销策略不同，一家是低价，另一家是高价但附有赠品。很可能女性在没有时间或能力比较两家商店商品的质量高低时，认为价高的质量一定好，而附有赠品就更吸引她们。

4）购物环境布置要温馨典雅，热烈明快，具有个性特色。女性消费者在购买家庭装饰品、服装、首饰、化妆品时，追求浪漫的心理感觉。因此，销售这类商品的环境布置要符合女性消费者心理，要营造相对安静、舒适的场所，使女性消费者能悠闲地观赏、浏览商品，给她们带来美好的感情联想，从而产生购买动机。

5）充分展示商品。女性把购物当成自己能力的表现，喜欢亲自挑选商品，增加乐趣，满足情感要求。商家应尽量采用开架销售，这样一方面满足女性购物时愿意货比三家精挑细选的心理，另一方面也可避免因多次挑选而引发的营业员与女性顾客发生矛盾冲突的现象。

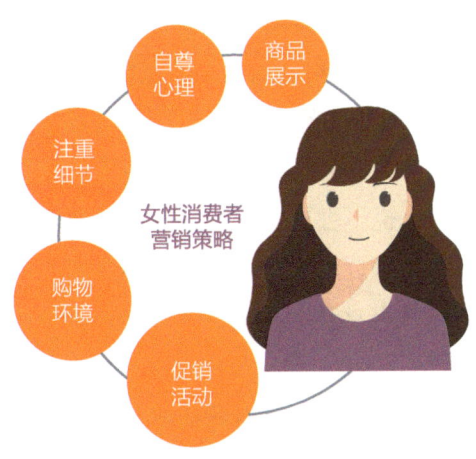

图2-2 女性消费者的营销策略

消费案例

品牌掘金"她经济"

"她经济"是随着女性经济和社会地位提高，围绕着女性消费而形成的特有的经济圈和经济现象。在"她经济"大潮下，品牌想在竞争激烈的市场中赢得一席之地，了解女性消费者的特点以及需求，并触达她们，已然是大势所趋。

随着女性对"颜值"和身材的日趋重视程度，"她时代"已经成为运动健身行业的主流趋势之一，"她经济"也成为运动产业链条上不可或缺的一环。

舒华体育针对女性消费者心思细腻的特点、希望全面了解健身情况的需求，在智能化应用方面进行了大幅度升级，提供了融专业、科学、趣味于一体的智能健身体验。女性消费者可以通过舒华的用户端系统，手机查询自己每天、每周、每月的各项运动数据，进行健身管理，制定科学合理的健身方案。

特步打响了一场"耀妳好看"的传播战。随着运动潮、健身潮的兴起，新时代的女性对"美"的追求，早已不局限在外表，更要追求阳光、健康、自信的生活状态，将自身独特的魅力贯穿到生活中的方方面面。她们不但要穿最时尚的衣服、化最精致的妆容，让人感受到"外在美"，更要通过运动去修炼气质，提升自身的"内在美"，从而由内而外散发更好的气质。她们的这种生活态度就是特步综训女子系列的传播主题——"耀妳好看"！在线上线下整合营销全面发力的基础之上，持续不断地进行"耀妳好看"概念的挖掘和深化，并运用女性社交圈层的广泛裂变，吸引更多女生加入到运动大潮中。

2. 男性消费者

（1）男性的心理特征与行为特征。

1）独立、开朗、刚强、粗率。男性独立性较女性强，喜欢独立思考，自作主张，不喜欢被人指派；肯吃亏，不喜欢的事很快遗忘，很少耿耿于怀；心胸比较开阔，小事上很少斤斤计较。男性具有刚强的性格，自我控制力较强。男性往往粗心大意，观察人和事物没有女性敏锐周到，说话和态度有时过于轻率。

2）合群、随便、务实、坚定。男性通常好交朋友，常聚在一起谈天说地，小群体意识比较强；比女性随便，对生活小节等往往不够注意，对服饰仪表不像女性那样讲究；考虑问题比较实际，务实。不像女性那样多愁善感、富于幻想。男性比女性坚定，他们对挫折和打击的承受力较强。

3）好表现、善推理。男性较女性喜欢出风头，喜欢在女性面前表现自己，最怕在大庭广众前丢脸，往往打肿脸充胖子或恼羞成怒当场发作；男性善于逻辑推理，对事物能推理思考，形象思维不如女性。

（2）男性消费者的营销策略（图2-3）。

1）购买商品目的明确，动机形成迅速、果断。男性的个性特点与女性的主要区别之一就是具有较强理智和自信。他们善于控制自己的情绪，处理问题时能够冷静地权衡各种利弊因素，能够从大局着想。有的男性则把自己看作能力、力量的化身，具有较强的独立性。这些个性特点也直接影响他们在购买过程中的心理活动。因此，动机形成要比女性果断迅速，并能立即导致购买行为，即使处在比较复杂的情况下，如当几种购买动机发生矛盾冲突时，也能够果断处理，迅速做出决策。

2）购买动机具有被动性。就普遍意义来讲，男性消费者不像女性消费者经常料理家务，照顾老人、小孩，因此，购买活动远远不如女性频繁，购买动机也不如女性强烈，比较被动。在许多情况下，购买动机的形成往往是由于外界因素的作用，如家里人的嘱咐、同事朋友的委托、工作的需要等，动机的主动性、灵活性都比较差。许多男性消费者在购买商品时，事先记好所要购买的商品品名、式样、规格等，如果商品符合他们的要求，则采取购买行动，否则就放弃购买。

3）购买动机感情色彩比较淡薄。男性消费者在购买活动中心境的变化不如女性强烈，不喜欢联想、幻想。相应地，感情色彩也比较淡薄。所以，当动机形成后，稳定性较好，其购买行为也比较有规律。即使出现冲动性购买，也往往自信决策准确，很少反悔退货。需要指出的是，男性消费者的审美观同女性有明显的差别，这对他们动机的形成也有很大影响。例如，有的男性消费者认为男性的特征是粗犷有力，因此，他们在购买商品时，往往对具有明显男性特征的商品感兴趣，如烟、酒等。

4）购买时力求方便快捷。男性消费者购买商品时不愿讨价还价"斤斤计较"，忌讳别人说自己小气或所购商品"不上档次"。购买商品只是询问大概情况，对某些细节不予追究，也不喜欢花较多的时间去比较、挑选，即使买到稍有瑕疵的商品，只要无关大局，也不去计较。

5）注重商品质量、实用性。男性消费者购买商品多为理性购买，不易受商品外观、环境及他人的影响，注重商品的使用效果及整体质量。如果质量不好或没什么用处的商品，即使价格再便宜也不会使他们动心。

6）购买特殊商品积极执着。对一些有特殊用途的商品，男性常常以积极的态度追求，如对钓鱼用具、集邮、古董的购买收藏，以男性居多。

7)多是购买大件耐用消费品和高科技产品的决策者。对大件耐用消费品(如家具、小汽车)、高科技产品(如电视、计算机)等商品的购买多以男性为主导。

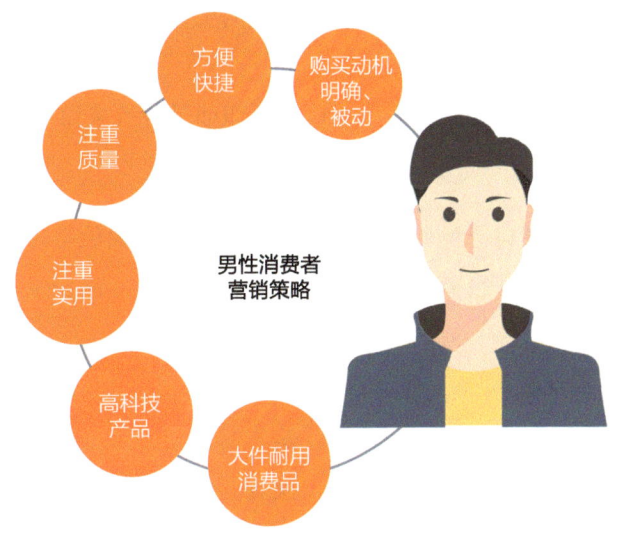

图 2-3　男性消费者的营销策略

2.2.3　不同职业消费群体的消费心理

职场各阶层人员的工作各有特点,经济收入相差悬殊,生存状态迥异,生活方式不同,有着不同的消费心理和行为特征。

1. 职业的划分

我国的职业分为国家和社会管理者、经理人员、私营企业业主、专业技术人员、办事人员、个体工商户、商业服务人员、产业工人、农业劳动者等。

(1)国家和社会管理者:在党政、事业和社会团体、机关单位中行使实际的行政管理职权的领导干部,是当前社会经济发展及市场化改革的主要推动者和组织者。

(2)经理人员:在大中型企业中非业主身份的高中层管理人员,是市场化改革最积极的推行者和制度创新者。

(3)私营企业业主:拥有一定数量私人资本或固定资产并进行投资以获取利润的人,是社会市场经济的主要实践者和重要组织者。

(4)专业技术人员:在各种经济成分的机构中,专门从事各种专业性工作和科学技术工作的人员,是社会主导价值体系及意识形态的创新者和传播者,是维护社会稳定和激励社会进步的重要力量。

消费案例

**挖掘"老男孩"消费潜力,
打造全新业态模式**

顺电将家电零售商的概念弱化,取而代之的是为用户提供更加品质化的生活方式。顺电的经营目标有两个,第一个目标是做好家庭生活,第二个目标是做好"老男孩"客户。深圳顺电平安金融中心店已经没有常见的家电零售的影子,处处都展示着精英阶层向往的高品质生活。

瞄准了"老男孩"用户群体,其实背后也有迹可循。首先,顺电以做高端家电出名,客户群往往并不年轻,大多是比较成熟的管理层或者社会精英,年龄相对较大;其次,顺电又以 3C 数码产品为重,这些产品往往拥有较为忠实的男性用户,综合来看,顺电的男性用户比例占比较大。

在深圳顺电平安金融中心店可以看到多种鲜明的"男性消费"特征,如有最新最全的数码产品、高端家电,还有高尔夫体验区(图 2-4)、户外装备区、雪茄区、品酒区等。围绕着"老男孩"客户,顺电还会持续进行品类的深化和丰富,如未来可能开辟出艺术品区域,引进可以提高老年人生活质量的辅助产品、适老化产品等。

图 2-4　高尔夫体验区

（5）办事人员：协助部门负责人处理日常行政事务的专职办公人员，是社会中间层的重要组成部分。

（6）个体工商户：拥有少量私人资本，并将其投入经营活动或金融债券市场。

（7）商业服务人员：在商业和服务行业中从事专业性的、非体力的和体力的工作人员。

（8）产业工人：在第二产业中从事体力、半体力劳动的生产者。

（9）农业劳动者：承包集体的耕地，以农、林、牧、副渔业为唯一或主要职业及收入来源的农民。

2. 不同职业群体消费行为的差异

（1）对商店选择的差异。不同职业的消费者会根据自己的收入水平、喜好、身份、地位等因素，选择与自己相符合的商店购物。消费水平低的职业群体去高级商店消费会感到压抑、紧张，消费水平高的职业群体去低级商店消费会对环境、服务等感到不满。

（2）对产品的不同选择。消费水平低的职业群体购物时，更加看重商品的实用性，追求物美价廉，衣服要舒适和美观，电器要耐用，食物要分量足。消费水平高的职业群体购物时，更加注重商品的象征意义，追求名牌，商品要与自己的身份地位相匹配，衣服要时尚、美观，家具、电器要豪华气派，食物要健康营养。

（3）购买数量的差异。消费水平低的职业群体喜欢大批量的购买某些商品，可以获得一定价格优惠或折扣，可以减少因某些商品涨价所带来的损失，可以减少采购次数，降低交易费用。消费水平高的职业群体强调生活质量，对价格不太敏感，比起冰箱里的速冻食品，更愿意购买当日的鲜活产品，而且能承担起让人送货上门的附加服务费用。

（4）信息接收和处理上的差异。不同职业的消费群体对消费信息来源、信息载体以及信息内容等的接受程度不同。消费水平低的职业群体更多从电视、广告、报纸等大众媒体上获得产品信息，更倾向于相信所接受的营销信息。消费水平高的职业群体具有更强的理解能力，更倾向自己独立做出购买决策。

（5）价格的敏感不同。不同社会阶层的消费者在经济收入上存在显著差异，对产品的需求不同，在对产品的价格上也表现出不同。中低消费水平的职业群体对打折商品比较青睐，而高消费水平的职业群体更加关注商品的象征性，即商品能否体现出自己的社会地位。

（6）休闲活动上的差异。不同职业的消费者在休闲娱乐的方式上也存在着重大的差异。低消费水平的职业群体不会选择高消费的娱乐活动，常常选择上网、看电视、看小说等娱乐活动。高消费水平的职业群体，经济收入高，更喜欢选择户外活动如网球、登山、滑雪等体育运动，会参加一些时尚活动如音乐会、时装秀等。

（7）对消费审美观的差异。不同职业的消费者的审美观也存在差异。低消费水平的职业群体由于受教育水平低，对于美感的体验主要追求感官刺激，具有较强的个体差异。高消费水平的职业群体追求古朴典雅，和谐宁静，希望商品能够给人以庄重的感觉。

3. 不同职业群体的营销策略

消费者会无意识地将自己归入职业群体。面向不同消费水平的职业群体，企业应深入开展市场研究,为目标消费者"画像"解读他们的收入水平、职业生活方式、兴趣爱好等,让产品品牌与消费者更好地对接,符合其心理和承受的能力,以优异和多样化的产品覆盖不同的市场。例如,上海通用汽车有四大品牌,即凯迪拉克、别克、雪佛兰、萨博,每个品牌都以鲜明的品牌文化、个性和定位,形成品牌之间的差别性。

依据职业群体制定市场营销战略的具体步骤是洞察企业产品及其消费过程受社会身份地位的影响;收集消费者在产品使用、购买动机、产品的社会含义等方面的数据;根据目标消费者的需求与特点为产品定位,制定市场营销组合策略。

2.3 网络消费者与其消费心理

21世纪是我国网络经济快速发展的时期,网络经济以其不可逆转之势,极大地促进了我国社会经济的发展、人们思想观念的转变和工作方式、生活习惯等的改变。网上购物和网上销售日渐成为人们日常生活中一件习以为常的事情。网民和商家可以通过互联网平台,各取所需,共同获益。企业要想卓有成效地开展网络营销活动,就必须了解和把握网络消费者的特征,分析网络消费者的消费心理动机,尽可能地为营销活动提供可靠的数据分析和营销依据。

2.3.1 网络消费者的特征

从2023年8月发布的第52次《中国互联网络发展状况统计报告》来看,截至2023年6月,我国网民规模达10.79亿人,较2022年12月增长1109万人,互联网普及率达76.4%。即时通信、网络视频、短视频用户规模分别达10.47亿人、10.44亿人和10.26亿人,用户使用率分别为97.1%、96.8%和95.2%;网约车、在线旅行预订、网络文学的用户规模较2022年12月分别增长3492万人、3091万人、3592万人,增长率分别为8.0%、7.3%和7.3%,成为用户规模增长最快的三类应用。根据对网民情况的分析,可将网络消费者的特征归纳为以下几点。

1. 具备网络知识

网络消费者易于接受新鲜事物,具有一定的上网经历及经验,能比较熟练地操作计算机和智能手机。研究显示,拥有较多计算机和网络知识的消费者比较容易接受网上购物。

2. 购物主动性强

网络消费者在购物的过程中主动性增强,无论其信息需求是否明确,会主动地通过各种途径和方法搜索商品相关的信息进行查看,如浏览购物网站等;当需求明确后,会主动地查看商品详细的相关信息,并主动与网站商家联系最终决定是否购买。

3. 注重购物的便利性

网络消费者更看重网上购物的便利性、休闲性和乐趣性;消费者的可选择的范围增加,不仅可以选择本地的商品而且可以选择本地没有的商品,这导致消费者的忠诚度降低。

2.3.2 网络消费者的消费心理

在网络环境中,消费者面对的网络界面,没有了嘈杂的环境和各种干扰,商品选择的范围也不限于少数几家商店或几个品牌。在这种情况下,网上商家面临的挑战就是如何在电子商务活动中,深入分析、掌握消费者心理,采取各种有效营销措施和策略,将网店访问者从潜在消费者变为现实消费者。网络消费者的消费心理主要体现在以下几个方面。

1. 追求个性化的消费心理

网络的普及,促使各类厂商、服务商提供商品信息竞争,使消费者获得的信息量有可能最大化,这就为消费者克服由于信息不对称而引起的消费风险提供了保险措施。消费者不会再在商品的汪洋大海面前不知所措,购买更具理性,满足感更高。个性化消费是消费者按照自己的价值判断、生活追求、消费偏好选择消费对象、消费方式。随着网店数量的不断增长,消费者的选择也在增多,个人消费者将变得更具个性,个性化消费成为消费的主流。消费者都各自有一些独特的、不同于他人的喜好。他们之间可能有同样的兴趣,也许被归为同类,但是他们的具体要求将越来越独特,越来越变化多端,决不能像过去那样对他们一概而论,商家应当帮助个人满足其独特的要求,而不是按一个大众的标准来寻找大批的消费者。

2. 追求实惠的价格心理

价格是影响消费心理的一个重要因素,即使营销人员倾向于以差异化营销手段来降低消费者对价格的敏感度,但价格始终是消费者最敏感的因素。消费者在追求物有所值的同时,寻觅物美价廉的商品。网上商店比起传统商店来说,能使消费者更为方便地了解商品,如功能、性能、价格等。一方面,他们可以很便捷地对这些信息进行筛选、重组、比较,从而选择优质实惠的商品。另一方面,网络销售商利用网络降低了成本(如广告费、人工费、场地租赁费等),因而网上售价也要低于传统市场中的商品价格。

3. 追求快捷方便的心理

现代社会的技术水平不断提高,促使新生事物不断出现,受这种趋势的带动,消费者快捷方便的消费心理加强,甚至成为网络经济时代一种重要的消费心理。网络消费者在追求质量好的同时要求购物时间短,获得方便、快捷的服务。网络消费可以不受营业时间的限制,网络消费者可随时查询所需资料或购物,而且查询和购物用时短,程序简捷。此外,更吸引人的是消费者可以不受空间的限制进行异地购物。购得的商品通过物流公司送货上门,免去了消费者的很多麻烦。

4. 追求趣味的心理

网络营销的特点决定了它不能满足特定的某些消费心理需求,其主要原因是网络消费可替代部分人际互动关系,也就不可能满足消费者在这方面的个人社交动机。例如,家庭主妇或朋友间希望通过结伴购物来保持关系或友情等。但是,随着各种聊天工具的利用率提高,网络消费不再是个体消费者零散的消费行为,通过网络通信工具,零散的消费者联合起来,向厂家或者销售商进行大批量的购物,即所谓的网络团购(互不相识的个体消费者通过网络联合成一个具有共同利益的团队,共同与商家议价、维权的消费方式）。这种消费方式不仅能满足消费者的个人社交动机，而且增加了消费动因和消费乐趣。例如，通过网友对商品的评论增加了购买动因。另外，网上消费者追逐时尚，对新事物有着孜孜不倦的追求，消费品的"寿命"一般较短，产品更新的速度较快；他们兴趣广泛，好奇心强，但缺乏耐心，注意力容易转移，如果浏览一个站点很费时间，就会很轻易地改换其他站点，由此又体现出网络消费者"好奇而缺少耐心"的另一特点。

总之，互联网技术的应用和普及，使网络消费蓬勃发展。消费者可以利用网络，在不同时间、不同空间，对同一商品进行交易。与此同时，企业正面临着前所未有的激烈竞争，市场正由卖方向买方演变，消费者的行为对营销策略起着举足轻重的作用。抓住网络消费者心理，通过有效的网络销售策略，开拓网络消费市场，对企业来说无疑是竞争的一大法宝。

 消费心理研究室

直播消费群体	直播购物中的"人货场"
不同品类的直播间聚集了不同的消费群体，直播中每个消费者都拥有发言权，但主播是消费群体的中心，消费者根据主播既定流程规则参加活动或是购买产品。虽然主播是消费社群中心，却是弱中心化的。	**心理分析**：直播消费群体的注意力集中到与主播的互动中，双方通过视频直播的方式进行内容引导，形成了很强的社会互动关系链接，进而产生"群体团结"。直播间形成了一道分隔局外人的屏障，理想状态下直播间内的消费者能获得专属于直播间的独特身份标识。这种身份的认同感提高了互动中的参与感，实现了群体分享共同的情绪和体验，这张基于社会关系情感的联结而编制的互动仪式链网将直播间的主播与在场者连在一起，创造情感能量，缩短了情境中的购物决策过程。

营销策略：①构建"社交场"。直播平台本质上是一个虚拟社区，由很多虚拟社群构成，消费者根据不同需求和兴趣聚集在不同的直播间中。社交场相当于虚拟社群，直播购物并不只是单纯购物，互动交流等体验满足了消费者社交联结的需求，通过不断参与在线讨论的方式感知对方存在、产生情感反应，逐步构建社会关系。②建立用户专属于直播间的独特身份标识，提高消费者身份的认同感与互动中的参与感，促使消费群体分享共同的情绪和体验，缩短了情境中的购物决策过程。③利用从众心理，对其他消费者产生"社会助长"的影响，直播购物这种有限理性的短期决策是一个天然的"群体"购物场景。

复习思考题

1. 儿童少年用品市场营销的心理策略有哪些？
2. 青年消费者群的消费心理与行为特征包括哪几个方面？
3. 女性消费者的消费心理与行为特征包括哪几个方面？
4. 女性消费者市场营销的心理策略有哪些？
5. 男性消费者的消费心理有哪几个方面？

案例分析题

蓝领定位
——大宝成功的秘诀

大宝今天的成功很大程度上应该归功于消费群体的区隔，大宝进入的是一个竞争对手相对较少或者是竞争对手实力相对较弱的细分市场。

1. 明确的蓝领定位

北京大宝化妆品有限公司从一开始，"大宝"就牢牢地锁定了自己的目标市场。

大宝化妆品的目标市场定位：年龄为25~50岁之间的各类职业工作者，有着一定文化修养的大众消费阶层。他们对生活质量有着较高的追求，对品牌价值、品牌内涵以及品牌的社会影响有着独特的主见；他们不求奢侈豪华，但求心理满足，对同类产品不同价格的敏感度较强；对一些高档产品质量满意的同时，常常对价格有抱怨情绪。因此，他们追求的购买目标是质价相称，或在心理上对某种满意产品有一个认为合适的价格预期，一旦某一品牌的市场价格超越了原有心理价格的预期值，他们就会放弃这一品牌而选择其他品牌作为替代品。但他们对品牌有着良好的忠诚度，在市场价格差距不是特别悬殊或没有太大波动的情况下，他们会钟情于自己所喜欢的品牌。

不难发现，这一消费者职业特征和消费心理描述与蓝领消费者有较高的一致性。

《成功营销》杂志社与新生代调查机构联合发表的护肤品行业分析报告显示，白领、金领等个体消费能力强劲的细分市场内已经挤满了国际大品牌。

大宝进行了明确的市场细分，而且将市场定位在蓝领消费者，这在当时是被许多比大宝强大的品牌所忽视的。

2. 开发男性市场

"大宝"另一个成功之处是开发了被别人忽视了的市场——男性市场。调查显示，目前大宝的消费者中，有将近一半是男性消费者。我们看到的情况是，"大宝"这一并没有独到之处的产品在市场上冲锋陷阵、一路凯歌。也许解释就在于它进入的是一个没有多少直接竞争对手，或者是实力强大的同行很少进入的细分市场。

3. 广告宣传面向蓝领走亲和路线

从价格和渠道上考察，与大宝一样定位于蓝领消费者的品牌还有很多，但从产品的广告诉求上，并没有看到像大宝这样将诉求对象明确确定为蓝领消费者。

在传播诉求上,"大宝"强调的是:好产品,满足大众消费需求。在传播方式上,"大宝"所走的路子也与其品牌定位保持一致。它的电视广告采取亲和路线,所有出现的人物都没有西装革履、香车宝马,而是明显的蓝领消费者。根据他们的调查,蓝领的主流人群在消费习惯上,比较倾向于购买与自己身份相一致的产品。

思考题:

(1)"大宝"成功的原因有哪几个方面?

(2)从本案例中总结出蓝领消费心理有哪些?

》》》实训题

实训题 1

实训内容:青年学生消费者的消费心理及行为特征。

实训形式:实地观察和问卷调查。

实训目标:通过实训了解现代青年学生的消费心理及行为特征。

实训题 2

实训内容:女性消费者的消费心理及行为特征。

实训形式:实地观察和问卷调查。

实训目标:通过实训了解女性消费者的消费心理及行为特征。

第 3 章
环境因素与消费心理

> 引导案例

美国化妆品为什么不受日本人欢迎

在美国的化妆品生产行业有一句名言：日本的化妆品市场是美国商人难以攀登的富士山！这是什么意思呢？原来，美国是生产化妆品的一个大国，有很多化妆品出口到国外市场，其中日本市场也是美国化妆品生产商家瞄准的对象之一。美国化妆品进入日本市场的时候，也对日本消费者进行了大规模的广告宣传和其他形式的促销活动，无论美国的化妆品商家怎样努力，日本人就是无动于衷，化妆品销售量很少，美国运到日本市场的化妆品只能大量积压，生产厂家非常着急！美国商人为此委托有关专家认真地研究了日本人购买化妆品的心理，通过大量的调查研究发现，原来是美国人生产的化妆品的色彩不适合于日本人购买化妆品的心理。

在美国，人们对于皮肤的色彩有一种十分普遍的观念，即认为皮肤略深色或稍黑一些是富裕阶层的象征，原因是只有生活富裕的人们才有足够的时间和金钱去进行各种休闲活动，如到海滩去晒太阳是一种比较普遍的休闲活动，生活越富裕，去海滩晒太阳的机会越多，皮肤也就越黑，所以皮肤晒得越黑的人，说明其社会地位和生活的富裕程度越高。在化妆的时候，美国人习惯于使用深色的化妆品，把自己的皮肤稍稍化成深色，以显示自己的地位。化妆品厂家在生产化妆品的时候，也就大量地生产色彩略深的化妆品。而日本人的皮肤属于东方人的皮肤类型，崇尚白色，不喜欢使用深色的化妆品，所以日本人对于美国人的那种略深色的化妆品需求量是很少的。

众所周知，世界是一个有机联系的整体，事物与事物之间存在着千丝万缕的联系，而作为社会一员的消费者就更不例外了。每一位消费者都生活在一定的经济、社会环境之下，因而他们的消费行为与心理必然会受到各种环境因素的影响。

3.1 经济、社会环境与消费心理

社会是由具有相同物质条件而互相联系起来的人群组成的，而这个大群体中的人们出于各自的目的在各种活动中密切交往着，从而产生政治、经济、文化等错综复杂的社会关系。这些社会关系影响和制约着消费者的消费行为和消费心理。

3.1.1 经济环境与消费心理

1. 经济环境的内涵

经济环境是指一个国家或地区的经济发展水平、社会经济制度、产业结构、居民收入水平、消费水平、消费结构以及国际经济发展动态等经济条件。在影响消费者心理的众多外部因素中，经济因素是最重要的影响因素，它决定了一个国家或地区的工业品和消费品的消费水准。

2. 经济环境对消费心理的影响

（1）我国经济的持续快速发展促进了消费者行为。经济发展水平在总体上制约着消费者心理的发展变化。近年来，我国大力发展生产力，经济发展水平不断提高，经济的快速发展受到社会各界人士瞩目。我国GDP增长率见表3-1。

表3-1 我国GDP增长率

年份	2013	2014	2015	2016	2017	2018	2019	2020	2021
增长率（%）	7.77	7.43	7.04	6.85	6.95	6.75	5.95	2.24	8.11

经济的快速发展不但提高了居民的收入和消费水平，而且增强了居民的消费信心。同时，在高科技、多元化信息的推动下，使新产品的更新换代速度大幅度加快，从而引发了消费内容与消费方式的不断更新，随之人们改变了原来的消费观念和消费心理，求新、求异、求美等消费心理更加突出，如图3-1所示。具体表现为以下几个方面。

图3-1 消费心理

1）经济发展、产品创新，促进了消费观念的转变。随着生产力水平的飞速发展，消费不再局限于传统意义上的功能性消费诉求，而是体现一种时尚的生活品质。在现代的消费理念指导下，商品的附加价值日益受到重视，消费不再是一种简单的经济行为，在某种意义上，它能反映出消费观念的时代变迁。消费能力的提高进而促进消费观念的转变，一个感性的消费时代正在到来。

消费心理研究室

情感元素		为何会被情感驱动而消费
商品所蕴含的亲情、友情、爱情、社会道德感等情感元素，通过唤起消费者的情感共鸣，达到销售目的。		心理分析：消费者在情感决策模式下，决策中包含了情绪感觉，购买商品等同于获得情感，如"旺旺"商品成功地迎合了消费者"财旺、运旺、诸事旺旺"的情感需求。 此外，消费者会期待不确定性带来的惊喜感，如不能提前得知具体产品款式的盲盒具有随机属性。只有打开才会知道自己获得什么，不确定的刺激会加强重复决策。
营销策略：情感决策模式下的消费者，想要的是不确定的惊喜。商家触发消费者的情感决策模式时，可以通过定义商品的情感元素，也可以通过随机赠送礼品或福袋的方式，加强消费者对商品的期待感。		

2）消费的个性化突出。随着社会和经济的发展，人们的消费观念和生活方式正在发生着巨大变化，个性化消费时代正向我们走来。消费趋势多表现为独立消费、个性消费，注重产品的知识含量，关注产

小贴士

社会经济发展水平与消费者心理

不同的社会经济发展水平，将会形成不同的生活环境，而不同的生活环境又会影响或形成不同的消费者心理。在城市中，由于人口的集中，对自然环境的干预越强烈，生活环境变化就越大，对消费者的心理影响也越大。其中，尤其以城市人口结构变化速度及空间分布状况对消费者心理的影响最大。某些城市中的居民由于居住、办公都在高楼大厦里，而连接居住地和办公地的是城市道路交通系统。在这种状况下生活的城市消费者，往往会由于生活空间狭小、拥挤以及噪声、空气污染等引发所谓的"城市病"，使城市居民容易出现烦躁不安、精神疲倦、压抑等情绪。而大多数消费者为了适应这种生活环境而引发的野外郊游或重回大自然的心理愿望，这就是"假日经济"现象。在日常生活消费中，纯净水以及与纯净水有关的设备在大城市中相当火爆，各种空气清洁器、"氧吧"也受到青睐。

消费案例

"高弹消费"支出将成为消费支出的重要内容

"高弹消费"是指对需求弹性系数较高的有形产品与无形产品的消费。随着消费者经济收入的增多，消费的趋势表现为：生活必需品的消费比重呈现下降趋势；而非生活必需品的消费比例上升，如购买医疗保健、健美、休闲娱乐、家政服务，聘请家庭教师或医生，购买高档奢侈品等。

品所带来的观念价值和附加价值，在消费形态上呈现出多元化的格局。在个性化消费时代，一位顾客有一群企业在为之服务，企业的营销对象不再是一个模糊的顾客群，而是每一位顾客。

消费心理研究室

个性化消费	"客户经济时代"
消费者购买商品不再只是满足物质的需求，而主要是看重商品的个性特征，希望通过购物来展示自我，达到精神上的满足。	**心理分析**：T社针对现代消费者的个性需求，在营销渠道上采取个性营销策略，为客户提供"量体裁衣"的定制服务，充分满足"客户经济时代"的个性需求。

营销策略：①注重消费者心理满足。在个性化消费时代，消费者更注重心理需要，以心理感受作为衡量消费行为是否合理，商品是否具有吸引力的依据。②强调商品或劳务内在的质的要求。消费者开始享受购物过程，注重商品购买过程中、使用后的服务与信誉，关注商品的时尚性、独特性和安全性。③注重消费的文化内涵。消费者在消费时，注重商品的新颖和流行时尚，注重商品的欣赏价值和艺术价值，追求品牌所蕴含的文化特质，以满足自己的个性化要求。

3）绿色消费意识增强，绿色产品需求量增加。随着人类文明意识的增强，如今的经济发展将较少地依赖自然资源的消耗性开采，而公众的可持续消费观念增强，使生态消费成为一种趋势。无论是个人消费、家庭消费还是集团消费，环保产品和绿色产品越来越成为消费者的首选对象。

（2）产业结构的调整改变了人们的消费心理。改革开放以来，调整产业结构是我国宏观经济政策的一项重大内容，在"做优第一产业，做强第二产业，做大第三产业"的思想指导下，各个产业得到了快速发展，特别是第三产业，占GDP的比重已大幅度提高，出现了"经济服务化"趋势。提倡大力发展服务业，对消费者心理和行为产生了较大影响，甚至极大地改变了他们的生活和消费方式。由过去专注于产品本身质量和效用等硬性指标，发展到了追求服务消费需求。生活水平的提高以及节假日的增多，促使文化、娱乐、教育、旅游、社会交往等消费量激增。同时，由于人们生活节奏的加快，对服务的质量和效率也提出了更高的要求。

（3）消费者的经济收入增多提高了个人消费能力。消费者经济收入的不同，必然会影响到消费者消费的商品数量、质量以及消费方式等。个人收入低下、收入来源不稳定的消费者，其购买欲望也会降低，消费心理保守，消费时更加谨慎；反之，个人收入可观的消费者，其消费欲望增强，消费的方向主要是时尚、品牌、品味、格调、流行、个性、身份等，教育、保健、住宅、旅游等成为他们消费的热点。

3.1.2 社会环境与消费心理

消费者的消费心理和行为是一种复杂的社会心理现象，不仅受到消费者自身心理因素、宏观和微观经济因素的影响，还要受社会环境、相关群体等外界因素的影响。社会环境对消费者心理的影响是复杂的、多元的，主要包括社会文化、社会阶层、社会消费流行等，如图3-2所示。

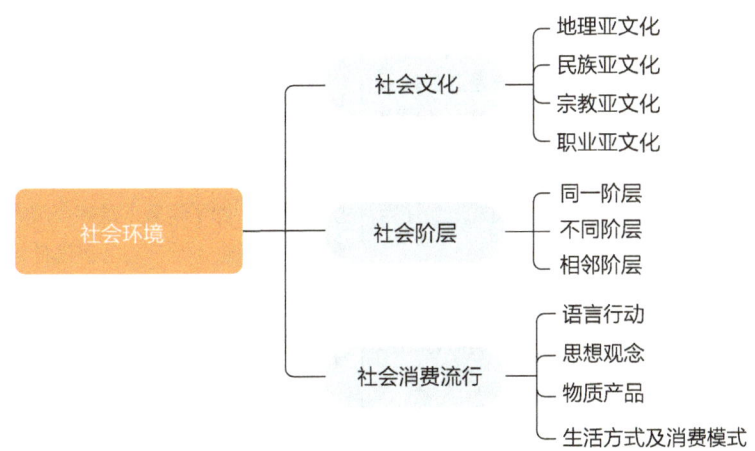

图3-2　社会环境的影响因素

1. 社会文化与消费心理

在影响消费者购买心理的众多社会环境因素中，社会文化环境占有重要的地位。作为社会成员之一的消费者，每一个人都生活在一定的文化环境中，其思想观念、生活方式、消费心理不可避免地受到社会文化的影响和制约。虽然社会文化环境对消费者心理的影响常常不是直接的，而是间接的，但是这种千丝万缕的文化关系会影响企业的获利能力，甚至危害到企业的生存与发展，是不容忽视的客观因素。

（1）社会文化的含义。社会文化是一种外延极广的概念，是一种除了政治、经济、军事以外的观念形态和人类精神活动的产物；社会文化也是一种客观的历史现象，每一个社会都有与之相适应的社会文化。从消费心理学的角度出发，通常研究社会文化中与消费心理密切联系的文化，即生活文化。所谓生活文化，是指在社会发展过程中，人们世代流传下来的价值观念、行为准则、风俗习惯、生活方式、道德观念以及传统和信仰等，是狭义概念上的文化。

（2）社会文化的特点。社会文化是人类在社会历史的演变过程中，与客观世界相互作用的产物。社会文化的特点见表3-2。

表 3-2 社会文化的特点

特点	内涵	实例
文化的共同性	在社会中占据主导地位的文化，是为社会上大多数人所接受的价值观、风俗习惯、伦理道德等，具有共同性	这种共同性多数表现为共同的语言、模仿、信号暗示，长期以来形成的共同的生活方式、消费习俗、价值观念和态度倾向等。例如，中国消费者常把春节、中秋节等传统节日当作阖家团圆、走亲访友的好机会，此时消费支出明显增多
文化的差异性	社会文化的差异性主要是指不同文化之间的差异性，由于政治、经济、自然、科技等方面存在着诸多差异，导致不同国家、地区、民族都有不同的文化，即使是同一国家或地区内部，其文化也有差异，正所谓"千里不同风，百里不同俗"	美国的百事可乐公司有一个著名的促销广告词"畅饮百事可乐，使你心旷神怡"（come alive with Pepsi）。在中国，这一广告和其产品名称的绝妙翻译相配合，取得了极好效果。然而，同样的广告词在德国却遇到麻烦，因为直译为德语，"come alive"的意思是"死而复生"
文化的学习性	文化是一种后天学习的过程，它不包括先天的遗传性和本能性的反应。一是通过家长的正式教育；二是模仿学习；三是专业学习	家长教孩子怎样说话，如何做事情等；专业教师在教学环境中教育学生该怎样做以及为什么这样做等
文化的变化性	伴随着商品的极大丰富和商业经济的快速发展，人们的购物理念和购物模式发生了巨大变化	从中国服装的发展变化趋势来看，过去人们注重服装的质地优良、做工精致、防寒保暖等；而如今的消费者追求服装的前卫性、流行性、舒适性等
文化的发展性	人类社会是发展的，社会文化也不断地向前发展。与之相适应，消费者的消费行为和观念也处于不断发展变化之中	信用卡消费、贷款消费、分期付款消费已经成为消费的主流方式，这些都是人们消费观念变化和发展的真实写照

（3）社会文化对消费心理与消费行为的影响。社会文化对消费心理的影响主要体现在两个方面，即主文化和亚文化。主文化是在社会中占据主导地位的文化，是为社会上大多数人所接受的风俗习惯、价值观念、社会伦理道德等。主文化对消费行为的影响涉及范围大，如在中国，每逢春节来临时，中国人都在以不同的方式欢度佳节，而西方国家则不然。所谓亚文化，是指社会文化中的细分文化，是不合主流的或某一局部的文化现象，它既遵循主文化的习惯，又有自己独特的信仰、观念和消费方式。每个国家都有多种多样的亚文化，这里主要介绍地理、民族、宗教和职业四种亚文化。

1）地理亚文化。地理亚文化是指因自然地理环境的影响而造成的，与自然地理条件和气候条件有关的文化，它包括一个国家或地区的行政区域、地理位置、气候、自然资源分布等。地理环境不同，消费者的消费习俗和消费方式也就不同。我国北方地区和南方地区就分属于两个不同的亚文化群体，他们在饮食、穿着、性格上都有所不同。例如，北方人性格多为豪爽奔放，而南方人多为温柔细腻。北方人由于气候寒冷，有冬天涮火锅的习惯，还有地热等取暖设施；而南方人由于天气炎热，则养成了炖汤、吃腊肠和熏肉的习惯，在南方空调的需求量是很大的，尤其是夏季，南方家庭必备空调。

2）民族亚文化。民族是指在历史上形成的，由共同的文化和遗传纽带所连接起来的共同体。由于种族、历史、自然等原因，不同民族之间形成了不同的富有特色的文化风格。例如，汉族人非常重视"礼"，讲究"礼尚往来"，认为"礼轻情意重""礼多人不怪"，因而，在中国消费品市场上形成了一个庞大的礼品市场；蒙古族人喜欢喝奶茶、吃牛羊肉、喝烈性酒、穿长袍，善骑马，喜歌舞，牧民们则住蒙古包；朝鲜族人喜欢吃泡菜、冷面、辣椒，喜欢穿色彩鲜艳的衣服。

3）宗教亚文化。宗教信仰是人们在特定的环境中形成的对世界的一种特殊看法。不同的宗教群体具有不同的教规、习俗和禁忌，并对教徒的行为有很大的约束力，从而形成了教徒们独特的消费观念和消费行为。为此，了解不同教徒的消费习惯和信仰对企业营销具有重要意义。

企业必须在产品设计、包装和品牌等方面适应各宗教教徒的风俗，尤其在出口商品时，一定要对目标市场进行事先调研，了解各宗教教徒的消费热点和消费禁忌，只有这样才能确保各个销售环节顺利进行，才能在激烈的竞争中立于不败之地。

4）职业亚文化。职业亚文化是指因为职业的不同而形成的独特文化。相同职业的人们由于共同的工作性质、工作环境而在消费需求、消费动机和消费习惯等方面具有较大的相似性，不同职业群体的消费行为和心理也就不同。例如，农民消费群体在购物时，多考虑商品的价格和实用性，常以勤俭持家、精打细算的消费方式为主；教师喜欢购买书籍等文教用品，对服饰的要求是文雅、得体、大方；艺术家对名画等艺术作品很欣赏，多为个性化消费；演员对服装、化妆品等有较高的要求。同时，每一个人要经历过几次或多次职业角色转变，而从事一定职业的人有其独特的消费行为，这主要是受到角色观念的影响。例如，从一名大学生到公司白领的角色转变，在大学期间喜欢穿运动衫、运动鞋，背着大背包，显得青春阳光、朝气蓬勃；而毕业后进入公司做了白领，就换上了西装革履，夹起公文包。

除了上述四种主要的亚文化之外，还有年龄亚文化、种族亚文化、性别亚文化、收入水平亚文化、籍贯亚文化等。例如，一个人可以同时属于青年、女人、汉族、小康水平等几个亚文化群，即一个人乃至一个国家都有多种多样的亚文化。因此，精明的营销者应该主动寻找市场中日益变化的销售机会，回避那些不利的销售因素，从而趋利避害，为企业的生存与发展创造良好环境。

2. 社会阶层与消费心理

人类社会中存在着多种社会层次，每个社会成员都有自己所属的社会层次。可以说，消费心理与行为的群体差异性在某种意义上源于不同的社会阶层。

（1）社会阶层的含义。社会阶层是指社会上的个体和家庭，因社会经济、职业角色、社会地位不同及相应生活方式和价值观念的差异而区分出的不同层次，它以一种等级结构呈现出来。社会阶层不是受单一变量影响的，而是同时受教育、职业、收入、权力、家庭背景等多种因素的影响。其中，受教育程度、职业角色和经济收入是尤为重要的。例如，一个人的受教育程度高，那么他的知识储备、技能等个人资本较强，在社会中必然充当重要的职业角色，其权力就越大，从而他的社会地位就越高，也就是他的社会阶层较高。

（2）社会阶层对消费心理与消费行为的影响。社会阶层的差别是客观存在的，处于不同阶层的人，在需求特点和购买行为方面存在着较大的差异。不同收入层次的家庭具有不同的消费结构，甚至其购买商品的地点也会不同，高收入阶层消费者喜欢光顾精品商店，低收入阶层消费者喜欢到廉价的批发市场购物。具体地说，这种影响主要表现为以下三个方面。

1）同一社会阶层的消费心理具有相似性。例如，低阶层的消费者普遍存在着购买力低下，购买决策时间长，有求实、求廉的消费动机。

2）不同社会阶层消费心理的差异性。由于人们所处的社会阶层不同，他们在消费动机、消费方式等方面存在着较大差异，导致他们对商品和品牌的偏好程度也就不一样。例如，受教育程度高的消费者易接受专业的媒体所发布的消费信息,对电视广告宣传的信息不怎么关注,并持谨慎态度;而受教育程度低的消费者多愿意从电视广告中获得消费信息,而对产品信息、价格信息一般不过多地加以思考。

3)相邻社会阶层的消费心理有一定的趋同性。由于相邻的两个阶层的划分标准相差不是很大,都处于阶层临界点附近,所以他们的消费可能出现趋同现象,甚至会有模仿和攀比心理。

总之,社会阶层与人的消费心理和行为有着极为密切的关系。但是,由于社会流动性和人们接受教育观念增强以及社会财富的变动性等诸多因素的影响,各社会阶层之间的差距正在缩小,所以,企业市场营销者应充分意识到这一点。

3. 社会消费流行与消费心理

社会心理学家研究表明,在分散的社会大众中由于人们之间的相互作用,总会出现模仿、从众等现象,这种现象为社会流行奠定了基础。社会流行包括很多内容,比如语言行动的流行、思想观念的流行、物质产品的流行、生活方式以及消费模式的流行等。

(1)社会消费流行的含义及形成原因。社会消费流行作为社会流行的一个重要组成部分,是指在一定的时间和空间范围内,消费者对某种商品或服务所形成的消费追捧、消费潮流,从而呈现出的众多相似或相同的消费行为。产生消费流行的原因主要有五个方面:一是由于某种新产品的使用价值适合大多数消费者的需求,从而形成了流行;二是人类社会的模仿性和自我表现心理促进了流行,如体育明星、歌星、影星、政界人士的榜样作用;三是商界、艺术界、教育界等人士之间的互相影响渗透;四是社会文明的不断发展,社会审美观和消费价值观的前卫性;五是由于产品广告、促销等宣传力度的加大。

(2)社会消费流行对消费心理与消费行为的影响。一般情况下,消费者购买商品的基本规律是:认知需要——收集信息——评价选择——购买决策——购后评价,而且这种购买规律是循序渐进的,属于多数购买行为的正常发展过程。但是,在社会消费流行的冲击下,消费者的消费心理发生了许多微妙的变化,其主要表现为以下几个方面。

1)消费认知度的变化。由于消费流行的出现,很多消费者的怀疑态度降低或消失,增强肯定心理,同时缩短了消费者的观望和学习时间,促使消费者加快购买速度。因此,这种消费流行强化了消费者的购买心理。

2)消费动机的变化。按照正常的消费规律,消费者购买某种消费品是因为他有该种商品需求的动机,而驱使其进行相应的购买活动。而一般的消费动机是求廉、求实、求异、求美等,比如在购买消费品时注重的是产品的实用性和便利性。但在消费流行的驱动下,这种求实的消费动机向着新的方向发展,因为人们要追潮流,赶时髦,彰显自我消费个性。

3)消费偏好的变化。有些消费者由于长时间使用某种商品,产生了信任感,形成了品牌忠诚度,购买时非此不买。但在消费流行的冲击下,这种消费偏好会发生较大的变化,消费者会随着潮流接受新的流行商品,接受流行商品不只是为了获得商品的使用价值,更重要的是追求时髦、炫耀自己。

3.2 家庭环境与消费心理

家庭是一个特殊的社会群体,它是以婚姻、血缘或有继承关系的成员组成的社会组织形式。它是社会的细胞,也是最基本的消费单位,它对消费具有基础性作用。面对家庭环境的复杂变化,我们必须考虑到家庭的结构、家庭消费的特征、家庭生命周期、家庭购买决策的分配等因素对消费者心理的重要影响。

3.2.1 家庭的类型

家庭的类型主要有单身家庭、单亲家庭、丁克家庭、夫妻家庭、核心家庭以及扩展家庭，见表3-3。家庭类型不同，其消费心理及行为也不同。

表 3-3 家庭的类型

家庭类型	家庭成员
单身家庭	只有一人的家庭
单亲家庭	父母一方与子女
丁克家庭	一对有生育能力但不要子女的夫妇
夫妻家庭	新婚夫妇或子女已经抚养成人的老年夫妇
核心家庭	一对夫妇及其未婚子女
扩展家庭	具有血缘关系的三代或更多代人同堂的家庭

3.2.2 家庭消费的基本特征

居民家庭消费支出是指用于满足家庭日常生活消费需要的全部支出总和，包括食品、衣着、家庭居住设备用品及服务、医疗保健、交通和通信、教育文化娱乐服务、其他商品和服务七大类。从中不难看出，家庭消费在整个社会消费中占有重要比例，这种消费具有以下基本特征。

1. 家庭消费的传承性

因为每个家庭都归属于不同的社会群体或社会阶层，具有不同的价值观念、生活习惯、文化信仰等，并且受到一定的经济条件、职业性质的制约，所以形成了不同的家庭消费特色以及消费行为。比如，如果一个家庭中的家长很少买某种商品或是认为某种商品不适合家庭消费，那么，该家庭的子女也多数会有同样的想法，甚至当该子女组成新的家庭之后，也会带有原来家庭消费特征的痕迹。

2. 家庭消费的阶段性

每个家庭从组建到最后解体消失要经历一个阶段性过程，这个过程叫作家庭的生命周期。这个周期有其自身产生、发展、成长和消亡的过程。在家庭生命周期的不同阶段，消费者的购买心理和行为有着明显的差异。一般情况下，在家庭刚组建时期，家庭购买决策类型多为夫妻共同商量型，该阶段购买的商品多为房子、家电等，其目的多为促进家庭的健康快速发展。当子女降生时，家庭消费的重心开始向子女转移，以子女为中心的消费心理和行为日趋明显，以子女为中心的消费心理在传统的中国家庭可能持续到这个家庭解体或者消失。在这一阶段，随着子女年龄的增长，消费行为也会出现阶段性变化，如孩子小的时候主要是有关孩子健康成长的供给支出和教育支出，当孩子长大以后家庭的消费支出主要是工作和成家两大部分。最后一个阶段是孩子也成家了，家庭中只剩下老年夫妻两口人，此时的消费心理主要体现在营养保健和休闲娱乐方面，还有很多的老年家长选择了继续为子女或孙儿操劳。此阶段的消费心理还呈现出老龄化人口的"第二春"消费心理特征，企业的营销人员应该密切关注人口老龄化带来的消费心理变化，进而运用恰当的营销策略，实现满足消费者需求和提高企业经济效益的双赢目的。

3. 家庭消费的相对稳定性

虽然在家庭生命周期的各个阶段，消费者呈现出不同的消费心理和购买行为，但纵观一个家庭的消费状况可知，每个家庭的消费在一定程度上具有相对稳定性。其成因主要有三个方面：①在一定时期内，每个家庭的收入基本稳定，这就决定了该家庭的购买能力基本不变；②我国传统道德观念和消费观念使多数家庭能够维持一种紧密、安定的家庭婚姻关系，这种稳定的家庭关系也促进了家庭消费的相对稳定性；③国家良好的政治环境、健全的法律体系等宏观环境都为家庭关系的稳定发展创造了外部环境，也是促成家庭消费相对稳定性的重要环境因素。

3.2.3　家庭生命周期对消费心理的影响

由于家庭结构形式的不同，具体的生命周期也不同，导致每个家庭都有各自的购买特点，家庭生命周期直接影响着为谁买、买什么、买多少等购买决策。这里我们重点研究具有典型意义的核心家庭的生命周期，依据家庭主人的婚姻状况、家庭成员的年龄、家庭规模等因素构成的家庭发展阶段来划分，一般可以把家庭生命周期分为六个阶段。

1. 单身期

单身期是指年满18周岁的男女独立生活，没有结婚成家的时期。单身家庭包括青年人走出校园后离开家乡到异地谋生者，或者是由于其他原因离开父母独立居住者，也包括离异无子女的中老年人。目前，这些单身的消费者虽然在居住环境方面是完全独立的，但在经济方面仍有大部分的单身青年依附于父母，所以他们的经济负担较轻。单身期消费者的消费心理多表现为以自我为中心的消费观念，而不必过多地考虑父母或其他亲人的需求。他们的收入一部分用于自己的穿着、娱乐、交往、发展等方面的需要，其余部分用于储蓄，目的是为自己未来的家庭作物质或精神准备。在消费心理方面，单身期消费者多表现为花钱大方，呈现出明显的消费意愿，是企业营销活动最容易争取的销售对象。

2. 新婚期

这一时期指的是人们结婚以后还没有孩子的一段时间，也叫结婚初期。这种家庭多数处于新婚夫妇独立生活居住阶段，在经济上一般也很独立，没有过重的家庭负担。其消费心理与行为主要以夫妻为中心，以规划和发展小家庭为核心。由于组建一个家庭需要购买很多产品或服务，如房子、各种家电、家具、床上用品和厨房用具等，所以新婚夫妇的消费支出额度很大。调查显示，青年在结婚费用中，耐用消费品支出占首位，酒席的支出占第二位，穿着支出占第三位，床上用品支出占第四位。这一时期的消费心理仍表现为炫耀自我、追求时尚。

3. 满巢期 I

这一阶段通常是指从第一个孩子出生到最小的孩子未成年之前的时期。这一时期的家庭较前一时期有明显的变化，孩子的出生很大程度上改变了年轻夫妇的生活方式，原有的以夫妇二人为中心的消费支出开始下降，家庭消费主要以孩子为中心。主要消费的产品或服务有儿童食品、儿童玩具、儿童服装、月嫂服务、家政服务、文化用品以及逐年增加的教育费用等。该时期的家庭消费不完全取决于夫妻二人的兴趣，年轻的夫妻由于家务和工作的压力都很大，消费习惯更注重方便性和实用性，这一时期的消费表现出对家庭的负担与责任。

4. 满巢期 II

这一阶段是指最小的孩子已经长大成人，到孩子陆续结婚成家前的时期。随着孩子年龄的增长，家庭的基本消费状况发生了改变。多数子女在中学或大学读书，少数子女刚刚参加工作，一部分家庭还要继续支出大额的教育费用，这样的家庭经济条件比较紧张。另一部分家庭中，由于孩子不时地给家长一点经济补贴，所以家庭经济状况有一定的改善。处于此阶段的家庭会购买一些耐用消费品，如新潮家电或家具等，还会花钱用于美容服务、健身活动、举家外出旅游等娱乐活动。这时家中的购买决策类型有了新的发展，子女不再是完全被动的消费者，他们逐渐走向成熟，有能力参与商品的评价与选择，甚至是购买者或决策者。此外，父母开始为孩子的未来发展做充分准备，如对孩子的工作方向进行恰当的指导、送孩子出国深造、为孩子的婚姻大事操劳等，表现为预防性储蓄意识增强。

5. 空巢期

这一时期是指子女陆续成家立业，组成了新的家庭，原有家庭中只剩下父母二人。因为没有孩子的拖累，父母的经济负担开始大大减轻，同时因为父母已退休或接近退休，他们有足够的时间去安排自己的生活，所以大部分家庭在这一时期又出现了一个类似新婚期的消费热潮，如夫妻外出旅游、购买消遣娱乐用品和保健品、改善居住环境等。随着人口老龄化的加剧，老年家庭的数量将急剧增多，他们对社会服务的消费需求必将大幅度增加。在空巢期，有的老年家庭选择了继续以子女甚至第三代人为消费重点的消费方式，这种消费方式尤其在我国体现得更为突出。这样看来，在空巢期阶段还会呈现出满巢期的消费特点。

6. 鳏寡期

自然规律决定了家庭的最终走向，家庭的生命力由旺盛走向衰弱，这一时期的家庭多是老年人丧偶或生活自理能力大大下降的时候，叫作鳏寡期。由于自身劳动能力和生活能力的不足，其

消费案例

新婚青年的消费

1. 新婚青年消费市场心理概况

结婚建立新家庭是人生旅途的重大转折。此时的消费既有一般青年人消费的特点，又由于新婚是人生的一件大事，在消费中表现出其特殊性。

（1）商品需求构成呈多方面。新婚青年在建立家庭过程中的需求是多方面的，其需求构成以使用的商品数量为最大，其次是对吃和穿的需求。青年人建立家庭前将为购买住房或租赁用房以及新房装潢等花费较大的费用。

（2）消费相对集中。一般情况下，结婚用品的购买都集中在结婚前后。近年来，由于社会的发展和家庭经济生活水平的提高，新婚青年选购家庭日用品，包括高档的耐用消费品，大多在婚前集中购买。按照我国传统惯例，一般选择在春秋适宜的季节和喜庆节假日举行婚礼，如元旦、春节、劳动节、国庆节等。

（3）消费心理强烈、鲜明。新家庭的建立使青年人对未来生活充满希望和信心，有着美好的憧憬。所以，在消费行为与心理方面对物质商品的选择具有较高的要求，对精神享受也有较高的追求，象征着新生活的开始。新婚青年的消费心理，反映了一定的科学文化水平和社会潮流趋势。

2. 结婚用品市场消费的趋势

据有关部门调查显示，结婚用品市场消费呈以下4个明显趋势。

（1）传统化。根据传统习俗，他们不仅选择好日子，而且红喜字是必备的吉祥品；夫妻碗、龙凤杯等已由实用转化为装饰日用品。

（2）现代化。新家庭的居室用品日趋现代化，室内装潢和摆设不再是千篇一律的格局，而是充分表现出主人的兴趣爱好和个性特点。在家用电器和日常用品的购买上，也反映出青年人现代化生活的快节奏感。微波炉、电热器、空调、食品粉碎机、饮水机等几乎是新婚家庭的必需品。

（3）浪漫化。拍摄婚纱系列纪念照片，穿着精美高雅的婚纱礼服，手持鲜花出席婚礼及现场录像等已成为时尚；举办婚礼时双双外出旅行，游览风景名胜，更增添了新人蜜月的浪漫色彩。

（4）高档化。虽然刚步入婚姻殿堂的年轻人的收入并不很高并且大多也没有太多的积蓄，但结婚毕竟是人生中的一件大事，这使得结婚用品的消费趋向日益高档化。

消费水平和消费行为也随之下降，这时的消费基本上以满足日常需求和健康、保健为主，在服装、交通、耐用消费品等方面的支出比例有所下降。在购买决策时表现得更为缜密、稳健和内涵。有调查表明，老年男性在烟、酒、洗理费等方面花的零用钱较多，老年女性在点心、水果和化妆品等方面花的钱较多。经济条件较好的老年人有足够的闲暇时间，他们将更多的消费支出用于满足自己的嗜好方面，比如养狗、养鱼等宠物，或是作画、收藏和运动保健等。如果年迈的父母选择了与子女一起生活，那么他们的消费会受到子女消费习惯和行为的影响。

消费心理学对家庭生命周期的分析研究，不仅揭示了典型家庭的生命周期规律，更重要的是确定了每一个阶段的家庭生活、需求特征，再根据这些特征来分析消费过程和消费决策的变化，为企业的营销决策提供依据。

3.2.4 家庭决策类型对消费心理的影响

在一个稳定的家庭内部，家庭成员的消费多以家庭为单位，但在购买某些商品的决策方面，每个家庭的成员所起到的作用不一定相同。在不同的家庭中，决策者的决策可以由不同的人来完成。以现代的核心家庭为例，主要有以下五种决策类型。

1. 丈夫决策型

男性的购买心理和行为很大程度上代表了整个家庭的购买情况。关于房地产研究调查的结果显示，无论是购买家庭的第一处还是第二处住宅，都有70%的家庭主要由丈夫做出最后的决定。同样，在购买家庭用轿车的调查中发现，39%以上的妻子认为"丈夫在购车决策中影响最大"。

2. 妻子决策型

妻子决策型即家庭主要商品的购买决策由妻子决定。该种决策类型主要有三种情况：一是妻子的独立生活、理财和持家能力大大超过丈夫；二是家庭收入和文化教育程度都较高，消费支出的决策已经不是家庭生活的关注性话题，相反，该家庭更重视生活内容和生活情趣；三是由于丈夫整天忙于事业，家庭事务从决策到具体购买都由妻子承担。另外，由于女性对"购买和使用商品的经验""生活常识"以及"子女教育"等方面的细心程度和关注程度都明显高于男性，这也是妻子主导家庭购买决策的重要原因。市场营销学者通过调查指出，在购买日用品、化妆品、服装和饰品等商品时，女性决策要优于男性决策。

3. 协商决策型

协商决策型即家中主要商品的购买决策由夫妻双方共同协商决定。这种购买决策的家庭中，夫妻双方沟通关系融洽，消费观念相似。所以，协商决策类型在购买中多为理性购买，很少有冲动购买的情况。一般而言，对家庭比较重要的决策，会采用协商决策的方法。这种类型在现代城市家庭中较为普遍。据调查结果显示，价格是决定家庭集体决策购物的首要因素，如单价在3 000元以上的产品就需要家庭成员共同决策。从调查结果来看，消费者认为需要与家庭成员共同决策购买的每件产品的均价在3 022元以上。而从价格分布来看，30.9%的受访者表示价格在1 000~2 000元之间的产品就需要和家人商量。由此看来，大部分人在考虑购买商品时，价格在1 000元以上就会与家人商量。本次调查中，有87.5%的受访者表示，在购买金额较大的商品时一定会与家人商量后才能购买，远远高于其他因素。此外，属于家庭共同使用的商品，其家庭集体决策购买的比例也比较高，占 41.7%。

4. 夫妻独立支配型

一般情况下，如果一个家庭的夫妻双方在经济上相互独立，那么他们的购买决策也就比较独立。此类家庭中除了经济收入比较独立外，夫妻之间有更多的尊重感，一般不干涉对方的购买决策，也不强求对方与自己的消费爱好一致。因为其购买行为既不受经济收入的限制，也不受家庭成员的影响，所以这样家庭的消费者在购买中有较强的自主性和随意性，是企业容易争取的销售对象。

5. 子女影响型

以上四种决策类型的研究外，家庭决策中还有一个重要参与者——子女。子女在家庭消费中扮演重要角色。这种影响主要表现为两个方面：首先，一些家庭出现了以孩子为中心的消费模式，大人宁可节衣缩食，但孩子的消费可以大手大脚，这也是各种儿童食品、玩具、服装长期畅销的重要原因。其次，子女的购物年龄提前，现在很多的独生子女在很小的年纪就可以独立地做出购买决策和对商品的喜好做出评价。

在尊重子女个性发展的同时，还要注意这种子女影响型的购买决策所带来的负面影响，如产生特殊的优越感和盲目攀比的心理，缺乏务实心理等，避免过度消费造成子女消费心理的畸形发展。同时还要注意，子女在购买决策中是有一定影响力的，但付钱的人毕竟是父母，企业还应慎重考虑。例如，某儿童玩具厂为在暑期加大一种智力玩具的销量，煞费苦心地在产品上捆绑了一种时下在小学生中非常流行的飞镖玩具，目的是想赢得孩子们的青睐。但结果令玩具厂很失望，销售额非但不增，反而下降。后来，他们通过调查发现，销售不振是因为有许多家长认为这种飞镖玩具的安全性有问题。

3.3 购物环境与消费心理

消费者的购物行为通常是在一定的购物环境中进行，购物环境的优劣对消费者的购买心理有多方面的影响，进而会影响其购买行为。一个好的购物环境能激起消费者的购买欲望，促进其购买行为的产生。反之，一个恶劣的购物环境不但不能激发消费者的购买欲望，甚至还能使消费者放弃原本的购买打算。所以，适应消费者的心理特点，提供良好的购物环境，是企业营销活动必须考虑的重要因素。现代消费者已经日益成熟，他们对商品的选择标准以及购物环境的评价有了新的认识。传统意义上的购物环境多指购物场所硬件基础设施的优劣情况，而现代意义上的购物环境除了硬件设施的要求外，还赋予了场所的情境环境、销售人员的服务、消费者主观的心理感受等新内容。

购物环境可以分为物质环境和情境环境两大部分。无论是物质还是情境环境，经营者都希望通过提供惬意的消费环境，来延长消费者在店内停留的时间，从而提高交易的成功率。

3.3.1 购物的物质环境与消费心理

1. 购物环境的选址与消费心理

购物环境的选址是指商家对购物环境的地址进行调查、分析和论证，最终做出决策的过程。俗话说"一步差三市"，说的是与企业的其他环境因素相比，商业企业的地理位置对企业的兴旺发达起着至关重要的作用。"环球嘉年华"是一项巡回游乐活动品牌。作为世界上最大型的巡回移动式游乐场，它的运营模式不同于迪士尼乐园和环球影城,因为"环球嘉年华"的场地一般是向当地租借使用;另外,"环球嘉年华"中的大型游艺机也是租借而来,以保证机械的更新性和安全性。嘉年华的成功取决于多种因素,如活动周期一般只有短短的一个半月,使人们抓住时间及时玩乐;其盈利模式主要是让游人积极参与到整个活动中,感受氛围的同时即兴消费;还有一个最重要的因素就是在选址上,嘉年华一般都选在经济发达地区,如香港、上海等大城市。这说明,购物环境的选址是影响企业(尤其是商业企业)经济效益的重要因素。

(1)商圈分析。零售业地址的选择首先应该进行商圈分析,评估经济效益,之后才能确定大概的地理位置。商圈是以商店所在地为核心,向四周辐射的地理区域,主要由核心商业圈、次级商业圈和边缘商业圈三部分构成,如图3-3所示。核心商业圈是距离店铺地址最近的、顾客密度最高的区域;次级商业圈位于核心商业圈的外围部分,其辐射的顾客范围较小;边缘商业圈是指剩余下来的所有顾客,是顾客最为分散的区域。

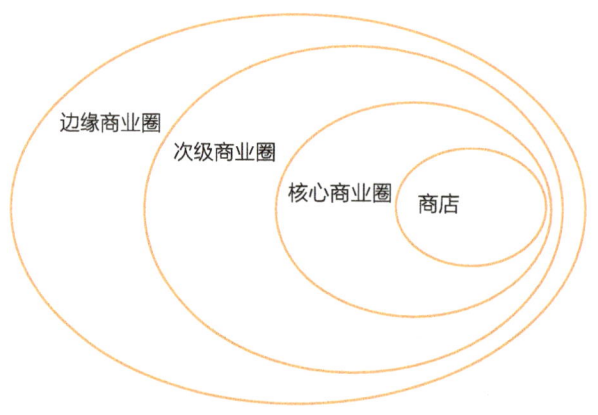

图3-3 不同商业圈的消费者分布情况

(2)选址的原则。企业对商圈进行具体科学地分析后,从而最终确定商店的地理区域。在选址的过程中应注意以下原则:

1)符合消费者需求的原则。消费者需求是企业生存的源泉,消费者既是企业营销活动的起点,同时也是营销活动的终点。所以适应消费者的需求是一切商业行为都必须遵循的原则。在选址之前,应该对预期目标地址进行调查分析,如消费者的收入水平、消费观念、年龄、职业、文化特征等因素,从而决定商品的经营结构、商品的价格水平和促销方式等。

2)方便消费者购买的原则。现代企业的竞争不是在工厂里生产什么,而是企业为产品提供怎样的附加服务。能最大限度地满足顾客需求是企业长期追求的目标,方便消费者购买重点在于缩短消费者的购物时间和为顾客提供方便快捷的交通条件。所以商店的位置应位于交通最方便的地区,一般以行车10~20分钟以内为最佳,还要考虑乘车路线、停车等问题。

3)接近商业中心原则。商业活动有扩延效应,一旦一个商业中心形成,对该目标市场上的消费者就有重要的影响力,而这种影响力或印象在很长时间内是无法改变的,所以在其附近布局的企业就会有利可图。正所谓"人多好集市",也就是"店多隆市效应"。

4)遵循潜在商业价值的原则。企业选址不仅要考虑到现在的经营成果,而且要注意拟选址的未来商业价值，同时要考虑城市规划建设问题，避免选址后被迫拆迁造成经济损失和机会的丧失。

2. 商店店门、招牌、橱窗设计与消费心理

一般来说，消费者光临某个商店时，首先映入眼帘的就是商店的店面设计特色，包括店门、招牌和橱窗设计等。如果店面的外部设计能吸引消费者注意，势必对企业的发展发挥重要作用。

（1）商店店门的设计与消费心理。商店的店门是消费者进出商店的必经之路。因此，店门必须考虑方便顾客的出入，同时更要注意店门设计的美观和特色。对于店门的设计，"仁者见仁，智者见智"，但具体来说主要有以下几种设计情形。

1）封闭型店门。这种店门不是没有门，也不是不欢迎消费者进入，而是故意将门开得很小或者将门遮挡起来，造成神秘的朦胧感或者是高贵感。这样的商店一般是专业性较强的商店，如女性用品专卖店或者是经营珠宝首饰、字画、古董文物和工艺性较强的特色商店，还有环境比较高雅的商店，如茶社、咖啡屋等。这样的设计有利于给顾客营造一个安静的环境或者是隐蔽消费的空间。

2）半封闭型店门。半封闭型店门是指较小的店门，或者是有两道店门，第一道门是敞开式店门，第二道门是封闭式店门。一般是在经营生活用品的商店中比较常见，因为这样的商店中客流量很大，同时商店结账出口又很小，仅能容纳一个人通过，确保物品财产的安全性。还有些大型商场常常根据季节的变化来调整店门的大小。

3）完全开放型店门。这种类型的店门对外完全开放，门上没有什么特色的装饰物，消费者可以随意出入。很多农贸市场、副食品市场多用完全开放型店门。顾客对这种商店的美观性要求不高，重点考虑购物的便利性和实用性。

（2）招牌的设计与消费心理。招牌是商业企业购物环境的一种营业名称以及标志性图案的综合展示，通常又叫作商业牌子。传统的招牌多以木制的板子刻制，这种方式在现代社会的使用率越来越少了。目前使用金属材料或者塑料制作的牌匾较多，还有使用灯箱、路牌的形式对营业单位加以宣传。无论是使用哪种材质做招牌都必须注意以下几个方面：首先，招牌名称的设计要反映出商店经营项目和服务项目，让顾客一目了然地了解到商店经营范围，如"体育用品店""鲜花店"等，这些名称虽然没有什么新意，但能很好地反映出企业的经营范围。其次，要别开生面，富有艺术性和形象性，达到引起消费者注意的目的，如"全聚德"烤鸭店、"康宁"药房、"咸亨"酒店等。例如，一家专售妇女内衣的商店，招牌上写着"芬迪挑选顾客"。这在奉行"顾客就是上帝"的商界中，自然耸人听闻，因此引起了人们的好奇心，纷纷光顾。再次，要简单醒目，便于记忆和传播。招牌的名称要简单干练，读起来铿锵有力、朗朗上口。除此之外，招牌的设计还要注意字体的大小适度、书写规范，颜色和图案的搭配合理性，避免产生歧义。

（3）橱窗的设计与消费心理。商店橱窗是商店外观的重要组成部分，是以经营商品为主体，通过背景、道具等为衬托，并配合色彩、灯光或文字说明等，向顾客传达商品信息的艺术表现形式。

例如，"渔"品牌的"山海经"主题橱窗，设计师从古籍《山海经》汲取创作灵感，通过多元化的表现手法，打造一处奇珍异兽穿行其间的山林秘境。橱窗背景以茂密的丛林为背景，交织出神秘奇幻的氛围。整体色调偏暖，加入了焦糖色、浅粉色、粉绿色、杏色等色彩，营造富有生机与活力的秋冬，如图3-4所示。

图 3-4 "山海经"主题橱窗

这是橱窗创意独特,体现了鲜明的美感。橱窗设计的目的是促进销售,而要达到这个目的,必须做到以下几点:①突出主营产品,充分展示商品,体现时代特色;②渲染气氛,激发消费者的购买欲望;③充分体现现代的美学要求。橱窗广告是以美学为素养,以空间、形态、色彩和灯光等现代科学技术和材料为手段,以争奇斗艳的产品为主要材料,通过艺术表现形式来展示产品的,应该体现出产品的功能美、真实美、立体美和个性美等。

例如,某品牌的"海洋绮境"主题橱窗,以不同层次的蓝色为基调,用童话般的想象力呈现品牌和产品的艺术气质,如图 3-5 所示。

图 3-5 "海洋绮境"主题橱窗

3.3.2 购物的情境环境与消费心理

消费者的购物心理和行为总是在一定的物质环境中进行的。精明的经营者发现,在人流如潮的商场中,更应该为消费者提供优质的情境环境,这是商业迈向现代化和特色化的重要标准之一。所谓情境环境,是指除了社会环境和商场的物质环境之外的独立于消费者和商品本身属性的一系列因素的组合。这种情境环境由其构筑的氛围表现出来,氛围可以创造出放松或忙碌、奢华或高效、友好或冷漠、整体或零散的感觉等。情境环境的构成因素很多,主要包括物理环境(如颜色、声音和气味等)和人际环境(如顾客购买的时间安排、购买任务、购买时的心境等)两个方面。这里,我们从商店的角度出发,只研究情境中的物理环境。

1. 颜色

在购物场所，颜色发挥的作用越来越大。不同颜色与商品、店面的协调搭配，对顾客的购买行为有重要影响。有人通过实验发现，红色会给人一种热烈、温暖的心理感受，使人产生一种强烈的心理刺激，因此一般用于传统节日、庆典布置等，创造一种欢乐祥和的气氛。但是如果红色过于突出或者是深红色居多，可能会引起焦躁感，一般应避免大面积、单一使用；若以绿色为基调，会给人一种春意盎然、生机勃勃的感觉，在设计购物环境时可根据季节与时令的变化多采用绿色；若以黄色为基调，给人以柔和明快之感，如面包、糕点多用黄色灯光等；若以紫色为基调，给人以高贵、典雅的心理感受，销售珠宝玉器等高档商品的场所可以采用紫色色调为主。

另外，在不同的季节和不同的销售区域，要恰当地使用不同的颜色。比如，在炎热的夏季，商店的色调应以浅绿色、淡蓝色为主，给顾客以凉爽舒适之感；在冬季，应以暖色调（如红色、黄色等）为主，给人以温暖的感觉。

2. 声音

商店内的声音对消费者的消费心理既有积极的促进作用，也有消极的负面影响。店内的声音多体现为各种音乐的播放，音乐可以使人感觉到愉悦或不安，还能诱使消费者在店内停留更长或更短的时间，从而购买更多的商品或者加快进餐速度等。

音乐的播放没有固定的模式，只要能给顾客一个舒适的购物空间或者能促进商品的销售即可。一般来说，在购买场所内的顾客比较拥挤的情况下，商场可以播放一些节奏较快的音乐，以促进销售人员加快服务速度，同时也促使顾客加快脚步，在购物结束后迅速离开商场。在购物人员较少的情况下，可以播放一些舒缓的音乐，一方面可以增加顾客在商场内的停留时间，提高购物的可能性；另一方面可以平缓销售人员紧张的心理，使之更好地为顾客服务。

随着市场经济的快速发展，市场竞争尤为激烈，商家们都使出了浑身解数，各种促销活动层出不穷，商店里人头攒动，卖场中的叫卖声、讨价还价声、纷繁嘈杂混为一体，长时间待在里面的人多感不适。这就要求现代化的大商场在播放音乐时，应该选择一些轻松柔和、优美悠扬的乐曲。

3. 气味

商店内的空气调节不仅能保障营业员和顾客的健康，还能促进商品的销售。人会把气味与特定的经验或物品联系在一起，当实验者吸入不同的气味时，其大脑有不同的反映。这个实验说明，人对气味的敏感性是极强的，可以推及到商店内不同的气味也会给消费者带来不同的心理感受。比如，有的超市有烤面包的香味，目的是为消费者营造一种温暖安全的感觉，从而促进面包的销售。另外一项研究发现，有香味的环境会使消费者产生再次到访该店的愿望，会提高对某些商品的购买意愿。当然，气味有时也有消极的一面，比如不同的人有不同的香味爱好，或者是各种香味混合后产生的某种异味，甚至有的商场中残留着装修时的材料味。因此，在商店的装修与布置时要充分考虑到这一点。

▶▶▶ 复习思考题

1. 什么是经济环境？经济环境对消费者的购物心理有哪些影响？
2. 社会环境包括哪些内容？举例说明社会环境对消费心理的影响。
3. 你的家庭类型属于哪一种？在你的家庭中主要的购买决策类型是什么？
4. 简述购物环境的具体内容。

▶▶▶ 案例分析题

地道的中国味
——支付宝的春节营销

支付宝从 2016 年开始开展的"集五福"活动已经成为人们必不可少的新年俗，同时为各大品牌搭建了便捷的变现渠道。2019 年，越来越多品牌加入"集五福"活动，一起传播福文化。2020 年的"集五福"活动像春节吃饺子、看春晚一样，已经培植成为一项新的年俗。2020 年，"福"来到全球 56 个国家，30 多万个全球商户主动张贴福字，号召消费者一起集福。每一次扫福、集福、传福，都是一份美好的祝福。"集五福"活动从最初"扫福""赠福"瓜分现金，逐渐演变成福文化的传承，并且营销活动不断升级。"集五福"活动在国内各大社交平台的关注度和互动量持续攀升，新浪微博上"敬业福"的超话阅读量达 4.2 亿；抖音平台的"集五福"话题高达 6.9 亿播放量。

"集五福"活动聚拢更多人群的关注和讨论，进而为各大品牌的春节营销合作奠定了坚实基础。可口可乐、中国移动、平安银行、安慕希等多家不同领域的知名品牌纷纷与支付宝合作，以更具创新的合作形式组建"新春福气品牌"，全面引爆春节社交浪潮，实现品牌热度的爆发。这充分展现出品牌对支付宝"集五福"春节营销价值的认可。

思考题：
请从社会文化的角度分析支付宝如何取得春节营销的成功。

▶▶▶ 实训题

（1）阅读下列材料，以分组讨论的形式回答问题。

成立于 2001 年的拉夏贝尔是快销服装模式在中国的借鉴者。2011 年之前，拉夏贝尔门店数量 1 841 家，到了 2017 年底，拉夏贝尔门店数量攀升至 9 448 家的峰值，且全部为直营店。飞速扩张的同时给拉夏贝尔也留下了隐患，一方面库存积压过高，另一方面频频陷入质量和设计争议。此外，"多品牌、直营为主"的经营模式也无法发挥 1+1＞2 的效果，反而导致运营成本日益增加。

此外，电商的冲击、线下客流的减少和分散，行业内竞争加剧，设计感逐渐跟不上潮流，性价比也无法与诸多小品牌匹敌，拉夏贝尔开始由盛转衰。

为了扭转业绩下滑，拉夏贝尔开始实行全面战略收缩，主动闭店求生。2018 年末，拉夏贝尔门店数量首次减少，但仍有 9 269 家。2019 年，拉夏贝尔关闭门店 5 170 家，相当于平均每天就有 14 家店铺关闭，并且还一改过去的直营模式，开始推行联营加盟模式。到了2020年末，拉夏贝尔的实体门店只剩959家。

2020年开始，拉夏贝尔线上业务开始采取"轻资产"的业务运营模式——品牌授权+运营服务，也就是将旗下品牌系列商标分别授权给供应商、经销商及代理运营商等。但关店和改变运营模式，并未能扭转拉夏贝尔下滑的业绩。2019年、2020年，拉夏贝尔亏损扩大，净亏损分别为21.66亿元、18.4亿元，资产负债率分别为85.94%、119.7%。现金流吃紧，拉夏贝尔部分子公司相继宣布破产。

当年领先的服饰企业如今面临发展瓶颈甚至困境，一方面有其自身经营的原因，如开店速度过于激进、库存管理失控以及质量不佳、设计落后等问题。另一方面则是受到外部大环境的综合因素。早前的头部服饰企业成长于互联网时代之前，不同于新兴公司可以随时调整方向，业务更多在线下的老牌企业想要在动辄数十亿甚至上百亿的大盘下统一调整经营渠道、策略并非易事。每走一步都会牵扯到几百几千的供应商、经销商，总结来说就是"大船掉头难"。

问题： 从拉夏贝尔案例中，结合最近一次的服装购买经历，你还能总结出哪些经验？

（2）以家庭中最近的一次购买活动为例，分析购物环境对消费者心理的影响。

第 4 章
销售服务与消费心理

引导案例

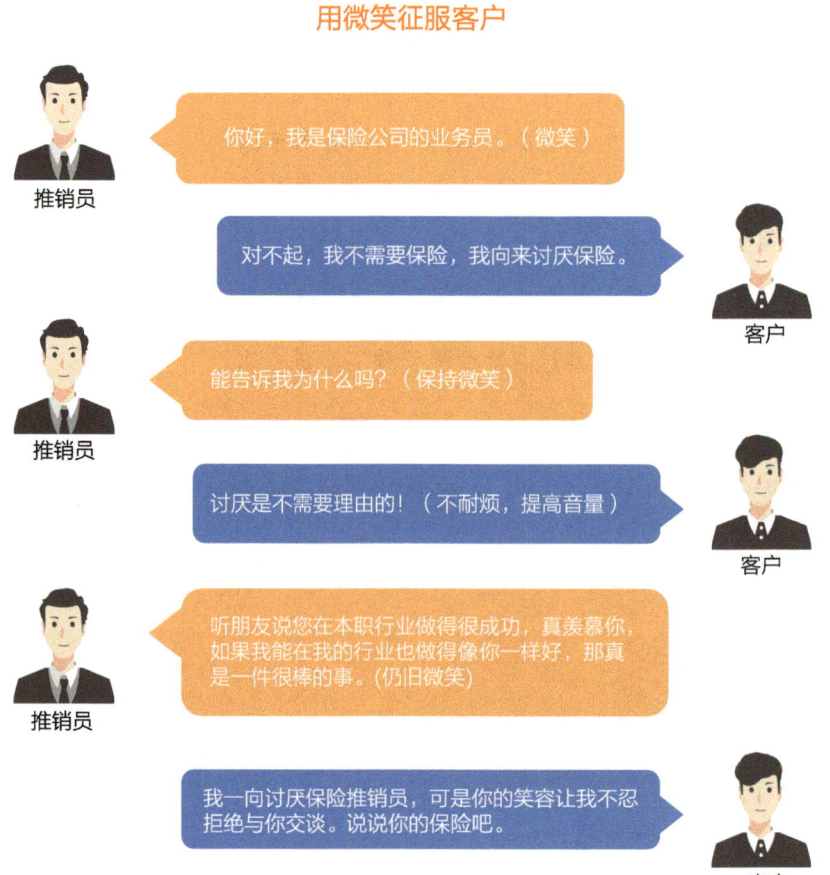

推销员的微笑是他获得成功的秘密武器。拜访的客户很不耐烦,且提高了声音,但推销员始终保持微笑,最终客户在不知不觉中受到感染,谈到客户感兴趣的话题时,彼此都会兴奋地大笑起来。最后客户很愉快地在订单上签了名。

上面的案例证明了微笑具有独特的魅力和神奇的力量,"当你笑时,整个世界都在笑,一脸苦相没人会理睬你。"

营业员或推销员是企业的门面,是企业整体服务的外在表现,也是现代企业竞争的重要手段之一。人们把企业之间的竞争分为第一次竞争和第二次竞争。第一次竞争是指工厂中生产的产品质量的竞争;第二次竞争是指企业所提供的各种服务竞争。如果说质量是产品竞争的基础,那么服务则是产品竞争的保证。

4.1 销售服务的类型与消费心理

销售服务是指与实体产品相伴随的服务，是企业在销售实体产品时为了更好地发挥实体产品的功效和提高竞争力而向顾客提供的各种服务的总和。按照不同的标准可以将其分为不同的类型，这里主要介绍一些常用的类型。

1. 按照提供服务的阶段性和时间性不同分类

按照提供服务的阶段性和时间性不同，可以将销售服务分为售前服务、售中服务和售后服务三种，见表4-1。

表4-1 售前、售中、售后服务

类型	含义	内容	对策
售前服务	企业在顾客未接触产品之前所开展的一系列刺激顾客购买欲望的服务。在整个营销过程中起到先导作用	主要包括市场调查和预测、产品定制、包装整理、提供咨询、接受电话订购和邮购、提供良好舒适的购物环境等服务	主要是帮助顾客做好产品规划或市场需求分析，是顾客认知需要、激发需要、产生购买需要的重要步骤
售中服务	在销售商品过程中为顾客提供的各种服务。优秀的售中服务能够为顾客提供购物享受，增加顾客的购买欲望	包括热情地为顾客介绍产品、展示或示范产品、说明产品的功能和使用方法、耐心地帮助顾客挑选商品、包装商品等	主要把握两点：一是要使顾客进一步了解商品的优点、功能和使用方法；二是要通过礼貌、热情和周到的服务来感染顾客，促使顾客迅速购买
售后服务	商品销售出去之后为顾客提供的各种服务，是产品销售的追踪跟进阶段	主要包括送货、安装、调试、技术培训、维修和退换等	销售人员应该围绕着解除消费者的担忧来开展工作。具体应该做到：耐心服务、换位思考、在最短的时间内解决消费者的问题等

一般来说，顾客在购买商品（特别是大件商品）之后，尤为关心售后服务问题。当然对于不同的产品，消费者所期望得到的担保是不同的，比如对飞机的要求是任何主要部件都必须100%的合格，出现丝毫的故障都是不可以忍受的；而一台计算机出点故障对多数普通消费者来说是可以忍受的。这种忍受的前提条件是能否得到所期待的服务。具体来说，这种期待包括三个方面：①产品质量的可靠性。消费者在购买商品后，会不会出现不同的毛病？即使是在保修期内，消费者也担心。因为消费者难以忍受商品各种故障，还有等待维修所花费的时间和精力。②服务的质量。消费者在付款之后，厂家或经销商会在承诺的时间内送货上门吗？一旦商品出现

消费案例

一家汽车公司的销售员正在等一位客户，一辆汽车开了进来，从汽车上下来一对年纪较大、不修边幅的夫妇。他们老远就向销售员打招呼，说想看看展厅里的车型。销售员对他们进行预先判断后得出结论：这对刚到本地的夫妇，没有生意，也没有孩子，几年来在学校附近卖小零食为生，他们根本就不想买东西，因为他们买不起，我没时间搭理这些人。销售员不冷不热地说："我正在接待另一位客户，等我们忙完了，再带你们去看看车型吧！反正你们不会买。"后来，这对老夫妇就到对面的汽车公司那里去了。就在这一天快要结束的时候，销售员吃惊地发现，这对老夫妇竟在他所在公司的竞争对手那里签了订单，明天就来取新车。

营销案例

沃尔玛的顾客服务

卓越的顾客服务是其特色所在,沃尔玛的创始人山姆·沃尔顿说:"顾客能够解雇我们公司的每一个人,他们只需要到其他地方去花钱,就可以做到这一点""在沃尔玛,只有顾客才是老板,顾客永远是对的""要为顾客提供比满意更满意的服务"。沃尔玛真的做到了这一点。沃尔玛不仅把"顾客第一"作为口号,而且把它作为始终贯彻的经营理念,使之成为企业文化的重要组成部分。所以,沃尔玛所有的策略都是为了满足顾客的需求。不管什么时候,你只要走进任何一家沃尔玛连锁店,肯定会得到你希望的真正的服务。尽管沃尔玛各连锁店的生意都非常好,店员非常忙碌,但当天的事情在太阳下山之前必须干完是每个店员必须达到的标准。不管是乡下的连锁店还是闹市区的连锁店,只要顾客提出要求,店员就必须在当天满足顾客。这就是沃尔玛著名的"太阳下山"规则。沃尔玛还有一个著名的"三米原则",即沃尔玛公司要求员工无论何时,只要顾客出现在三米距离范围内,员工必须微笑看着顾客的眼睛,主动打招呼,鼓励他们向你咨询或求助。同时,对顾客的微笑还有量化的标准,即对顾客露出"八颗牙齿"。沃尔玛这些"超值服务",为企业赢得了价值无限的"口碑"。

故障,维修人员会在多长时间内赶来维修呢?维修的质量又会怎样呢?③保养和维修的费用问题。若接受厂家或经销商的维修,需要多少费用呢?若费用较高,这样的维修还值得吗?若不接受维修,更换新的产品,能否实现?

消费者的担忧是很正常的,更是合情合理的。需要注意的是,消费者在产生了不满意的购物经历后,往往在最初阶段内怨气很大,因此想得到一个满意说法的愿望也是最强烈的。这时,销售人员或企业必须耐心地接受顾客的抱怨或投诉,并给消费者一个满意的答复;否则,消费者会把自己的不满告诉别人,而消费者之间的这种相互负面影响甚至让企业的广告等宣传的努力付诸东流。

2. 按照服务的性质分类

按照服务的性质划分,可将服务分为技术性服务和非技术性服务两类。

(1)技术性服务是指与产品的技术和效用有关的服务,如产品的安装、调试、提供技术咨询和技术培训等服务,这些技术一般由专门的技术人员提供。

(2)非技术性服务是指提供与产品技术和效用无直接关系的服务,包括仓储、运输、送货上门、分期付款等。

3. 按照服务地点分类

按照服务有无固定地点划分,可分为定点服务和巡回服务两种,见表4-2。

4. 按照服务是否收费分类

按照服务是否收费划分,可分为免费服务和收费服务两种。

(1)免费服务是指在一定时期内为顾客提供的某些不收费的服务项目,如咨询、送货、安装、保修期内的维修服务等。随着市场竞争的加剧,免费服务的项目越来越多,这样的服务固然能受到顾客的欢迎,提高企业竞争能力,但要注重服务的质量和有用性,若做不好,会造成事倍功半的后果。

(2)收费服务是指企业为顾客提供服务时收取一定的费用,即有偿提供服务,一般情况下是指在产品价值之外的加价或者是超过产品保修期时收取的费用。无论是哪种情况的收费,基本目的是为方便顾客,很少以盈利为目的。例如,有些商家在提供免费送货服务时会有"市内的免费送货,市外的按照路途的远近收取一定的费用"规定。

表 4-2 定点服务和巡回服务

类型	含义	内容	特点
定点服务	在固定地点设立或委托其他部门设立服务站点，提供咨询和维修服务	包括生产企业在全国各地设立维修服务网点，零售商所设立的销售门市部等	由于定点服务的地理位置确定，所以距离近的顾客很方便，但距离服务网点远的顾客难以享受到这类服务
巡回服务	没有固定地点，由商家派出的推销员或专业维修人员定期或不定期地按照顾客分布的路线巡回提供服务	上门推销、流动货车、流动服务中心、流动服务队和"驿站型"流动服务等	这种服务方式可以最大限度地为更多的顾客提供周到的服务，从而扩大产品销售市场。但是巡回服务也存在一定的弊端，如路途分散遥远，费用过高，维修的设备或零件不易携带等

5. 按照服务的次数分类

按照服务的次数不同，可分为一次性服务和经常性服务两种。

（1）一次性服务是指销售人员在售出产品的同时或售出产品之后为顾客提供一次性的服务，如送货、安装、调试等。如果顾客以后还需要提供经常性服务，则由专业的服务企业或专门的维修站点负责完成。

（2）经常性服务是指需要多次提供的服务。例如，在计算机售出以后经常性地提供咨询、维修和软件升级服务等。

4.2 营销人员的仪表风度与消费心理

营销人员的仪表风度是指营销人员在营销活动过程中，用以维护企业和个人形象，对服务对象表示出来的尊重和友好的行为规范。它是一般礼仪在营销活动中的运用和体现，在当今的市场经济条件下，营销人员要想在竞争中站住脚，不能只是研究如何推销产品，更应该研究如何推销自己，这是因为顾客首先接触到的对象是销售本人，而不是产品本身。

企业的营销人员应该始终把个人的仪表礼仪与企业形象联系起来，自觉维护自身的个人形象和企业的整体形象，为企业的发展尽职尽责。那么，良好的礼仪风度会给消费者带来哪些心理感受呢？

（1）得体的礼仪风度会给消费者留下美好的第一印象。在营销活动中，根据交往的深浅程度可以将人的形象分为三个层次：一是对那些只闻其名未见其面的人来说，一个人的形象主要与他的名字有关；二是对于只有一面之交的人来说，一个人的形象主要与他的仪表仪容和举止风度有关；三是对于那些交往很深的人来说，人的形象更多的与他的品德、文化或能力有关。营销人员与消费者的接触多是一面之交，此时树立良好的第一印象显得尤为重要。一个穿着整洁、举止文明有礼的营销人员容易赢得顾客的信任和好感，而一个衣冠不整的、举止粗鲁的营销人员会给顾客留下懒惰、糟糕的印象。

消费心理研究室

首因效应	因小节失去订单
最初接触到的信息所形成的印象对人们以后的行为活动和评价的影响。人与人第一次交往中给人留下的印象，在对方的头脑中形成并占据着主导地位	 销售员 —— 先生，您好！我是××保险公司的业务员，代表××保险公司向您推销汽车保险……（脏乱的头发，皱皱巴巴的衬衫和裤子，穿着运动鞋）  顾客 —— 你也好！你代表什么？你代表××保险公司？听着年轻人，我认识您保险公司的其他推销员，你的形象根本没有代表××保险公司——你错误地代表了他们。 **心理分析**：销售员与顾客见面后，顾客的第一印象中，10%来源于做的事情，30%来源于做事情时候的行为举止，60%来源于外表及形象。

营销策略：因小节失去订单的例子并不少见，可见营销人员不能仅仅表现窗口式服务的礼仪水平，必须塑造出良好的礼仪形象，给消费者留下美好的印象。

（2）得体的礼仪风度可以很好地展示营销人员的修养和素质。营销人员的仪表风度源于一般意义上的礼仪规范，但又高于一般的礼仪标准，不是简单的"微笑八颗牙，握手摇三下，鞠躬四十五，双手递名片"。因为在许多的营销交往中，需要与消费者做面对面近距离的接触，还有可能是多角度的长时间交往，要求营销人员仪表整洁、举止得体、风度翩翩、讲究礼貌、尊老敬贤、助人为乐等。如果营销人员的一言一行与他的身份相吻合，那么消费者就会对他的优秀表现有所称道，自然对营销人员所推销的产品产生兴趣，这也是心理学中"移情效应"的一种表现。

（3）得体的礼仪风度可以恰当地表示出对消费者的友好和尊重。尊重是处理人际关系的核心思想，你想让别人怎样尊重你，那么你就应该首先尊重别人。营销人员在与消费者交往过程中，注意自己的着装、举止，这是对消费者的一种尊重。

4.2.1 规范得体的仪容仪表

"接近顾客的最初三十秒，决定了销售的成败"这是成功营销人员的共同体验。营销人员与顾客沟通的第一步，就是把自己先推销出去。所谓"推销自己"，就是让消费者喜欢你、信任你、尊重你，最后达到接受你及你的产品的目的。营销人员要获得消费者的好感和信任，必须注意以下几个方面。

1. 营销人员的仪容要求

仪容是指人的容貌，主要包括发型、妆容、卫生等方面。虽说容貌在很大程度上取决于先天条件，但修饰打扮可以掩饰不足而增加魅力。美好的仪容，不仅反映了营销人员爱美的人性心理，又体现了对消费者的尊重；既振奋自己的精神，提升工作状态，又充分展示了个人的形象，是营销人员不容忽视的问题。

（1）干净得体的发型。修饰仪容通常要"从头做起"。头发位于人体的"制高点"，美观的发型不仅能陶冶人们的情操，还能使人在交往中自信十足。营销人员要注意梳理自己的头发，无论男女都要经常洗头发，争取做到没有头皮屑，不要抹过多的发胶或啫喱。男性营业员不要留长发，最好不要染不同颜色，以自然的黑发为最佳。头发的长短可以遵循"前不遮眉、侧不遮耳、后不及领"的原则。女性营业员的发型要大方、得体、干练，不能太夸张，头发颜色比较特殊或选择一些怪异发型会显得过于轻浮。应该做到前不遮眼，没有碎发或乱发，保持发型的整齐。若是长发，应该盘起或卷起，更不要披散头发。

（2）清洁规范的妆容。面容的修饰是一个人仪容美的重头戏，无论是在社交场合还是营销过程中都是十分重要的。由于性别的差异、个体差异和审美观等多方面的差异，不同的人对妆容有不同的看法和要求，但作为营业人员应该注意以下几个方面。

1）男性营业员要保持面容的清爽。男性营业员要让自己容光焕发、充满活力，就得每天按时清洗脸部并且适当进行皮肤护理，如抹护肤品，防止皮肤干裂，干裂不洁的皮肤会给顾客留下不好的印象。除此之外，更要养成每天修面剃须的好习惯。做到胡须要剃净，鼻毛应剪短，鬓角要刮齐，不留小胡子或大鬓角。

2）女性营业员要保持妆容的端庄素雅。女性营业员应带妆上岗，这是一种尊重顾客的需要。一般情况下，女性营业员以淡妆为宜；可以描适宜的眉形；要涂抹健康色系的口红，禁用大红大紫的口红颜色；面颊可以略施粉黛，巧妙修饰。总之，女性营业员化妆的原则要体现出"纯净之美、淡雅之美、简明之美"，切忌浓妆艳抹给顾客留下不庄重的印象。

（3）讲究仪容卫生，注重礼仪细节。营业人员在与顾客交谈过程中，时刻注意自己的仪容卫生，保持良好形象。它主要包括以下三个方面：首先要保持口腔的清洁，这是仪容卫生的重要环节。除了常规性的刷牙、漱口、嚼口香糖来保持口腔卫生外，还要注意在早晨上班之前，尽量避免吃葱、姜、蒜或韭菜之类的食物，更不要带着酒气上班。同时，在与顾客交谈时，要保持一定的距离，切不可唾沫四溅。其次，要注意鼻腔卫生。不要在顾客面前挖鼻孔，那样既不文雅又不卫生。最后，要注意手和指甲的卫生。双手的清洁与否和一个人的礼仪形象密切相关，能反映出一个人的卫生习惯。所以营业人员要经常洗手，还要经常修剪指甲，保持手和指甲的卫生。最好不留长指甲，不涂指甲油。

2. 营销人员的仪表要求

营销人员在与消费者见面之初，对方首先看到的就是你的仪表，俗话说："第一印象是最重要的印象"。虽然第一印象通常是比较表面的，但却深刻地影响着对一个人的整体评价。所以营销人员在上班或外出与客户第一次见面之前，务必精心设计，给对方留下一个比较完美、可信任的个人形象。

人与人交往的时候，人们往往先从外表来判断别人的心理，其中也包括营销人员与消费者的交往。作为营销人员，其仪表的设计内容包括服饰的设计、举止的设计、言谈的艺术等诸多方面。其中，衣着打扮是营销人员外表的重要组成部分。当一个营销人员穿着整齐规范的时候，顾客首先会觉得这个人对工作认真负责，同时还会认为这样的营销人员懂得礼貌和尊重。所以顾客愿意与这样的营销人员接触，并从内心希望这样的营销人员为自己提供服务。

（1）服饰要求。对于营销人员来说，服饰的最基本要求是整洁、得体、自然、大方，给消费者一种赏心悦目、整洁可靠的视觉印象。另外，还要注意服饰的整体协调性，从头（发型）到脚（鞋袜）应该协调一致，相得益彰。具体来讲要注意以下几点。

1）公司有统一着装要求的，要符合公司的规定，不要搞特殊化；公司没有统一着装要求的，要符合个人的职业特点,与工作的性质相适应。

2)要符合自己的年龄和身材,扬长避短。

3)职业服装的选择要注意面料、色彩和款式,面料一般公认以纯毛、纯棉、纯麻和纯丝为最佳;色彩要遵循"三色原则",即全身的服饰搭配不能超过三种颜色;款式上要遵循"TPO"(Time,Place,Occasion)原则,即结合不同的时间、地点和场合选择合适的款式,如图4-1所示。

图4-1　TPO原则

4)要注意时代气息,体现时代精神,可以讲究花色的对比和款式的新颖,但应避免过于新潮、夸张,最好遵循"时装不入办公场合"的原则。

5)可以佩戴丝巾、胸针、工作牌等简单的装饰,但不要过多,不要珠光宝气、香气逼人,更不用追求名贵。

6)女性营销人员在穿着裙装时,要穿丝袜。

(2)举止要求。行为举止是一种无声的语言,是一个人修养、素质的外在体现,它会直接影响到顾客对销售人员的态度和评价。一般来说,销售人员的行为举止主要是指其与顾客交往中的坐、立、行、走。举止要得体文明,避免各种不礼貌或不文明的行为。

1)养成正确的坐、立姿势。俗话说:"坐有坐相,站有站相。"正确良好的坐、立姿势能衬托出营销人员高雅的风度和大方庄重的气质。正确的坐姿是:经客户允许后方可入座,入座时轻柔和缓,避免大幅度地拉椅子或发出声响,还要避免太快、太慢、太重或太轻;坐椅子的2/3,不要坐满椅子或只坐一个边儿;坐时上身要保持挺直且微往前倾,双腿要自然分开,两腿之间可以保持一个拳头的距离,切忌跷"二郎腿",不要抖脚,不要频繁地转换姿势或东张西望等,这样顾客会误认为营销人员傲慢或者没有耐心。双手自然弯曲放在膝盖或大腿上,如果坐在有扶手的椅子或沙发上,可以单手或双手搭在扶手上。总之,坐姿要端庄有礼、轻松自如、落落大方,给顾客留下庄重美好的良好印象。

对于营销人员的站姿,一般的要求是挺直、稳重和灵活。具体要求是头正、颈直、两眼平视前方、表情自然;挺胸、收腹、收臀部;两手自然放好,女性营销人员可以两手交叉于腹前,男士可以手背于体后或自然垂于体侧。站姿有七忌:一忌双手或单手叉腰;二忌两腿交叉站立或左右摇摆站立;三忌双手反背于背后或是双手抱在胸前;四忌双手插入衣、裤兜里边;五忌弯腰驼背、耸肩屈腿;六忌身体倚门、倚墙或倚柱子;七忌做小动作,如摆弄打火机、玩弄发辫等。正确的站姿将给对方以挺拔笔直、舒展俊美、精力充沛、积极进取、充满自信的感觉。否则,会给顾客留下不严肃、不礼貌、不健康乃至懒惰、轻浮或者傲慢无理等不好印象。

2）注意行走的姿势。行走的姿态属于动态的美，是举止要求中最难的一个。潇洒优美的行走姿势不仅能体现出营销人员的举止美，还能展示出营销人员充满自信、积极向上的价值观念。所以，营销人员行走的时候一定要注意自己的动态美、形象和风度。具体要求：①走路时的总体要求是"轻、稳、灵"，不要给消费者留下拖泥带水或者杂乱无章的感觉；②走路时要抬头挺胸、收腹、立腰、目光平视，重心微向前倾，双肩平稳，双臂自然摆动，步伐轻盈，步幅适中；③步位应该是两脚内侧行走的线迹为一条直线，忌左右摇摆或内八字、外八字；④若是多人行走时，遵循"右侧单排行走"的原则，一个人走路时也要遵循"右侧行走"的原则（在中国），避免勾肩搭背、谈笑风生；⑤走路时，忌弯腰驼背或是手插兜内、脚拖地面；⑥走路时，要精神饱满，不要表现出疲惫或无精打采的样子；⑦在我国，无论男女走路时最好不嚼口香糖、不吸烟、不喝水、不吃零食、不大声喧哗等。

除了注意坐、立、行、走的正确姿势外，营销人员还要注意一些细节，千万不要在顾客面前做出一些不文雅的举动，如伸懒腰、打哈欠、抠眼屎、掏耳朵、剔牙齿、修指甲、搔痒、清嗓子或咳嗽（如因身体不适急需咳嗽，要用手帕、纸巾捂住口鼻，侧向无人一旁，尽量把声响控制到最低），更不要随地吐痰、乱扔果皮纸屑等杂物。

（3）言谈的艺术。营销人员的语言不仅用来宣传介绍、销售商品，也用于沟通与消费者之间的情感。文明、和善、诚恳的语言表达，能温暖消费者的心理，起到吸引消费者和促进购买的作用。多数人认为，"能说会道"是营销人员必备的"职业武器"。的确，营销人员应该是健谈的人，但并不是所有健谈的人都能成为优秀的营销人员。所以，在接待顾客时，营销人员只是发挥能言善辩的口才是不够的，还必须掌握与顾客交谈的基本原则和艺术，遵守言谈的基本礼仪，用自己的言谈魅力征服顾客。

1）语言规范，声音优美。营销人员在与顾客交谈中要说普通话（特殊情况下的方言除外），用词要恰当，更要注意培养优美的声音。具体要求如下：说话时吐字要清晰，字正腔圆且有条理性，避免含糊其辞，令人费解；说话的音量要适当，以对方清晰地听到为宜，切忌提高嗓门大声说话，这样会给人一种粗鲁、不成熟、没修养的感觉，相反，清晰明朗、低沉而有磁性的声音更能获得顾客的信任和尊敬；说话时应讲究音调的抑扬顿挫，同时还要注意语速快慢适中。

2）提高言谈的艺术。同样的话从不同的人嘴里说出来，其效果不一样。比如向对方表达"不明白"的信息有两种说法，一种是"你说什么？"另一种是"对不起，我没明白您的意思。"很显然，后一种说法更加温和、委婉，容易让对方接受。所以，营销人员一定要注意提高自己言谈艺术和语言魅力。在营销中，因为没有注意言谈的细节而遭受拒绝的营销案例时有发生。

> **小贴士**
>
> **女性化妆时的忌讳**
>
> 女性化妆固然能达到修饰美的效果，但要注意两点：一忌残妆示人。残妆是指女性在运动、用餐、休息或哭泣之后妆容出现的残缺现象。在众人面前残妆示人，既有损自己的形象，也是对他人的不尊重。所以，当出现残妆时应该尽快补妆。二是忌讳当众化妆。有些女士，过分在乎自己的形象，无论在什么场合，一有空闲就会拿出化妆盒对照镜子修饰一番，一副旁若无人的样子。在公共场所，修饰面容是没有涵养的行为。如果有必要化妆或补妆，一定要到洗手间去完成，切莫当众表演。

消费心理研究室

营销沟通的禁忌 | 销售人员的独角戏

滔滔不绝，让顾客没有说话的机会。销售员与顾客谈话，是与顾客交流思想的过程，这种交流是双向的。不但销售员自己要说，同时也要鼓励顾客讲话，通过顾客说的话，销售员可以了解顾客的基本情况和真实需求。切忌"唱独角戏"，不给顾客说话的机会。

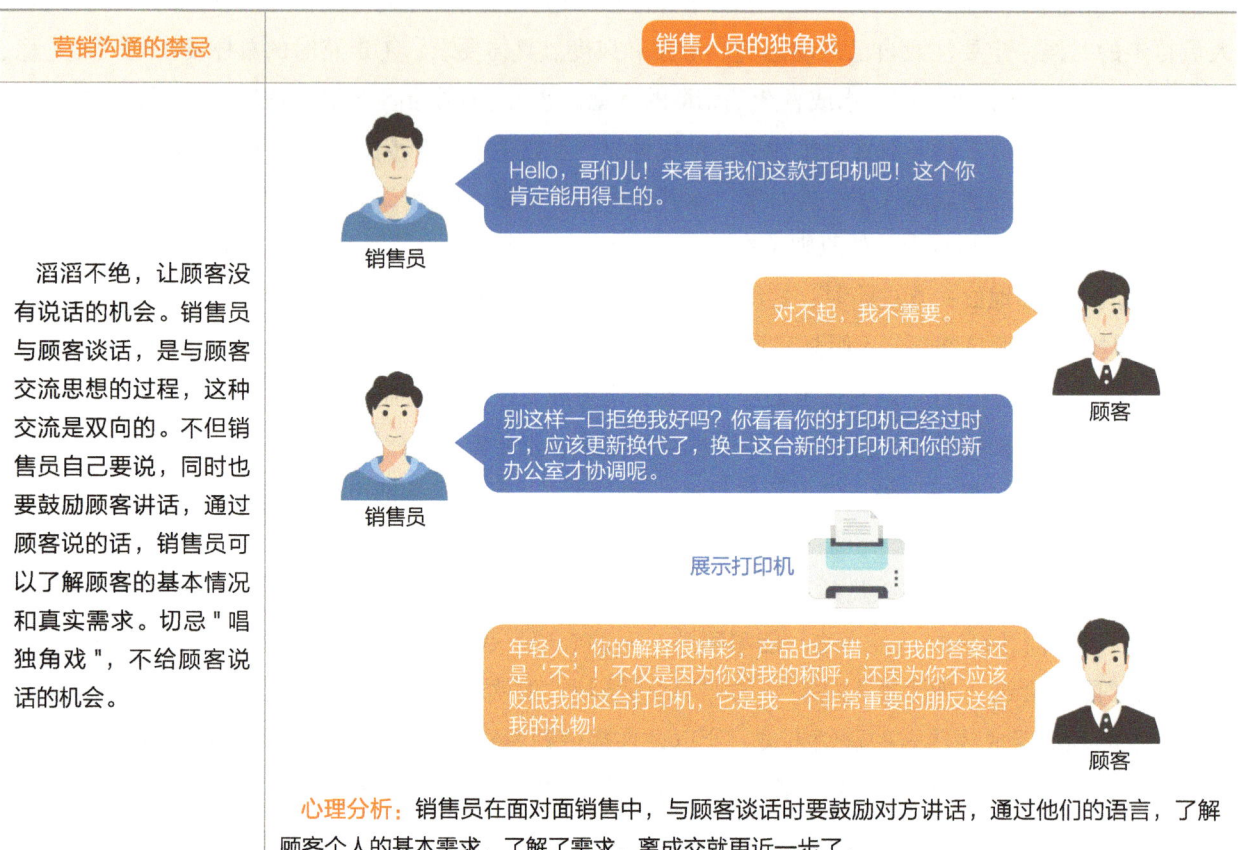

心理分析：销售员在面对面销售中，与顾客谈话时要鼓励对方讲话，通过他们的语言，了解顾客个人的基本需求，了解了需求，离成交就更近一步了。

营销策略：销售员要会说话、会交谈、会沟通。销售行业除了上述禁忌外，有一些禁忌。一忌：无礼质问，要理解并尊重顾客的思想与观点，要知道人各有所需、各有所想，不能强求顾客购买产品。二忌：命令指使，让顾客觉得销售员太高傲。销售顾问在与顾客交谈时，微笑再展露一点，态度要和蔼一点，说话要轻声一点，语气要柔和一点，要采取征询、协商或者请教的口气与顾客交流，切不可使用命令和指使的口吻与顾客交谈。三忌：说话直白，让顾客感到难堪。顾客千差万别，其知识和见解不尽相同，销售员在与顾客沟通时，如果发现顾客在认识上有不妥的地方，不要直截了当地指出。

那么，一名优秀的营销人员应该从哪些方面来提高自己的言谈艺术呢？

① 习惯使用文明用语。与顾客交谈过程中，营销人员要习惯使用文明用语。要把"欢迎""请""您""谢谢""再见""祝您购物愉快"等常规性礼貌语言作为主要词汇，营销人员对顾客礼貌，首先会让顾客在情感上接受你、喜欢你，这样一来，有可能产生"移情效应"。我国古代有"爱人者，兼其屋上之乌"的说法，即因为爱一个人而连带到关心与这个人相关的人或事物，这就是"移情效应"的真实写照。其次，营销人员的礼貌会得到顾客同样的礼貌回应。以"谢谢您"为例，很多人有一种错误的观念，即认为在营销交易成功之后才说"谢谢您"。事实上，在整个营销过程中，"谢谢您"都扮演不同的意义，从而起到催化的作用。例如，当顾客忙得不可开交时，却仍愿意抽出空聆听营销人员的话，应该说声"谢谢"；当顾客对营销人员介绍的产品感兴趣时，应"感谢"；若顾客有想购买的念头，又应该"感谢"；当顾客最终有了具体的购买行动，已经决定购买营销人员的产品时就应该"非常

感谢了"。此外,"谢谢"还可以探测消费者的心理。例如,在销售过程中,有些顾客有购买意愿但又迟迟未决时,这时营销人员可以说声"谢谢您",如果顾客没有购买意愿,他会说"何必谢我,我还没有决定购买呢";若顾客有购买意愿,便会说:"请问多少钱啊"?

② 说话时要亲切、热情、得体,学会适当地赞美顾客,争取从情感上打动顾客。试想一下,一副冰冷的表情加上冷漠寡言的服务态度,会给消费者留下什么样的印象?所以热情得体的服务是必需的,但要注意热情不要过度,比如说"早上好""今天的天气真的很好"之类的话即可,切忌一见到顾客就开始推销你的商品,给人以厌烦的感觉。按照心理学理论,每个人都希望得到别人的肯定,听到别人的赞美,尤其是女性,这种欲望会更加强烈。适当的赞美是人际交往中不可缺少的语言艺术,而过分的赞美就会显得虚伪。因此,营销人员要巧用赞美语言。比如,想要赞美女性长得漂亮,可以这样说"你长得很像××明星",只要是她的脸型、声音、发型、气质或身材等方面有一点的相似就可以这样说了。如果找不到顾客相貌上的优点,那么就说"你给大家的感觉真好""你看起来很面善"之类的话,一般情况下也会赢得顾客的好感。如果女顾客是带着孩子一起来的,营销人员可以适当地赞美孩子,比如说"好可爱""好漂亮"之类的话,对一个母亲而言,听到自己的孩子被别人称赞,那种喜悦要胜于自己被称赞。

③ 说话时要学会倾听。"会说话的人,同时也是会聆听的人"这是亘古不变的定律。倾听是一种典型的攻心战略,一个不懂得倾听,只是滔滔不绝、夸夸其谈的营销人员不仅无法得知有关顾客的各种信息,还会引起顾客的反感,导致销售的失败。因此,营销人员不仅要在说话方面下功夫,更要学会耐心地聆听顾客心声。一般来说,营销人员自己只说30%的话,把70%的话留给顾客去说。通常,顾客在商谈的每个阶段(一般的购物阶段是认知—兴趣—评价—试用—采用—购后评价)中,一定会有很多想询问的信息,包括商品的性能、价格、付款方式、售后服务等。营销人员应该在做了重点说明后,进入等待客户提问阶段,并且一定要用心留意顾客最关心的重点,从中了解顾客的心态,就能准确地掌握顾客的问题症结所在,针对这些问题再展开谈话效果会更好。

④ 说话时可以适当地运用肢体语言。一名优秀的营销人员还要学会恰当地使用肢体语言,肢体语言也是人体语言的重要部分。

首先,营销人员要有真诚的微笑。微笑是吸引顾客的最佳利器。微笑的作用如图4-2所示。对于

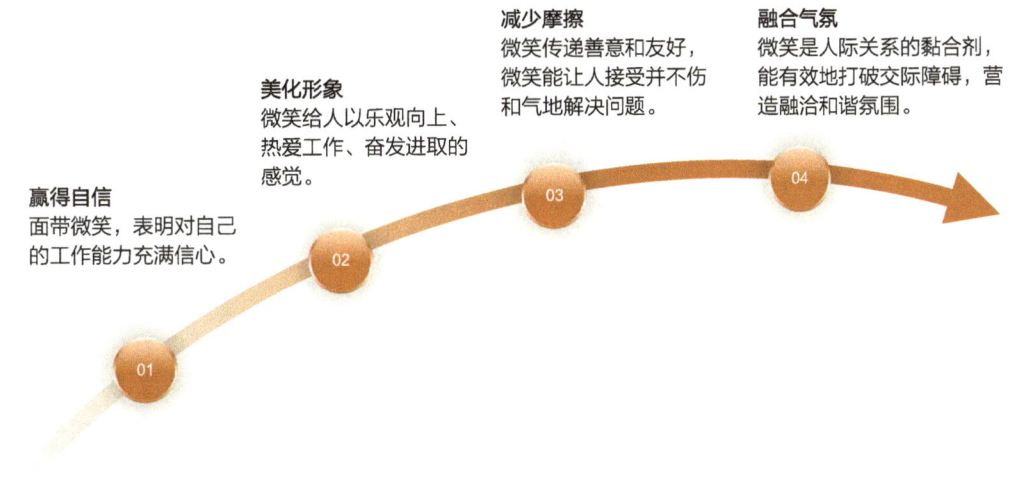

图 4-2 微笑的作用

小贴士

赢得消费者好感的秘诀

营销人员不断地提升自身的风度,最主要的目的就是为了赢得消费者的好感。如何赢得消费者的好感始终是一线营销人员孜孜探索的问题。结合《哈佛推销员培训管理学》一书的理论,总结出以下十大秘诀,供参考。

(1)注重第一印象给消费者的心理效应。

(2)给消费者良好的外表形象,充分展示自己的特殊风度。

(3)观察消费者的购买动机和消费者的情绪反应。

(4)要尊重消费者的"空间距离"意识,不与消费者说过头的话、开过头的玩笑,更不要介入消费者的私人问题。

(5)要努力记住消费者的名字或者能说出消费者的个人兴趣爱好。

(6)自己要积极乐观、快乐开朗。

(7)要学会换位思考,想消费者所想,急消费者所急。

(8)让消费者有一定的优越感,哪怕是一点点。

(9)利用小赠品或小礼品赢得潜在顾客的好感。

(10)有第三者在场,尽量避免谈论销售工作。

营销人员来说,微笑应该贯穿于整个销售过程。微笑似乎很简单,但并不是所有营销人员的微笑都能打动顾客,有的营销人员总是"职业性微笑"而不是发自内心的微笑,这样的微笑会给顾客一种虚伪、矫饰的感觉,不但没有达到预期的效果,反而起到相反作用。因此,唯有真诚地发自内心的微笑才能让顾客产生信赖。作为营销人员,训练自己真诚地微笑是很有必要的。

其次,要懂得手势的心理含义并能正确地使用手势语。在人类历史上,张开的手掌一直是与真实、诚实、忠诚和顺从联系在一起的。手掌的姿势是最不被人注意的却又是最有力量的身体语言信号。如果营销人员能够正确地使用手势语言,就对消费者形成一种无声的控制。手掌姿势主要有三种:一是手掌向上,用以表示顺从、尊重、没有威胁性的姿势。比如,给对方引路时多用该手势。二是手掌向下,代表一定的权威性,容易产生敌对情绪。如果是上下级关系,对方还是可以接受的,否则很难令人接受。三是手掌攥拳,伸出一个手指,命令听话的人屈从于他。这是最具挑衅的手势,营销人员切忌使用这样的手势。此外,营销人员在与顾客交谈时不要手舞足蹈,不要用手指人,更不能拍拍打打、拉拉扯扯。

再次,要掌握恰当的眼神交流。"眼睛是心灵的窗户",眼睛能显露出吃惊、害怕、愤怒、悲伤、高兴以及其他各种情感。营销人员在与顾客交谈时,要学会注视顾客,注视的目光中要带有热情、坦诚和换位思考的情感,这样会使顾客信任你并对你及你的产品产生好感。注视顾客时要注意视线的位置,一般情况下,如果顾客是女士,注视的焦点集中在嘴巴和下巴附近;如果顾客是男士,则集中在鼻子附近。当眼睛的注视范围扩大到对方的领结或耳朵附近时就应该停止,不能频频地眨眼睛或显示出迷茫的眼神,更不能上下打量对方或东张西望。当然了,也可以不时地注视一下对方的眼睛,但不要注视得太久,长时间地注视对方的眼睛会使对方有一种不安或不自然的感觉。

4.2.2 营销人员与消费者关系心理

营销人员的仪表风度会给消费者留下不同的印象,其本质目的是争取与顾客很好地沟通,最后能顺利地销售产品。所以,营销人员与消费者沟通时会产生心理效应,即消费者关系心理。它是营销人员与消费者双方互动、相互影响的心理过程。不仅包括营销人员对消费者的影响，还包括消费者在购买过程中所表现出来的心理活动对营销人员的影响。在彼此影响下，双方既有共同的心理需求，也有不同的心理反应。比如，营销人员与消费者都有尊重需求、互动需求、双赢需求和自我价值实现的需求。这里我们主要介绍营销人员对消费者行为的心理反应，具体包括以下几点。

1. 营销人员对消费者行为的认知过程

本过程是指营销人员对消费者的识别、注意、记忆、评价和想象等心理过程。比如，营销人员通过对消费者言谈举止和外表形象的观察，识别消费者的购买动机，从而预测消费者的购买能力和潜力等。与此同时，营销人员还要考虑面对不同的消费者行为应该采取不同的营销对策，这也是营销人员对职业认识、职业要求的自我心理认识。就拿消费者的着装来说，着装华丽者，他们多数是社会的上层人士，有良好的经济基础。营销人员可以多夸奖他们的服饰，或者赞美他们的身份、地位，这样他们不仅不会产生反感，相反很容易接受你的销售条件。着装朴实者，他们有可能是性格上缺乏主见或者是现实的经济条件限制了他们的购买欲，所以在与其交谈过程中，要增强他们的自信心，不要伤害其自尊心，更不要做滔滔不绝的介绍，可以多鼓励他们或者大大方方地承认他们的观点。

2. 营销人员认识消费者行为的情感过程

情感过程是营销人员心理活动的高级阶段。在产品和服务高度同质化的今天，消费者越来越期望在消费各种商品中体验积极的、值得回忆的感受；而营销人员也希望接待一位能够理解与合作的消费者，从而得到轻松愉快的销售体验。

3. 营销人员对消费者行为的意志过程

营销人员在完成认识过程、情感过程之后进入销售活动的一系列心理活动称为意志过程。这种意志过程要受到多方面因素的影响，如营销人员自身的意志心理、企业的产品状况、销售环境和消费者需求等，其中来自消费者的因素是不可忽略的重要因素。根据消费者的心理状态、实际需求的不同，制定或及时调整营销策略，实施针对性营销，是营销人员对顾客行为的意志表现行为。

4.3 营销人员接待技巧

在销售服务中，要想满足顾客的需要，除了要有优质的多样化的产品、精美的商品包装外，营销人员的接待技巧也发挥着重要作用。

4.3.1 了解消费者的购买动机心理

心理学家指出，人类的任何购买行为都是在一定的动机作用下产生的，消费者的购买动机是消费者购买行为的内在驱动力。那么，什么是购买动机呢？所谓消费者购买动机，是指消费者为了满足自己或家庭的需要而引起购买行为的心理愿望或意念。

1. 消费者购买动机的类型

据心理学家分析，消费者的购买动机是多种多样的，而且它们之间相互联系、相互制约，推动着消费者按照各自的购买方向行动。尽管如此，仍然可以按照不同的标准对常见的购买动机进行分类。

（1）根据消费者购买商品的主要驱动力来分类。就消费者购买商品的根本原因和主要驱动力而言，消费者的购买动机主要分为生理购买动机和心理购买动机两种类型。生理购买动机是指消费者为了满足、维持、发展和延续自身生命等生理本能的需要而产生的购买动机。比如，消费者对衣、食、住、用、行商品的最基本需要或者是最低标准的需要。其实，满足生理需要的商品多是生活用品，这类商品的需求价格弹性较小，消费者的购买频率比较稳定，且在购买中多表现为习惯性、经常性的购买特点。但是随着人们生活水平的提高，消费者的购买行为单纯受生理动机驱使的情况越来越少，就算是充饥的需要，已不再是简单的吃饱喝足就能满足的时代了，更多人需要的是绿色健康、口味鲜美，甚至是珍贵食材、异域风味等美食。这说明人们在满足生理需要的同时更多地渗透着心理需求，所以营销人员尤其要注重消费者的心理购买动机。心理购买动机是指除了本能的生理动机之外，消费者为了满足感情的、心理的、社会的和实现自我价值等需要所产生的购买动机。比如消费者买家具时，不仅考虑它的使用价值，还要考虑它的附加价值（销售服务、彰显品位等）。可见，该种动机的范围和复杂性要远远大于生理动机，是营销人员不可忽视的重要动机之一。

（2）根据消费者在市场中具体的购买表现来分类。在实际的购买活动中，消费者的购买动机就更加具体化了，主要有求实动机、求廉动机、求美动机、求名动机、求新动机、求异动机、好胜动机、个性爱好动机、安全性动机等，这些内容在第1章中已进行了具体介绍。

2. 营销人员要了解消费者的真实动机

消费者的购买动机是多种多样的，营销人员知道消费者的动机不是主要目的，最重要的是在与顾客交谈过程中，了解甚至摸透消费者本次进店的真实动机是什么。如果能做到这一点，营销人员在接下来的工作中就会游刃有余。一般来说，光顾商店的消费者大概有三种类型：一是有明确购买目的的消费者。这类消费者在进店之前，已经将要购买商品的相关信息进行了系统的收集和比较，包括商品名称、规格型号、质量、价格等都有明确的要求。因此，营销人员接待这类消费者时，不用过多地介绍商品的基本信息，只要营销人员服务热情周到，提供的商品符合消费者意愿，就能迅速成交。二是了解行情的消费者。这类消费者进店以后，往往是自己独立观察，然后向营销人员提出问题，主要以询问商品的品种、质量、款式、价格、售后服务等信息为主，之后消费者要分析比较才决定购买与否，有时还要回家经过分析研究后才能做出购买决定。营销人员在接待这类消费者时，大有文章可做。可先用"您先看看"的招呼语言之后，伺机向其介绍商品的性能特点，及时准确地回答消费者提出的各种问题，解除消费者的疑虑。如果消费者被吸引，就应该进一步了解消费者的购买情况，如使用者的基本情况等。最后在消费者没有反感的情况下，以负责任的态度帮助消费者做出购买决定。三是逛街消遣的消费者。此类消费者进店没有明确的购买目标，甚至是为了参观闲逛而已。

 消费心理研究室

无购买动机的逛街休闲	逛街休闲？消费购买？
消费者没有明确的购买动机。逛商店的目标是满足日常休闲放松的需要。	**销售员：** 欢迎光临！您好，这边是刚到的女包，是今年的新款。您看看您喜欢哪一种？ **顾客：** 我不需要了，家里的包已经够多了。 **销售员：** 看得出来您是个很有品位的人，您现在手拎的这款包就非常好看，应该是经典款的枕头包吧？ **顾客：** 是的，你一眼就看出来了，真是好眼力，这是去年我过生日时老公送给我的。 **销售员：** 看起来很新，您一定很会对它进行保养吧？ **顾客：** 是的，我经常为它打皮革护理剂。 **销售员：** 我们店里的这款新包相比您这款来说，信封包是女士必备的经典款，日常搭配很容易，只需要半年做一次保养，还可以提供终身免费保养的服务，当您的包需要护理时，您直接拿到店里来就可以了。 **顾客：** 把那款红色的拿给我看看…… 展示包 **心理分析：** 逛街休闲的消费者进店没有明确的购买目标，主要是为了娱乐休闲。通常是几个人一起进店，边聊天边看商品，偶尔也向营销人员问问商品的信息，此类消费者能否做出购买决策，完全取决于商店购物环境的外部刺激，以及营销人员主动、热情的服务。

营销策略： 这类消费者在进店消费者流量中约占 80% 的比例。商店购物环境的外部刺激，营销人员主动、热情的服务是消费者购买的关键。①营销人员利用对比效应，将顾客使用前和使用后的照片做对比，拿自己的产品跟竞品做对比，实现顾客见证和产品对比可视化呈现，可促进购买。②营销人员利用"物以稀为贵"的消费心理，制造供不应求的假象，从而增加购买行为，如限时限购、优惠名额有限、赠送礼品有限等。③营销人员利用利他效应，即消费者出于对身边人的关心、爱护、尊敬等而自愿做出更多有利于他人的行为。激发出购买者的利他之心，赋予购买多重意义，如购买课程，对孩子的心智有利。

4.3.2 判断消费者购买心理的七个阶段

销售现场的营销人员应该充分认识消费者的购买心理。只有这样，才能有效地接待顾客，并让现实的和潜在的顾客都满意。众所周知，人的心理活动是最难把握的，消费者的购买心理也不例外，其表现形式丰富多彩、不断变化。在这里只介绍一种理论的概括。消费者购买心理的阶段如图 4-3 所示。

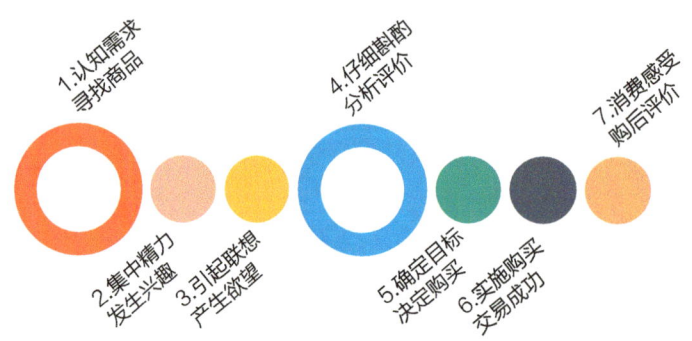

图 4-3　消费者购买心理的阶段

1. 认识需求，寻找商品

购买心理的第一步是消费者对某种需求的认识，并且产生了满足这种需求的动机。比如人口渴了就要去喝水，那么去哪得到饮用水？如就近购买，那该买什么样的水呢？问题一般都由此产生，并开始确认问题存在。所以消费者会带着这种需求进入商店，开始寻找所需商品。这种寻找目标可能是简单明确的，也可能是没有明确的购买目标，但内心还是有购买的意识。无论是哪种情况，多数消费者进入商店后都要浏览陈列展示的商品，当目光停留在某一商品上时，说明可能已经找到了目标商品或者是想进一步了解目标商品。

2. 集中精力，发生兴趣

当消费者找到了目标商品时，内心有一种亲切感，自然要集中精力观察或分析商品。此时，消费者不仅要自己观察，还希望得到营销人员的帮助，会向营销人员询问有关商品的价格、功效、质量等具体信息。

3. 引起联想，产生欲望

消费者通过自己仔细地观察加上营销人员的具体说明介绍，此时消费者很可能产生了如果使用这样产品的心理联想效果。比如，如果穿上这件衣服会很漂亮，会引起朋友、同事的哪些赞赏呢？随着消费者联想心理活动的深入进行，进而激发其购买欲望。若这种欲望比较强烈，会转换为明确的购买动机，有些冲动型或情感型的消费者就此会付出实际的购买行动。

4. 仔细斟酌，分析评价

除了冲动型消费者外，多数消费者在产生购买欲望之后，还要仔细斟酌一番，进入分析评价阶段。分析评价是消费者购买决策的决定阶段。一般情况下，消费者主要分析评价商品的基本信息是否符合自己需求，目标商品在同类商品中的优缺点，还要综合考虑自己的个性爱好和购买力情况，最后做出合理的心理判断。

5. 确定目标，决定购买

经过比较、评价判断之后，消费者结合自己的实际购买力、消费喜好、消费需求动机等方面因素，最后会选出符合自己需要的具体商品，做出购买决策。

6. 实施购买，交易成功

消费者在做出购买决策之后，一般会进入具体的购买过程，消费者必然会请营销人员帮助选购指定的商品，并对商品进行验收。这个过程中的营销人员要注意服务态度和服务质量，以免疏忽大意错失良机。但同时还要注意一些中止购买的意外因素，如缺货、市场行情的变化或相关群体的影响等。例如，某女士决定购买一套化妆品，刚准备付款时，其丈夫打电话过来说他已经给她买好了一套同样的化妆品。听到这个消息后，这位女士很可能放弃本次购买。

7. 消费感受，购后评价

消费者购买商品之后，开始进入使用阶段。这时他们会有意或无意地将产品的实际使用情况与期望产品或同类的其他产品进行比较，体验消费中的感受，进入购后评价阶段。这种评价会产生两方面的效果：一是消费感受良好，会坚定其购买决策，可能形成重复购买；二是消费感受一般或不好，消费者会有一种失望的感觉。无论是哪种购物感受，不仅影响到该消费者自己能否重复购买，还影响到其他人的购买意愿。

小贴士

服装商品消费者购买行为的心理分析

在营销人员实际的销售过程中，能否破译消费者心理至关重要，因为消费者的消费心理直接决定着购买意愿。除了消费者通常的购买心理外，营销人员有必要关注消费者购物时的一些非凡性心理。下面以服装商品为例子来分析消费者的非凡性购物心理。

（1）抢购心理——消费者发现哪家商店的人多时，就不由自主地走进去看看，是不是有什么好看的或实惠的衣服。

（2）待购心理——在服装经常打折出售的今天，当新款上市正价销售时，消费者只会看看或试穿而已，只有少数的"消费先驱者"能产生购买行为，多数的消费者会问什么时候打折？什么时候有促销活动？之后就等待促销活动时购买。这种情况下，营销人员需要通过语言解释施加购买力，或者制造出新款正价热销的气氛。

（3）从众心理——对大家争相穿戴或购买的衣服趋之若鹜，不加思考就能购买。营销人员可运用时尚、口碑、热销、打折等促销语言趁热打铁。

（4）逆反心理——当消费者感受到营销人员过度热情、急切推销服装时，会产生逆反心理而放弃购买。因此，营销人员的推销言辞要有度，多征求消费者的意见，多关心消费者的需求。

（5）择优心理——消费者在购买服装时，希望通过比较来选择最好的一款，选择空间小，或未能达到预期时消费者的购买欲望就会减弱甚至消失。营销人员应该多提供款式和颜色。

（6）烦躁心理——消费者在购买过程中，假如试衣间脏乱，等候时间过长，卖场拥挤，付款手续麻烦，卖场环境嘈杂时，就会使人产生烦躁不安的心理，可能就会走掉。营销人员应该通过优质的软、硬件服务营造舒适的购物氛围。

（7）好奇心理——人具有好奇心和求新求异的天性，新奇的事物能引起人的注意。所以新的销售技巧、陈列方式和款式设计都能够引起顾客的注意。

对于一个持续经营的企业来说，必须关注消费者的满意度和购后评价，正如美国著名推销员乔·吉拉德的"250定律"一样：每一位顾客身后，大都有250个亲朋好友。如果你赢得了一位顾客的好感，就意味着你赢得了250个人的好感；反之，如果你得罪了一位顾客，也就意味着你得罪了250个顾客。

需要说明的是，上述七个阶段只是对消费者购物时一般心理状态的透视，并不是一成不变的。在购买某些商品时可能只需要经过其中的几个步骤即可，如购买日用品时，由于一般的生活日用品价格比较低廉，加上消费者有丰富的购物经验，所以消费者在认识到需求后立刻就可以实施购买行动。

4.3.3　营销人员接待顾客的步骤及技巧

根据上述消费者购物心理的特点分析，营销人员接待顾客的步骤大体可分为以下几步。

1. 接待顾客前的充分准备

人们常说，商场如同战场。任何带兵打仗的统帅都要做好充分的战前准备，营销工作也不例外。首先，在营业前要检查货品是否齐全，店面是否整洁，营业用具是否摆放妥当，商品目录有无污损情况，当天活动安排等，尽可能避免销售中出现问题；其次，营销人员在上岗之前，必须注意自己的仪表仪容，树立良好的第一印象。

2. 观察进店的消费者，揣摩其购买动机

营销人员要时刻注意进店消费者的衣着打扮、言行举止等关键信息，从而判断出消费者的职业、身份、地位、性格等个人特征。比如进店的消费者着装比较正统，步履稳健，外表温文儒雅，少言少语，营销人员可以对该消费者做初步的判断：有正式工作，有一定的文化水平，性格比较内向或者不愿意张扬。这种情况下，营销人员先不要急于接触顾客（可以说简单的欢迎语言），更不能急于推销商品，而要注意观察，从中发现其购买目标是什么，然后随时准备解答问题，除了顾客的明确意见或要求外，尽量少发表自己的见解。

3. 伺机接近顾客

当顾客进店之后，就好比是一场重头戏正在上演，而顾客是戏中的主角，营销人员是热情的观众。热情的营销人员应该端正工作态度，掌握恰当的时机接触顾客并交谈。接触顾客时一定要注意礼貌，运用规范的营销礼仪，一般与顾客搭话的最佳时机是顾客的购物心理由"发生兴趣"到"引起联想"之间。如果搭话过早，顾客会有一种戒备心理；如果搭话过晚，顾客会认为你的服务怠慢冷淡。总之，接触搭话有以下七个时机。

（1）顾客在商品前驻足时。

（2）顾客长时间地凝视着某件商品时。

（3）顾客在寻找目标时。

（4）顾客忽然抬头、眼睛一亮时。

（5）顾客用手触摸商品时。

（6）顾客主动向营销人员询问时。

（7）顾客与营销人员正好会面时。

4. 展示商品并说明介绍

营销人员向顾客展示商品，让顾客亲自体验自己寻找的商品是很有必要的。展示的方法主要有两种：一种是根据商品的性能和特点展示，这种展示法多围绕着顾客最关心的内容进行展示说明，比如顾客购买电冰箱时最关心的是功效，即冷藏、冷冻或保鲜的效果。如果营销人员能把冰箱的核心产品介绍给顾客，同时介绍该冰箱的与众不同之处（如节能环保），那么就比较符合顾客的期望。另一种是根据消费者本身的个性特点展示商品，因为消费者的年龄、个性、购买动机、职业特征和购买力水平等方面的不同，对商品的选择也就不同。在向顾客展示、介绍商品时要注意以下几个方面。

（1）尽量地给消费者做出具体的操作演示。
（2）尽可能让顾客观看和触摸到商品。
（3）展示商品时考虑消费者的自尊心，同类商品最好从低档向高档逐步展示。
（4）不要同时向顾客展示过多的商品。
（5）向顾客展示商品时，要留给顾客充足的思考时间。
（6）在说明介绍时，要具备专业的商品知识，要用最简单、通俗、有效的语言表达出商品的卖点，从而刺激和吸引顾客。

5. 排除顾客异议，抓住成交前的信号

顾客异议是对营销人员所言表示不明白、不信任或持反对性意见等。在整个销售过程中，很少会一帆风顺，营销人员遇见顾客的异议是在所难免的，所以必须有效地处理顾客的异议，同时要抓住成交前的信号。首先，面对顾客的异议，营销人员要正面、正确地回答，不可以回避顾客的询问或者提供虚假解答，要给顾客一定的思考空间，不可以喋喋不休地推荐商品；其次，在排除异议的同时要观察消费者的反应，抓住有利的销售信号。一般情况下，当顾客流露出下列行为时表明其购买欲望比较强烈：①翻开价码查看商品价格时；②一直询问某件商品的有关事宜时；③确认商品的做工、是否有污损时；④把某件商品放在手边时；⑤向营销人员咨询商品是否适合顾客时；⑥明确售后服务时。在观察到上述情况时，营销人员应该站在消费者的立场，考虑消费者的利益，做好消费者的参谋，增强其购物信心，从而达到促成交易的目的。

6. 收款交货，交易成功

在排除顾客异议之后，如果没有其他问题，应该自然地问"可以给您开单了吗""买下来吧，挺合适您的"等之类的促成交易的话语。在顾客做出购买决定之后，及时做好收款、开票、交货等服务，并提示消费者当场验货。

7. 做好客户管理工作，促进重复购买

客户管理通常是指各种售后服务，它是企业参与市场竞争的利器。做好售后服务工作，不仅是稳定现有顾客的基本手段，促进他们重复购买，还可以通过这些顾客的宣传来吸引更多的新顾客。需要注意的是，营销人员在进行售后服务时，要求语言简单，目的明确，给顾客最满意的答复。

售后服务	售后服务与复购
售后服务是客户管理工作的一部分。售后客服作为商品出售以后为顾客提供的服务，承担了安抚顾客情绪，提高商店复购率的重要工作。	铃铃铃……（顾客王某的手机响起） 销售员：您好，我是新飞公司的营销员张明，您前天从我们这里买的那台电冰箱使用得还满意吧。 顾客：现在用得还挺好，还没有发现什么问题。 销售员：那您还需要其他的帮助吗？ 顾客：目前没有，谢谢了！ 销售员：不用客气。您如果日后有什么需要帮助的可以找我，也可以直接致电我公司的客服中心，谢谢您对本公司的支持，祝您好运。再见！ **心理分析**：在相互竞争中，除了商品价格的竞争以外，就是贴心的服务了。更多更好的售后服务不仅会增加顾客对产品的信心，还会吸引顾客第二次消费与主动推荐。例如，汽车营销员除了卖车之外，保险、理赔、拖吊、维修、保养、改装等服务一应俱全，甚至连验车都服务到家。在营销之前，具备完整而热诚的服务品质，是业务拓展时最重要的一环。

营销策略：优化服务话术，提高复购转化。①名片效应：在交往时，如果首先表明自己与对方的态度和价值观相同，就会使消费者感到营销人员与他有更多的相似性，从而很快地缩小消费者与营销人员的心理距离。②互惠原理：营销人员在售后服务中要把问题集中在，我能帮助消费者解决具体的问题，能够为消费者带来的具体价值上。互惠原理有时不一定要使用实质的物质。只要营销人员让顾客觉得积极地在帮助他解决这个问题，相对应地，顾客一般都不会太为难。③支持选择偏差：人们倾向于对自己已做出的决定持积极的态度。在消费者购买产品以后，营销人员可以适当发一些短信或者邮件表示祝贺购买。例如，穿上我们家的新衣之后，您变得光彩照人了。

营销人员在解决顾客提出的问题时，首先要运用"名片效应"心理，让自己和顾客尽量保持一致，先对顾客的问题表示认同，如果顾客要投诉的话，首先要表示歉意，特别要注意的是，不要直接否定顾客。其次，在发现问题之后，运用互惠原理，要有积极解决问题的态度，并给出承诺。最后，运用"支持选择偏差"原则，顾客完成购买行为后没有问题了，要记得给购买某产品的顾客发送祝贺购买的话语。这些方法都可以提高顾客的复购率。

营销人员接待顾客的步骤不是一成不变的，应该视不同的消费者、不同的商品、不同的购物场合而定，要求营销人员具备随机应变的能力。此外，营销人员必须具备一定的接待技巧。其中，说话技巧是最关键的。

首先，说话时要注意消费者的情境。营销人员的销售语言要给顾客一种舒服、易于接受、消费满足感高的感觉。应该准确地称呼顾客，一般对老年顾客用相当于长辈的称呼，同辈人可以称呼为朋友、兄弟姐妹，若了解消费者的身份，可称为"××主任""××经理"等。当营销人员与消费者年龄相近，称呼对方时要体现出顾客年轻化的心理特征，少用"大姐""大婶"等语言。接待时要言表一致。比如，营销人员说"您好，我可以帮您做什么？"时，应该面带微笑，表情亲切、真诚、自然，让顾客体会到受尊重、受欢迎的感觉。

其次，说话要得体，要讲究语言艺术。聪明的营销人员应该多说赞美的话、商量的话、关心的话、确切的话，不应该说不文明的话、不尊重顾客的话。同时，要讲究说话的艺术性。例如，《早餐店的故事》说明语言艺术的重要性：在一条街上有两家早餐店，其中的一家生意红红火火，而另一家却越做越差。有位专家对此产生了兴趣，决定调查其中的原因。调查结果发现，只是因为两家店的营业人员说的一句话不同。当地消费者吃早餐时，习惯在豆浆中打鸡蛋。生意好的早餐店店员是这样说的："女士／先生您好，您的豆浆里是打一个鸡蛋还是打两个鸡蛋？"这句话的潜台词是"豆浆里最少打一个鸡蛋"。而生意差的早餐店店员说："女士／先生您好，您的豆浆里需要打鸡蛋吗？"结果很多人选择了"不要打鸡蛋"，由此造成了两家店截然不同的经营效果，如图4-4所示。

> **小贴士**
>
> **接待的技巧**
>
> 营销人员每天都要接触各种各样的消费者，在接待顾客的过程中，能否运用恰当的接待技巧获得消费者的好感，是销售能否成功的关键环节。一般要注意以下9个方面。
>
> （1）接待新上门的顾客时要注意礼貌，给顾客留下良好的第一印象。
>
> （2）接待熟悉的老顾客要突出热情，使对方有如见挚友的亲切感。
>
> （3）接待有急事或者性子急的顾客，动作要迅速。
>
> （4）接待精明的顾客，要有耐心和细心，不可操之过急。
>
> （5）接待自有主张的顾客，要让顾客自由挑选，不要打断顾客的思路。
>
> （6）接待没有主见的顾客，要多给予建设性意见，不要敷衍了事。
>
> （7）接待女性顾客，要推荐新颖、漂亮的商品，以满足其求新、求异、求美的购物心理。
>
> （8）接待男性顾客，要干脆利落地介绍商品，满足男性果断的购物心理。
>
> （9）接待老年顾客，要注意语言风格，使其感觉到方便、实惠、公道等。

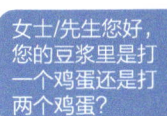   

生意好的店员　　　　　生意差的店员

图4-4　语言的差异

》》》复习思考题

1. 销售服务的类型有哪些？
2. 营销人员应该怎样提升自己的仪表风度？
3. 消费者购买心理有哪些主要阶段？针对消费者的购买心理，营销人员应该怎样接待顾客？
4. 结合自己的消费特点，说一说你的购买动机。
5. 结合实际事例，谈一谈你是怎样理解乔·吉拉德"250定律"的。

》》》案例分析题

一位穿着讲究，看上去很内行的消费者走进一家销售电子产品的商店。营销人员小孙一边挠头一边笑着迎了上去，下面是两个人的对话。

小孙：您好！我能为您做些什么？

顾客：我想买一个词典笔。

小孙：我们这里有一款最新的，具有您需要的各种功能——查单词、背单词、练听力、练口语、学写作等，而且价格还不贵，现在买只需789元，很划算的。来，我拿给您试一试。

顾客：先不用拿了，我是送给我儿子，我需要功能简单些的、价位便宜点的。

小孙：喔，这款就很适合他，我相信他会喜欢的。

顾客：我相信，不过我儿子只有8岁。我能看一下那款459元的吗？

小孙：当然可以了，我想对于您8岁的儿子来讲，它的功能也足够了。

顾客：音质怎么样？使用英语复读功能时音质很重要的。

小孙：是呀，音质当然重要了。我认为这款的音质不如贵的那个好，您不妨试一试。

顾客：这个听起来是不错。

小孙：如果是我买，我就买贵的那个。

顾客：我就拿459元的这个吧。

小孙：那您不再看看其他产品了吗？您看我们这里还有各种款式的手机呢……

顾客（有些不耐烦）：不了，我还有事。

小孙：知道了，先生，那我给您开票了，可以吗？

顾客：开吧，请您快一点儿！

思考题：

（1）该店的营销人员小孙在接待顾客时注意自己的形象风度了吗？请说明理由。

（2）小孙的这次接待属于销售服务的哪种（或哪几种）类型？请说出服务类型的名称。

（3）请你思考小孙在服务过程中存在哪些问题？你能给小孙什么样的忠告？

〉〉〉 实训题

在教室内，扮演联想公司的营销人员，向顾客介绍联想计算机产品。具体步骤如下：①布置学生通过网络或其他渠道查阅联想公司的相关资料，包括产品情况、企业历史、企业文化、目前的市场销售情况等。②每两名学生分为一组，分别扮演营销人员和顾客。③模拟销售，进行实战演练（主要考核销售人员的外表形象、语言技巧、接待过程）。④互换角色模拟。⑤教师根据学生的现场表现进行打分、纠正指导，之后选出优秀的"营销人员"进行示范。

第 5 章
商品名称、商标、包装与消费心理

引导案例

作为茶饮料市场的开创者和推动者,康师傅绿茶、冰红茶、茉莉清茶等产品一直占据着该市场的半壁江山,2016年上市的"浓浓柠檬茶"分为"浓浓柠檬绿茶"和"浓浓柠檬红茶"两种口味,以"柠汁·翠茶真心浓"为产品诉求,突出产品茶味口感浓郁的核心卖点。同时,在之前茶饮料产品的基础之上,又增加了新的元素——柠檬果汁,在产品外包装上也明显标注出"柠檬口味茶饮品",更加倾向于果味清茶饮品的路线。与康师傅茶饮品之前2~3元一瓶的零售价相对比,"浓浓柠檬茶"系列产品每瓶5.5元,从将近两倍的定价上升可以看出,该款产品定位高端,目标人群为追求健康和营养,并有一定支付能力的80后、90后年轻群体。

商品是消费者进行消费活动的对象和载体,消费者的各种心理活动、需要动机、购买决策以及购买行为都是围绕商品开展的。商品的名称、商标、包装、品牌等是消费者在购买商品时最直观的影响因素。

5.1 商品名称与消费心理

在购买过程中,消费者对商品的认识和记忆不仅依赖商品的外形和商标,而且还要借助于一定的语言文字,即商品的名称。商品的名称直接作用于消费者的感觉器官,被消费者首先感知并引起相应的心理反应。

5.1.1 商品名称的心理功能

商品命名的根本目的是使商品的名称与消费者的心理相吻合。易读易记、引人注意、富于联想、符合消费者购买心理的商品名称,对消费者购买行为能产生积极的影响;而名不副实、难读难记、缺乏特性的商品名称,则会产生消极的影响。因此,在为商品命名时应注意消费者以下的心理要求。

1. 名副其实

商品命名要用简洁的文字语言表明商品的名称、用途和特性,使商品名称与商品的实际特征相符合,使消费者通过名称迅速了解商品的主要特征和基本用途。例如,"商务通"掌上电脑让人们想到它是辅助办公的好帮手;"胃康灵"表明该产品是治疗胃病的药品。

2. 便于记忆

一个易读易记、言简意赅的商品名称能降低记忆难度,缩短记忆过程,有利于消费者记忆的保持。因此,商品名称应力求简洁明了、通俗易懂,不宜使用复杂拗口和过于专业化的名称。同时,商品名称最好不超过五个字。例如"小天鹅洗衣机",由于人们对于天鹅的印象十分深刻,小天鹅的形象尤其可爱,无形当中对这个品牌的洗衣机有了深刻的印象。

3. 引人注意

引人注意是商品命名最主要的目的。当商品名称瞬间能引起消费者注意时,就会产生强烈的心理效应,促使其进一步去了解商品。因此,商品名称更应突出商品的特性,给消费者留下深刻的印象,引起他们的注意和兴趣。寓意好、有特色、有新意的名称能使人过目不忘,印象深刻。例如,狗不理包子、娃哈哈等。

4. 激发联想

激发联想是商品命名的一项潜在功能。通过商品名称的文字和发音使消费者产生良好的联想,如对历史典故、故乡风情、美好事物和未来生活等方面的联想,从而激发购买欲望,达到促进销售的目的。例如,一提到孔府家酒,人们就会不由自主地在脑海中闪现出合家欢聚的喜庆画面。"孔府家酒,叫人想家"这句温馨的广告语也让人不由得将思乡团聚的情绪涌上心头。

5. 避免禁忌

由于不同国家、民族的社会文化传统不同,消费者的消费习惯、偏好、禁忌也有所不同。此外,语言文字的差异也会造成对同一商品名称理解上的差异。例如,美国通用汽车公司曾给一款车取名为 Nova(诺娃),这是欧美许多国家妇女喜欢用的名字。但该车进入讲西班牙语的墨西哥市场后,销路极差。经调查后才发现"Nova"一词在西班牙语中是"开不动"的意思。显然,这种"开不动"的汽车唤不起消费者的购买欲望。

5.1.2 商品命名的心理策略及注意问题

商品命名涉及美学、语言学、心理学、传播学、社会学等诸多因素。商品命名的心理策略可归纳为以下几种。

1. 以商品的主要效用命名

这种命名方法直接反映商品的主要性能和用途,帮助消费者迅速了解商品的功效,以取得消费者的信赖。化妆品、药品和日用工业品多采用这种方法命名。例如"美加净护手霜""洁厕灵"等。这种命名方法迎合了消费者的求实心理。

2. 以商品的主要成分命名

这种命名方法突出了商品的主要原材料和主要成分,多用

消费案例

"娃哈哈"取名之道

娃哈哈商品名称的由来颇费周折。最初,娃哈哈集团与有关院校合作开发儿童营养液这一冷门产品时,就取名之事通过新闻媒体,向社会广泛征集产品名称,组织专家对数百个应征名称进行了市场学、心理学、传播学、社会学、语言学等多方面的研究论证。受传统营养液起名习惯的影响,人们的思维多在"素""精""宝"之类的名称上兜圈子,谁也没有留意源自一首新疆民歌的"娃哈哈"三个字。选择"娃哈哈"作为商品名称的理由有三:①"娃哈哈"三个字中的元音 a,是孩子最早最易发的音,极易模仿,且发音响亮,音韵和谐,容易记忆,容易接受。②从字面上看,"哈哈"是各种肤色的人表达欢笑喜悦的词语。③同名儿歌以其特有的欢乐明快的音调和浓烈的民族色彩,唱遍了天山内外和大江南北,把这样一首广为流传的民族歌曲与产品名称联系起来,便于人们熟悉它、想起它、记住它,有助于提高它的知名度。一言以蔽之,取这样一个别致的商品名称,可大大缩短消费者与商品之间的距离。

于食品、药品、保健品和化妆品，如"鲜橙多""维C银翘片""蜂王浆""珍珠霜"等。又如"五粮液"酒，名称中既说明该酒由五种粮食酿造而成，又表示其酒质如琼浆玉液，使人产生丰富联想。这种命名方法或强调货真价实，或突出原料名贵，起到吸引消费者注意的作用。

3. 以名人的名字命名

这种命名方法借用知名人士、商品发明者、制造者的名字来命名，使消费者将商品与特定的人物联系起来，引发丰富的联想、追忆和敬慕之情，给消费者以产品历史悠久、工艺精湛、用料考究、质量上乘等印象，从而产生信任感，多用于食品、服装、日用工业品的命名，如"东坡肘子""赖汤圆""李宁运动服""张小泉剪刀"等。

4. 以商品的产地命名

这种命名方法是在商品名称前冠以商品的产地，不仅可以突出商品的地方特色，而且可以迎合消费者"慕名购买"的心理，主要用于一些颇具盛名的特产的命名。这些商品往往是利用当地独特的原材料或历史悠久的传统生产工艺精制而成的，如"北京烤鸭""西湖龙井茶""贵州蜡染""云南白药"等。

5. 以商品的外形命名

这种命名方法是通过形象化的名称，突出商品造型新颖、奇特的特点，引起消费者的注意和兴趣，

小贴士

地理标志产品

地理标志产品是指产自特定地域所具有的质量、声誉或其他特性本质上取决于该产地的自然因素和人文因素，经审核批准，以地理名称进行命名的产品。

1. 基本概念

地理标志产品包括：来自该地区的种植、养殖产品；原材料全部来自该地区或部分来自其他地区，并在该地区按照特定工艺生产和加工的产品。

2. 审批程序

2005年7月起实施的《地理标志产品保护规定》对地理标志产品保护的申请与审批程序作了详细具体的规定。

（1）申请与受理。地理标志产品保护申请，由当地县级以上人民政府指定的地理标志产品保护申请机构或人民政府认定的协会和企业提出，并征求相关部门意见。申请保护的产品在县域范围内的，由县级人民政府提出产地范围的建议；跨地市范围的，由省级人民政府提出产地范围的建议。

出口企业的地理标志产品的保护申请向本辖区内出入境检验检疫部门提出；按地域提出的地理标志产品的保护申请和其他地理标志产品的保护申请向当地质量技术监督部门提出。

省级质量技术监督局和直属出入境检验检疫局，按照分工分别负责对拟申报的地理标志产品的保护申请提出初审意见，并将相关文件、资料上报国家质检总局。

（2）审核与批准。国家质检总局对收到的申请进行形式审查。审查合格的，由国家质检总局在国家质检总局公报、政府网站等媒体上向社会发布受理公告；审查不合格的，应书面告知申请人。有关单位和个人对申请有异议的，可在公告后2个月内向国家质检总局提出。

《地理标志产品保护规定》指出，地理标志产品产地范围内的生产者使用地理标志产品专用标志，应向当地质量技术监督局或出入境检验检疫局提出申请，并提交相应资料。经省级质量技术监督局或直属出入境检验检疫局审核，并经国家质检总局审查合格注册登记后，发布公告，生产者即可在其产品上使用地理标志产品专用标志，获得地理标志产品保护。

从而加深消费者对商品的印象，多用于食品、工艺品的命名，如"猫耳朵""佛手酥"等。

6. 以商品的外文译音命名

这种命名方法直接借用商品的外文译音，既克服了翻译上的困难，又满足了消费者求新、求异、求奇的消费心理。但不论直译还是意译，都要求读起来朗朗上口、寓意良好，多用于进口商品的命名，如"威士忌""巧克力""维生素"等。最贴切的当属"Coca-Cola"，译作"可口可乐"，非常适合中国消费者的语言偏好，名称中流露着一种亲切和喜庆，让人联想到饮料可口，畅饮时的欢快喜悦。

7. 以吉祥物或美好事物命名

这种命名方法迎合了消费者图吉利、希望事事顺心的消费心理，如"金利来衬衫""凤凰自行车""福临门色拉油""旺旺牛奶"等。

商品命名除以上七个心理策略外，还需要注意以下问题。

首先，商品命名不要故弄玄虚。商品名称应该与商品实体的主要性质和特点相适应，使消费者只要看到或听到商品的名称，无须直观商品实体就能顾名思义，从而有助于消费者的记忆。

其次，商品名称在消费者中已有一定的知名度时，不应轻易改名。

最后，忌用洋名"包装"商品。如今，大多数消费者不再轻信"洋货"。他们需要商品物美价廉，因此，取了洋名的商品不一定好销售。中外合资企业的产品想打开国内市场，商品命名时应尽可能有"中国味"，以照顾中国消费者的消费心理和消费习惯。

5.2 商标与消费心理

商标是商品的特殊标志，俗称"牌子"。它是商品生产者或经营者为使本企业的商品与其他同类商品相区别而采取的一种标记，一般由文字、图形及其组合构成。商标一般都注明在商品、商品包装及其宣传品上。

5.2.1 商标的心理功能

1. 识别功能

在消费活动中，同一商品的生产厂家成百上千，消费者选择哪家的商品呢？商标可以帮助消费者达到识别商品的目的。商标作为商品的一种特定标志，有助于消费者在购买商品过程中，辨认并选购他们所需要、所喜好的商品。同时，消费者可以通过商标来了解、记忆商品的生产经营单位，以便得到相关的服务，如售后服务、索赔等。在现实消费活动中，很多消费者都是根据商标购买商品的。消费者一旦认定了某一商标，就会产生偏好而习惯性地购买。

2. 保护功能

商标一经注册登记后就受到法律的保护，任何假冒、伪造商标的行为都要受到法律的制裁。商标受法律的保护不仅维护了商品生产者和经营者的经济利益和企业形象，而且给予消费者某种程度的信赖感和安全感，也保护了消费者的合法权益。曾经有不少名优产品，如"五星啤酒""同仁堂药品"等，由于出口时未在经销国家进行商标注册，结果丧失了市场，或被抢先注册的外商索赔，造成经济损失。

小贴士

现代汽车在中国的商标注册

1992年，浙江现代联合集团一次性投入20多万元在当地工商局注册了"现代"系列商标，覆盖了43类行业，共计198个商品的商标，其中包括"现代汽车"。那时，现代汽车在韩国经营得如火如荼。当现代汽车在华合资项目——北京现代落地时，在中国广为人知的"现代汽车"品牌商标，居然早就被浙江现代联合集团注册。为了促成北京现代合资项目的实现，2003年3月，韩国现代汽车集团与浙江现代联合集团签订了"现代汽车"商标转让（合作）协议，以4 000万元的价格买下"现代汽车"商标在中国的使用权。浙江现代联合集团以创新性的"品牌换市场"策略，以灵活的谈判技巧和"双赢"的结果实现了与跨国巨头战略意义上的合作，开创了中外商标合作的先例。

3. 提示功能

在消费者接受的外部刺激中，商标是最具直接意义的刺激物。商标作为商品特征的综合、抽象体现，能以其鲜明的标志、独特的设计加强对消费者的刺激，激发其购买欲望。当消费者存在某种需要时，商标的提示功能可以使消费者对商品产生偏好，从而影响消费者的购买决策，最终促成购买行为。例如，当一个人行走感到口渴时，正遇到路旁冷饮摊出售饮料，于是想起了电视广告语"农夫山泉有点甜"，就买了一瓶"农夫山泉"饮用水。他喝完之后感到甘甜可口，觉得"农夫山泉"饮用水味道的确不错，于是加深了对"农夫山泉"的印象。下次口渴时，他就会不假思索地选择购买"农夫山泉"饮用水。

4. 强化功能

商标对消费者心理的强化作用可以体现在两个极端的方面，一个形象鲜明、设计独特、声誉卓著的商标能够强烈地吸引消费者，促使其产生购买欲望，由此达到了促销商品的作用；而一个与消费者心理不符的甚至相悖的商标，会强化消费者对商品的厌恶心理。

5. 监督质量

企业想维护其商标的影响，必须要维护产品的质量。为维

小贴士

防伪商标

防伪商标是能粘贴、印刷在商品表面或商品包装上，具有防伪作用的标识。防伪商标的防伪特征以及识别方法是防伪商标的灵魂。常见的防伪商标有以下几种类型。

（1）全息防伪商标，又称激光防伪商标。

（2）图形输出激光防伪商标，利用激光束在商品表面形成图文防伪标记。

（3）核微孔防伪商标，在可见光下，由于微孔衍射与散射作用，人眼观察到的视觉效果为白色图文；若滴水在其上，水渗入微孔，图文消失。若用有色液体涂抹，有色液体渗入微孔，擦去表面有色液体，呈现有色图文。

（4）隐形图文防伪商标，利用具有回归反射特性的材料制成，有闪角图像型、多维闪角型、反光水印型等。

（5）磁码防伪商标，利用磁性油墨以印刷方式制成。

（6）标记分布防伪商标，利用呈三维立体状彩色纤维分布特性制成的商标称为纹理分布防伪商标，或利用彩色反光颗粒及白色凸起微泡分布特性制成的商标称为颗粒分布防伪商标。这种防伪商标是我国原创的。

（7）覆盖层防伪商标，利用覆盖层覆盖有唯一对应的数码或图文信息，分刮开式和揭启式两种。覆盖层去掉，就不能再次使用。

（8）原光光雕防伪商标，利用高分辨率的光雕技术制版，在薄膜上形成光栅间距小于等于0.4μm的全息图，在白光斜射下零级衍射即为反射方向，形成了薄膜等倾干涉的图文。

护商标的信誉，企业不敢随意以次充好、降低质量。所以，商标能起到帮助消费者监督产品质量、保护消费者利益的作用。

5.2.2 商标设计的心理策略

商标设计是商标发挥心理功能的基础。任何商标设计都是为了使商标在市场上牢固地树立起具有影响力的形象，使消费者对该商标形成强烈、稳定和持久的偏爱。精良的商标设计必须考虑商品的特色和消费者心理，将丰富的信息浓缩于方寸之间，最大限度地发挥出商标应有的感召力。为此，商标设计过程中，必须注意以下心理策略。

1. 个性鲜明，富于特色

商标是用于表达商品的独特性质，并与竞争产品相互区别的主要标志。为了让消费者能从纷繁多样的同类商品中迅速找到自己偏爱的品牌，商标设计应注意突出个性，显示独特的风格和形象。这就要求在商标设计中要有新颖的创意，运用超出想象的表现形式，使商标独树一帜，别出心裁。例如，华为的标志采用了聚散的模式，八瓣花瓣由聚拢到散开，寓意着华为发展事业上的兴盛。又如，"可口可乐"的经典飘带形象，红白相间，用色传统，显得古朴、典雅而又不失活力，令人难以忘怀。

2. 造型形象，文字简洁

商标设计必须根据美学原理，恰当地应用色彩、造型、图案，使商标不仅造型形象，文字简洁，而且具有较高的艺术性和美学价值，给消费者以美的感受。研究表明，人们对简单而符合审美情趣的图形文字往往记忆深刻，所以商标文字图案要简单明了，使人过目不忘。例如，美国著名品牌"耐克"的商标图案是一个钩子，造型简洁有力、富于动感，一看就让人联想到使用耐克体育用品后所产生的速度和爆发力，充分体现了耐克体育运动用品的特点。

3. 具有时代气息，反映社会潮流

商标的名称如果能结合特定的历史时期，反映时代的气息，赋予一定的社会意义，就可以激发起消费者的购买热情，从而赢得消费者的青睐。例如，"盼盼"防盗门是为迎接北京亚运会而得名。

4. 形意一致，反映特性

商标既是对商品所要传达信息的提炼和精确表达，也是商品的代名词，在某种程度上代表了商品。这就要求商标设计要准确地体现商品的性质，突出商品的特色，尽可能让消费者视"标"识物，使消费者联想到商标所代表的商品。例如，著名的"奔驰"商标为一圆形图案，通过精巧的设计，看上去恰似一个汽车方向盘，它高度浓缩了产品的含义。世界上许多大公司都不惜耗费巨资，精心设计商标。例如，美孚石油公司为改进汽油商标，前后竟用了六年时间，花费40万美元，调查了55国语言，编写了一万多个用罗马字组成的商标，并动员了心理学家、语言学家、社会学家和统计学家，对消费者心理进行专门调查，才最终确定下来，足见其用心良苦。

5. 遵守法律，符合习俗

世界各国商标法都有明文规定不允许注册为商标的事物，如国徽、国旗，国际组织的徽章、旗帜、

缩写，带有民族歧视性的图案等。因此，在商标设计中必须严格遵守有关法律规定。例如，紫荆花曾被用作商品的标志，但是现在已经被禁止了，因为紫荆花是我国香港特别行政区的区徽图案。此外，商标设计应符合消费者的风俗习惯。每个国家、民族、地区等都有特定的文化传统和风俗习惯，并且反映在对动物、植物、色彩、图形、符号、数字等事物的偏好和忌讳上，在设计商标时应予以充分考虑。例如，在使用动植物图案设计商标时要注意不同国家的禁忌。菊花在中国是高贵典雅的象征，而日本则将其视为皇室的象征，不接受以菊花的文字和图形作为商标；喜鹊在我国是吉祥鸟，但苏格兰人则认为喜鹊上门预示着死亡，忌讳用喜鹊作为商标；玫瑰花在欧洲一些国家作为悼念之用，不宜在那些国家内作为商标等。因此，符合文化传统，具有民族特色的商标设计才能让消费者喜闻乐见；反之，违背文化传统，有损民族形象的商标设计会受到抵制。

总之，优秀的商标设计应以巧妙的构思、鲜明的个性、丰富的内涵以及具有高度感染力和冲击力的表象，成为商品乃至企业的象征，使消费者产生深刻而美好的印象。

5.2.3　商标运用的心理策略

与商标设计一样，巧妙运用商标是发挥其心理效应不可缺少的重要环节。因此，在使用商标时，应针对消费者的心理特点采取不同的心理策略。

1. 是否使用商标

优秀的商标不仅起到区别不同厂家或商家商品的作用，而且起到诱导消费心理，促进销售的作用。但是，对于消费者而言，并非所有的商品都需要商标，属于下列情况的商品就不需要使用商标：①无差别商品，如电力、钢材、煤炭、木材等；②差别小的商品，如食盐、蔬菜、肉、蛋等；③临时性或一次性生产的商品，如纪念品；④不动产通常不使用商标，如房屋、土地等。

2. 使用制造商标还是销售商标

一般情况下，商标是商品制造者的标记，产品的质量特性是由制造者确定的，如"海尔""娃哈哈""联想"等我国驰名商标中大部分为制造商商标。一些大型的零售商和批发商也开发出自己的商标，如世界著名的零售商沃尔玛、家乐福、希尔斯等都拥有自己的商标品牌。在制造商具有良好的市场声誉，拥有较大市场份额的条件下，应多使用制造商商标。相反，当经销商商标在某一市场领域中拥有良好的信誉及庞大、完善的销售体系时，利用经销商商标也是有利的。

3. 使用统一商标还是独立商标

统一商标是指企业生产的若干类产品都使用同一种商标。对于那些享有良好声誉的著名企业，全部产品采用统一商标可以充分利用名牌效应，使企业所有产品都畅销，而且企业宣传介绍新产品的费用也相对较低，有利于新产品快速、顺利地进入市场。如海尔集团的所有产品都使用"海尔"这个商标，在国内外市场上获得广泛的认知度。但是，使用统一商标有时不易突出新产品的性质特点，如果其中某个产品质量不过关，还会影响全部产品的信誉。尤其是当该企业的各种产品质量有明显差别时，这种策略会影响企业整体的声誉。独立商标是指企业对不同产品使用不同的商标。例如，广州宝洁公司的产品有300多个品牌，消费者熟知的洗发用品就有"飘柔""海飞丝""潘婷""沙宣"等多种商标，洗涤剂有"汰渍""碧浪"等商标，香皂有"舒肤佳""激爽"等商标。采用这种策略最主要的目的是突出各个商品的特色，以满足不同消费者的心理需求和习惯偏好。同时，使用独立商标，为每种产品寻求不同的市场定位，有利于增加销售额和对抗竞争对手，还可以分散风险，使企业的整个声誉不会因某种产品表现不佳而受到影响，但是加大了企业的广告宣传费用。

5.3　商品包装与消费心理

商品包装是指各类用于盛装或包裹商品的容器或材料，是商品构成要素的一个组成部分。商品包装可分为运输包装和销售包装两种。一般来说，销售包装对消费者购买行为影响较大，它由商标、造型、颜色、图案和材料等要素构成。商品包装对于保证商品质量，促进商品销售具有重要的作用。在市场经营活动中，商品包装被冠以"无声推销员"的美称，对企业销售和消费者购买行为起着越来越大的影响作用。美国杜邦化学公司曾提出著名的"杜邦定律"，即大约60%的消费者是根据商品的包装装潢而进行购买决策的。

5.3.1　商品包装的心理功能

1. 识别功能

现代市场上，同类商品的同质化程度越来越高。因此，商品包装及装潢就成为产品差异化的基础之一。一个设计精良、富于美感、独具特色的商品包装，会在众多商品中脱颖而出，以其独特的魅力吸引消费者的注意并留下深刻印象。由此可以有效地帮助消费者对同类商品的不同品牌加以辨认。同时，包装上准确、详尽的文字说明，有利于消费者正确使用商品。例如，花西子复刻东方浮雕工艺，将屏风的元素和凤凰羽毛结合在一起打造了一款雕花眼影。在眼影盘中刻画的是百鸟朝凤的场景，外包装的设计将凤凰的羽毛以插画手绘的形式搭配玻璃质感的材质，形成了一看似银河又似羽毛的画面，如图5-1所示。

> **小贴士**
>
> **NIKE：一个知名品牌的诞生**
>
> NIKE，一个再熟悉不过的美国品牌。1971年蓝带体育用品公司的创办人菲尔·奈特为了拓展其亚洲市场，改善公司的形象，决定为公司改名。老板提出以"六度空间"为名，但被公司职员否定。最后老板要求职员在规定期限之前提出一个更好的名字，否则就坚持以"六度空间"为名，而这个期限只有12个小时。公司唯一的一个全职职员—— 杰夫·约翰逊，利用两地的时差，拖延3个小时，挖空心思，绞尽脑汁，但是进展不大，累得打起了瞌睡。喜爱古希腊文学的杰夫在梦里遇到了古希腊传说中掌握胜利的女神Nike，梦境中女神给他带来了灵感，于是他提出以Nike（耐克）作为蓝带体育公司的新名字，得到老板的认可。1978年，公司销售额突破1亿美元以后，蓝带体育公司才正式更名为耐克公司，而这个名字，今天则已成为亿万资产的代名词。NIKE商标那个著名的"钩子"状图形，是花35美元买来的设计—— 一个设计系学生的创作。现在人们所见到的钩状图形要比原来的细小了许多，但却表达着更强烈的速度感与兴奋感。

图5-1　浮雕彩妆盘

2. 便利功能

良好的包装可以有效地保护商品，有利于商品的长期储存，延长商品的使用寿命。一般来说，一个牢固、结实、适用的商品包装，更容易得到消费者的青睐。开启和携带方便的包装，更便于消费者使用。例如，散装鸡蛋不易携带，如果装在纸盒中成打销售就大大方便了消费者。总之，根据实际需要，设计合理、便利的商品包装能使消费者产生安全感，方便购买、携带、储存和消费。

3. 美化增值功能

商品包装本身应具有艺术性、审美性，让消费者赏心悦目，得到美的享受。俗话说"好马配好鞍"，就是指外部形象对人们的心理影响。据一家市场调查公司统计，一般去超市购物的妇女，由于受包装吸引，所购商品通常超过计划购买数量的45%。由此可见，良好的包装会使商品锦上添花，诱发消费者对商品的积极情感，甚至使消费者纯粹出于对包装的喜爱而做出购买决定；而制作粗糙、形象欠佳的包装会直接影响消费者的选择，无形中会抑制消费者的购买。同时，高贵华丽的商品包装可以大大提高商品的档次，起到增值的功能。

4. 联想功能

好的商品包装能使消费者产生丰富的想象和美好的联想，从而加深对商品的好感。例如，"雪碧"饮料以绿色瓶装，配以绿色底色和白色浪花的图案，可以使消费者产生凉爽怡人的感觉。又如，"同仁堂""全聚德"等一些老字号品牌商品，刻意使用仿古的包装形式，使消费者联想到百年老店良好的声誉和优良的品质。同时，精美华贵的商品包装，使消费者获得受尊重、自我表现等心理满足。

5. 保护商品

商品从企业到消费者手中这一过程要经过多次的搬运、装卸和储存，如果没有良好的包装，商品必然要受到不同程度的损伤，从而失去商品的使用价值和附加价值。

6. 传递信息

包装上有关商品功能作用、使用方法、注意事项的表述，能使消费者增长知识，加深对商品的认识；有关商品重量、功

小贴士

绿色环保包装开始盛行
——包装行业转型升级

随着环保概念在各行各业的不断推行，绿色化发展成为各企业发展的目标，包装企业也不例外。随着理念的改变和绿色环保意识的强化，食品包装袋向绿色无污染发展。

我国将绿色环保和循环经济提升至战略层面，并出台了针对性的政策措施。自"包装新规"出台后，包装行业经历了持续深度调整。数据显示，约55%的包装制品企业意识到积极的环保形象非常重要。

随着低碳环保理念成为社会的主旋律，很多领域都在践行着低碳环保，包装材料领域也是如此。很多对环境有污染的包装材料正在淡出，绿色包装材料成了包装行业的发展趋势和未来。现在的绿色包装材料有很多种，大体上可以分为重复再用和再生的包装材料、可食性包装材料、可降解材料和纸材料四种。

塑料袋、编织袋、胶带，绝大多数都是无法降解的，而绿色塑料袋厂家在生产过程中采用了新技术，添加了降解母料的成分，俗称可降解塑料包装袋，该种环保塑料袋在符合一定条件的情况下，可自行分解。随着绿色环保理念的进一步深入，绿色包装材料广泛地应用到包装领域中，成为包装行业崭新的未来，在包装领域，扮演着不可或缺的角色，市场前景非常广阔。

能参数、优点特色等说明介绍，便于消费者在商品中进行比较；有关原料成分、加工方法、出厂日期、检验标记等内容，可以解除消费者的疑虑。

7. 吸引注意

在超市当中那些具有色彩鲜明、构图精美、造型奇异、文字醒目等特征的包装，对消费者来说，都是一种"视觉元素"的刺激物，而这些刺激物必须具备一定的新奇形象特征，才能引起消费者的注意，促成购买。

8. 促进销售

随着自动售货方式的扩大和消费者生活习惯的变化，包装已从最初的防损、防污的功能逐步扩大到促销活动等具有附加意义的功能。包装对于促进销售的作用不可低估。因此，如何设计适应先进的销售方式和消费者乐于接受的商品包装，已经日益为商品生产者和经营者所关注。

5.3.2 包装设计的心理策略

1. 色彩协调搭配

色彩是商品包装设计中的一项基本要素，具有很强的心理功能。采用何种色彩包装，会直接影响消费者的视觉感受，同时导致不同的心理活动。可口可乐公司曾做过如下实验：在电影放映过程中，以每 35 秒 1 次的速度频闪一次可口可乐特有的红白相间品牌，结果购买可口可乐饮料的观众增加了 60%。一般情况下，消费者在选购商品时主要凭借视觉。因此，商品包装色彩搭配的协调性要求色彩设计既要与商品特性相匹配，又要与消费者的心理习惯相符合。另外，包装设计的色彩还应注重醒目和对比等因素，以此来体现色彩的吸引力和感召力，使消费者能恰到好处地联想出商品的特点和性能，增强消费者对商品的信任和喜爱之情。例如，黑色包装具有厚重感和金属感，运用到音响和电视等商品上，会使人更加信任商品的质量；粉红色包装用于化妆品上会给人以柔和自然的感觉；红色用于节日礼品包装，可以增添喜庆气氛；绿色包装用于食品上，会使人联想到绿色食品；矿泉水的包装

> **小贴士**
>
> 色彩与联想
>
> | 颜色 | 具体联想 | 抽象联想 |
> | --- | --- | --- |
> | 红色 | 太阳、红旗、火焰 | 热烈、喜庆、兴奋、危险 |
> | 黄色 | 黄金、沙漠、灯光 | 光明、富贵、快乐、警惕 |
> | 绿色 | 草原、森林、大地 | 自然、健康、新鲜、和平 |
> | 蓝色 | 天空、大海 | 理智、沉静、科技、寂寞 |
> | 白色 | 白雪、云彩 | 纯洁、神圣、简洁、虚无 |
> | 黑色 | 夜晚、黑发 | 沉着、庄重、压抑、衰老 |

选用白色或透明色，会使人对水的纯度感到放心。因此，为了使商品的包装设计具有特色，显示出与众不同的个性，就必须在色彩的选择与组合上下功夫，使其不落俗套，具有鲜明的个性特征、新颖独特的色彩风格和典型形象。

2. 符合商品性能

许多商品由于物理、化学性质不同，其存在状态和保存方法也不同。根据商品的形态和性能设计商品包装，是必须遵守的设计原则之一。例如，易燃、易爆、剧毒的液体商品，包装不仅要密闭、安全，还应在包装上做出明显的标记。总之，包装设计应符合商品性能，强调包装的科学性、实用性和安全性，给商品提供可靠的保护，给消费者以安全感。

3. 便于观察、挑选、携带和使用

商品的包装装潢必须为消费者提供方便，便于消费者观察、挑选、携带和使用。采用"开窗式""透明式""半透明式"包装会给消费者以直观、鲜明、真实的心理体验。这种包装在食品类商品中应用得最为广泛。此外，将若干相关联的商品组合在一起进行包装，也会给消费者带来方便。例如，化妆套盒内包括口红、粉饼、胭脂、眼影等常用化妆品，并附有小镜子和化妆刷，便于消费者外出时随身携带，深受女性消费者青睐。罐头类商品一般采用拉环式包装，香水类商品采用喷雾式包装，更易于消费者使用。

4. 系列化包装

系列化包装设计是指企业对其生产的各种品质相近的产品，采用同种包装材料以及相似的形态图案、色彩等，给消费者一个统一的印象。这种设计可以强化消费者对产品系列的认识，促进对其系列产品的连带购买。例如，"统一"食品集团生产的"统一"牌方便面，不同风味的品种之间包装色彩图案在基调一致的基础上稍有差别，使消费者能迅速辨别出该品牌的系列产品。系列化的包装设计既可以节省包装设计成本，有利于提高企业的整体声誉，使新产品迅速进入市场，同时也有利于消费者通过产品形象加深对企业形象的认识。

5. 针对性包装

消费者由于收入水平、生活方式、消费习惯及购买目的的不同，对商品包装的要求也有所不同。因此，在设计商品包装

小贴士

警惕华丽包装背后的陷阱

商品包装精美大方有利于吸引消费者注意，促进商品销售。但过度包装却走向了另一个极端。包装制造暴利的现象每年都会在中秋月饼市场上现身，几乎是同样质量的月饼，由于包装不同，价格相差超过五倍。比如一款用精美纸盒包装、内有六块五仁馅月饼的礼品月饼售价在50元左右，而同样是六块五仁馅月饼，只不过是用木制盒子分为上下两层包装的礼品月饼售价就在270元左右。

据业内人士介绍，由于月饼生产的传统工艺大体相同，而其生产成本基本取决于馅料，为了提高产品的附加值，商家只好在包装上下功夫，原先是纸盒和铁盒，现在变成木盒、皮革盒、竹盒、锦盒、漆盒、塑料盒，目的只有一个，就是吸引消费者眼球，从而提高月饼身价，而且追求外包装精美已经成为月饼生产企业的发展趋势。

从严格意义上来说，像月饼这样的产品过度包装其实是损害了消费者的利益。包装的目的是保护商品，美化外观，但消费者购买的是商品本身而不是包装。如果厂家本末倒置，甚至包装的成本超过产品成本，则侵犯了消费者的合法权益。

目前很多国家都有法规限制过度包装。比如规定产品的包装空位不能超过包装体积的25%，包装成本不得超过产品价值的15%等，同时对于过度包装的商品要进行没收、罚款或者要求制造商、进口商与零售商负起将包装材料回收利用与再造的责任。

时应制定不同的策略，以使商品包装更具有针对性，发挥更大的作用，主要包括以下几个方面。

（1）简易包装。在保证包装基本功能的前提下，尽量采用价格低廉的包装材料，设计结构简单的包装，满足消费者日常生活节约实用的心理。例如，某些食品、洗涤用品等都采用实用装、平价装等。

（2）分量包装。根据商品的性质、重量、体积，按照消费者使用习惯与购买力的不同，分别确定分量，设计大小不同的包装，适合现代社会消费者对生活质量的要求，具有很高的科学性。例如，洗衣粉、洗发水等日化用品，大米、食用油等食品都有大、中、小号不同的包装。

（3）特殊包装。对于某些特殊商品应进行包装的专门设计，以显示商品价值的与众不同，吸引特定消费者的购买。例如，名贵药材、古玩字画、珠宝首饰等特殊商品的包装，一般都选用名贵木材、金属、锦缎等上等材料，包装设计十分考究。

（4）配套包装。在同一包装中放入具有相关用途的不同种类产品，既方便消费者的购买和使用，还可以有效利用包装物的空间，扩大相关产品的销售。例如，婴儿用品、儿童玩具、化妆用品、节日礼品等多采用配套包装。

（5）等级包装。将同类商品划分为不同等级，相应设计不同档次的包装，以此来满足不同收入水平消费者的心理需求。一般是将同类商品划分为高、中、低三个档次，然后为高档商品设计高贵华丽、制作考究的包装，为中档商品设计美观大方、制作精细的包装，为低档商品设计经济实用、物美价廉的包装。例如，同样商品用作礼品可以选用高档包装，自己使用则采用中、低档的简易包装。

（6）赠品包装。在包装物内附赠小礼品、奖券或增加一定的分量，以此吸引消费者，促使其重复购买。儿童用品中附赠玩具是目前一种最为流行的促销包装。例如，"康师傅"彩笛卷中附赠样式不同的彩笛，吸引儿童购买。又如，顶新集团在饮料促销活动中推出的"再来一瓶"活动给其带来了丰厚的市场回报。

（7）复用包装。原包装商品用完后，包装容器可以为消费者提供其他用途，这样适应了消费者一物多用的心理，使消费者得到额外的使用价值。同时，包装物在再使用过程中，还能起到广告宣传作用。例如，咖啡、果酱瓶可以用作茶杯，盛装商品的纸袋可以用作手提袋等。

营销案例

两面针的包装策略

很多国货品牌在产品包装设计和营销方式上都有些老套，随着新一代消费者生活节奏和获取信息渠道的变化，他们难以吸引消费者注意。

从2006年开始，作为民族牙膏品牌担当的两面针主营业务连续12年亏损。市面上，两面针逐渐销声匿迹，但其身影却出现在经济酒店中，成为酒店免费提供的洗漱用品。两面针逐渐沦为"低端牙膏"的代名词。

为了寻求新的发展，两面针牙膏通过差异化的产品找到翻红路径。在牙膏市场销量的高低与产品包装有着密不可分的联系。曾经以白、红、绿三色的两面针也做了多种年轻化包装的尝试，但是始终没有打造出一款市场超级爆款商品。通过大数据的洞察，两面针决定选用复古包装，如图5-2所示。

图5-2 两面针复古包装

两面针推出的"19.9元的5支复古牙膏"上市仅两周销售量突破30000支。极具性价比的价格，复古的包装，正是这款牙膏能够走红的关键所在。

（8）变更包装。改变或放弃原有的商品包装，改用新的包装。由于包装技术、包装材料的不断更新，消费者的偏好不断变化，采用新的包装以弥补原包装的不足，以便开拓新市场，吸引新的消费者。变更包装策略既可以以新形象吸引消费者的注意力，又可以提升商品在消费者心目中的形象。

此外，不同年龄、不同性别、不同职业的消费者有不同的消费心理，在设计商品包装时也应有针对性地采取不同的策略。

复习思考题

1．商品命名有哪些心理策略？
2．商标设计和运用的心理策略有哪些？
3．商品包装的心理功能有哪些？如何运用包装设计的心理策略？

案例分析题

不同年代的大益商标

随着一句"茶有益，茶有大益"广告语的家喻户晓，更多人认识了云南普洱茶，同时对"大益"这个品牌产生了兴趣。"大益"品牌归属于云南大益茶业集团有限公司，它既是中国茶行业的中坚力量，同时也是普洱茶界公认的第一品牌。不同年代的大益商标如图5-3所示。

第一版（图5-3a），大益牌商标基于梅花花朵形态做了艺术化处理，变形成一个"大"字，中间嵌入"益"字。选用梅花花朵形态寓意走向市场，吐露芬芳；同时又暗含"梅有清骨，茶有雅韵"的品格。大益有两层含义，一是谐音"大叶"，云南勐海普洱茶原料来源正是大叶种；二是"茶有大益"，即喝茶有很大的益处，体现出茶的健康价值。

第二版（图5-3b），俗称"胖大益"，"大"字更显圆润，笔画呈弧形，边缘各个点连起来形成一个圆；白色"益"字骨架细瘦，且"益"字四点与横相连。

第三版（图5-3c），在前面两个大益商标的基础上，又进行了结构性的调整，"大"字扁平化，不再是圆润饱满的形态，与早期第一版大益很像，区别在于这个阶段的"大"字，一撇一捺延伸得更长。

第四版（图5-3d），2006年起，开始在大益商标底下加上"大益牌"三个字。这个版本已经非常接近目前使用的版本了，一直沿用到2009年。

第五版（图5-3e），2009年至今，在原有大益商标下方，增加了英文TAETEA字样，"大益牌"也改为了"大益茶"，增强了商标的辨识度，英文字母也让商标更加现代化。

通过以上不同时期大益商标的演变，我们在辨别大益茶包装时，就能从时间与商标的对应关系，来判断一款大益茶的真伪情况，这些都是非常重要的细节体现。

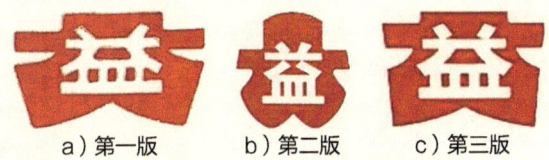

图 5-3　不同年代的大益商标

思考题：
（1）大益商标运用了哪些心理策略？
（2）大益商标的变化给我国企业以哪些启发？

》》》实训题

某企业为了在市场竞争中保持优势，通过赠品促销活动吸引消费者，具体有捆绑赠品、包装外赠品及酬谢包装。为了使赠品促销获得良好的效果，请同学们想一想，企业在赠品促销活动中应该怎样去做？

第6章
商品价格与消费心理

引导案例

经过一番缜密的市场调查后,李明毅然决定在某新华书店附近租下20平方米的门面开书店。他深知,如果以常规经营方式运作小书店,面对实力强劲的新华书店,到最后只怕是竹篮打水一场空。只有采取非常规的营销手段和经营特色,才能找到生存空间。

起初,小书店以销售一些虽已过期但可读性较强的杂志为主,每本以1~3元的价格吸引了大量路过的读者。然后该书店又引进一些可以折价出售的正版图书。书店广告牌上标明:凡购买正版图书达一定数量的顾客,可以获得相应的赠品杂志。果然,许多读者争相走进了这家颇具特色的小书店。李明和店员们以热情、灵活的服务,留住了大批读者,生意做得红红火火。

随着小书店逐渐拥有了一定的回购率,李明又开展了图书预订服务,帮助顾客采购所需的图书。小书店中以自己独特的经营理念,共享了新华书店的大批顾客。

当有人问李明为何在新华书店旁边开书店时,他说:"狐假虎威这个成语谁都知道,就是借势。当时在图书行业弱小的我,之所以要把店面与全市著名的新华书店并排摆开,目的就是借势。"

在现代市场营销中,价格是对消费者购买行为最具刺激性和敏感性的因素,灵活的定价策略和销售方法可以有效刺激消费者的购买行为。定价是一门高深的学问,巧妙地为商品设定价格是企业营销的一项重要工作。

6.1 商品的价格

消费者在购买过程中的各种心理活动都与商品价格有密切联系,这主要是受价格心理功能的影响,研究价格心理功能必须研究价格的影响因素。

6.1.1 价格的心理功能

商品价格是指商品价值的货币表现,通过货币单位来表现商品的价值。那么,商品价格是否等于商品价值呢?商品价格的影响因素包括商品价值、市场竞争条件、市场供求关系和消费者心理。

1)商品价值是商品价格的主要决定因素,商品价格总是围绕着商品价值上下波动。

2)商品价格受到市场供求关系的影响。当商品的市场供不应求时,价格高一些;当商品的市场供过于求时,价格低一些。

3)市场竞争条件是影响商品价格的重要因素。根据竞争程度的不同,商品价格的制定会有所不同。

市场竞争越激烈，价格可能越低。

4）消费者心理会影响商品的价格。消费者对商品价格的反应很复杂，在某些情况下会出现完全相反的反应，如一般情况下涨价会减少购买，但有时涨价也会引起抢购，反而增加购买。

价格有其一般的、共同的心理功能，在一定程度上影响消费者的购买行为。价格的心理功能主要有以下几个方面。

1. 衡量商品价值和品质的功能

在价格心理上，消费者把价格看作衡量商品价值和品质的标准，看成是商品价值的货币表现，认为价格高的商品，商品的价值就大，品质就好。特别在现代市场中，商品品种越来越多，消费者对商品的优劣难以辨别，更不知道商品的价值是多少，因此，一般都在心理上把商品价格看成是价值的符号、品质的代表。

由于价格的心理机制的作用，商品信息的不对称，消费者购买行为的非专业性，导致消费者在选购商品时，尤其对自己不太熟悉的商品，总是自觉不自觉地把价格同商品品质及内在价值联系起来。他们常常认为，商品的价格高则意味着商品的质量好，商品的价格低则质量差，即"好货不便宜，便宜没好货""一分钱一分货"。所以，便宜的价格不一定能促进消费者购买，相反可能会使人们产生对商品品质、性能的怀疑。适中的价格，可以使消费者对商品品质、性能有"放心感"。

2. 自我意识比拟的功能

商品的价格不仅表现着商品的价值，在某些情况下，消费者在购买活动中可能通过联想，把商品价格的高低同个人的愿望、情感、个性心理特征联系起来，进行有意或无意的比拟，以满足个人的某种欲望和需求，这种心理过程叫作价格自我意识比拟心理。自我意识比拟心理同消费者本身的气质、性格、兴趣、爱好、动机、态度、价值观等有关，因此这种心理的表现往往因人而异，千差万别。这种比拟功能主要产生于消费者对自身以及自身以外的客观事物的认识，也受个人主观臆想与追求的影响。例如，社会经济地位比拟、文化修养比拟、生活情趣比拟等。

（1）社会经济地位比拟。在现实生活中，有一些人经济收入并不高，但却总是到高档百货商店或专卖店购买名牌服装、首饰、奢侈用品，其目的是为了通过这些高档次的消费品显示自己的经济收入高，进而提高自己的社会地位。他们认为到大众商店、小摊位购买商品，是收入低、没品位的表现，有损自己的形象。

（2）文化修养比拟。例如有的人为了彰显自己的文化修养水平高，不惜重金购买名人字画悬挂在客厅里；有的人为了显示自己知识渊博和高品位，购买许多精装豪华书籍摆放在书柜里。

（3）生活情趣比拟。有的消费者对音乐和舞蹈抱有极大热情与爱好，一旦遇到大型音乐会或歌舞剧表演舍得花高价买票去观看，希望获得情趣高雅的感觉，获得心理上的满足。

3. 调节消费需求的功能

价格对消费需求的影响甚大，一般认为，在其他条件不变的情况下，消费需求量的变化与价格变动呈相反趋势，即价格上涨时消费需求量下降，价格下降时消费需求量上涨。至于商品价格影响商品需求量变化幅度的大小，则受商品需求的价格弹性制约。

商品需求的价格弹性是用来衡量商品需求量的变动对于商品自身价格变动反应的敏感程度。根据需求定理，在其他条件不变的情况下，需求量随价格的变动而变动，但变动方向相反。在价格上升或下降后，需求量减少或增加的幅度会因商品种类的不同而不同。价格对需求的影响和调节能力的大小受商品需求弹性的制约。不同种类的商品，需求弹性不同。我们可以用需求的价格弹性系数 EP 来衡量需求弹性的大小，它表示价格变化与市场的消费需求变化之间的函数关系。EP 等于需求量变动百分比除以价格变动的百分比，其计算公式为：

$$EP = \frac{\Delta Q/Q}{\Delta P/P}$$

式中　　EP——需求弹性系数；

　　　　ΔQ——需求变动量；Q——原需求量；

　　　　ΔP——价格变动量；P——原价格。

（1）EP=0：完全无弹性。有的商品价格变化后，需求量并不发生任何变动，即需求量不会随价格的变化而变化。

（2）EP＜1：缺乏弹性，不富弹性。一般情况下，生活必需品如食盐、糖、食用油等由于是生活中不可缺少的，小幅度的价格变动不会引起需求急剧变动，因此被认为是缺乏弹性的。若某种产品的需求是缺乏弹性的，则企业降价会减少总收益，而企业提价会增加总收益。在农产品市场上，菜农丰收往往会造成菜农收入的减少。因为农产品的需求弹性一般都比较小，农产品丰收而需求量却没有明显增加，为此，农民只能降价销售，从而导致了农民增产不增收。所以在有些地方，有的时候农作物丰收后会把部分农作物销毁或贮藏起来，减少农民的损失。

（3）EP=1：单一弹性或恒一弹性。需求量变动幅度与价格变动幅度相同，即价格每提高1%，需求量相应地降低1%，反之亦然。

（4）EP＞1：富有弹性。商品价格稍有变化，需求量就会发生很大的变化。非生活必需品如箱包、装饰品、计算机、旅游等需求弹性较大。若能判定某些商品的需求是富有弹性的，则厂商可以采取降价的策略，也就是"薄利多销"的策略。

（5）EP=∞：完全弹性。此时，需求量的变动幅度远远大于价格的变动幅度，即相对于无穷小的价格变化率，需求量的变化率是无穷大的。这类商品在现实生活中很少，只有当它处于完全竞争市场上时才会出现。在完全竞争的市场上，企业若是以略低于市场的价格来出售商品，商品就会立即销售一空。

另外，社会心理因素还会导致某些商品的需求量与价格的变化方向出现"反常"，这种商品和效应被称为吉芬商品和凡勃伦效应。

综上所述，企业在制定或变动产品价格策略时，一定要考虑自己产品的特点和价格需求弹性的大小，这样才能够更好地利用价格策略，在竞争中求得生存与发展。

4. 影响消费者卷入程度的功能

消费者在购买商品时，所花费的时间和精力就是消费者卷入程度。消费者需要费时费力才能做出购买决定，这就是高卷入消费。反之，则称为低卷入消费。影响消费者卷入程度的因素很多，包括个人的经验、兴趣、风险等。其中，商品价格是影响消费者卷入的一个重要因素。一般情况下，商品价格越高，消费者的卷入程度就越高，反之，商品价格越低，消费者卷入程度就越低。很多消费者在购买汽车前会花费几个星期甚至几个月的时间去进行了解，这是因为汽车的价格较高，属于高消费产品，因此，消费者在购买前愿意花更多的时间和精力，只为买到合适的。但如果是购买一瓶啤酒，可能花几分钟就买完了，因为啤酒的价格较低，而且对消费者的影响只是短暂的。

5. 激发逆反心理的功能

消费者对价格的逆反性是指消费者在某些特定情况下对商品价格的反向表现。正常情况下，消费者总是希望买到物美价廉的产品，对于同等质量的产品总是希望其价格更低。但是"薄利多销"有时并非是市场运动的普遍规律。特定情况下，消费者会产生逆反心理，认为好货不便宜，便宜没好货。例如，某种商品打出超低价格，反而无人问津，虽然商品在降价之前往往要大造声势、大力宣传，但超出合理的降价范围，反而影响商品的声望。

6.1.2 影响价格的社会心理因素

1. 价格预期心理

价格预期心理是指在经济运行过程中，消费者群体或消费者个人对未来一定时期内价格水平变动趋势和幅度的一种心理估计。从总体上看，这是一种以现有社会经济状况和价格水平为前提的主观推断。如果形成一种消费者群体的价格预期心理趋势，那将会较大地影响市场某种或某类商品现期价格和预期价格的变动水平，因而它是企业价格决策中必须考虑的重要心理因素。例如，消费者的通货膨胀预期心理将导致他们对当期商品进行大规模的超前购买，以致造成抢购风潮。同时也会给生产者和经营者传递当期销售过旺的错误信息，致使企业在生产上盲目扩大规模，经营中表现为惜售商品、囤积待销等不规范行为，甚至影响到企业较高层次经营决策的制订与规划，加剧经济运行的不平衡和不协调。

2. 价格观望心理

这是价格预期心理的另一种表现形式，是以主观判断为基础的心理活动。价格观望心理是指对价格水平变动趋势和变动量的观察等待，以期达到自己希望达到的水平后才采取购买或其他消费行为，从而取得较理想的对比效益（即现价与期望价之间的差额）。观望心理一般产生于市场行为比较活跃的时期，消费者常根据自身的生活经验、自我判断及社会群体的影响来确定购买时机。这种观望心态形成社会消费者的群体意识后，

小贴士

吉芬商品和凡勃伦效应

吉芬商品是指在其他因素不变的情况下，某种商品的价格如果上升，消费者对其需求量会随之增加的商品。这是19世纪英国经济学家罗伯特·吉芬对爱尔兰的土豆销售情况进行研究时发现的。当时吉芬观察到一个现象：当土豆价格上涨的时候，人们会购买更多的土豆；而当土豆价格下降的时候，人们反而减少了购买量。人们把这一现象叫作吉芬现象，把具有这一特点的商品叫作吉芬商品。此外，黄金、白银和股票等商品，越是涨价，人们越是愿意购买，越是降价，人们的购买热情越低。

凡勃伦效应是商品价格越高消费者反而越愿意购买的消费倾向，最早由美国经济学家凡勃伦注意到，因此被命名为凡勃伦效应。例如，一些家庭为了显示其地位尊贵，愿意购买价格昂贵的名画、古董等；而当这些商品价格下跌到不足以显示其身份时，就会减少购买。1.66万元的眼镜架、6.88万元的纪念表、168万元的顶级钢琴，这些近乎"天价"的商品往往也能在市场上走俏。实际上，消费者购买这类商品的目的并不仅仅是为了获得直接的物质满足和享受，更大程度上是为了获得心理上的满足。

可对企业以至社会造成很大的压力，可表现出社会性的购买高潮和社会性的拒绝购买两种极端行为。通常情况下，价格观望心理在耐用消费品及不动产的消费方面表现较明显。

3. 价格攀比心理

价格攀比心理常表现为不同消费者之间的攀比和生产经营者之间的攀比。消费者之间的攀比心理会导致盲目争购、超前消费，以致诱发和加剧通货膨胀态势，成为促进价格上涨的重要因素。例如，股票市场在其他条件不变时出现的暴涨暴跌就是这种价格攀比心理造成的典型投机行为；拍卖市场中的竞相抬价也是这种心理较为突出的反映；人们对高档耐用消费品、首饰、时装等的购买，也往往受到这种心理的支配。生产经营者之间出现的价格攀比心理会直接导致价格的盲目涨跌，进而冲击消费者正常的消费心理判断能力，使得市场出现不应有的盲目波动。

4. 价格倾斜心理与补偿心理

心理学中，倾斜反映了某种心理状态不平衡，补偿是反映掩盖某种不足的一种心理防御机制，两者都是一种不对称心理状态的反映。这种状态来自利益主体对自身利益的强烈追求。例如，消费者在购买商品过程中，与售货员讨价还价时，总是希望以自己出的较低的报价成交，这就是价格倾斜心理的一种反映；如果他觉得某种商品买贵了，就希望能在购买其他商品时得到补偿，这是价格补偿心理的一种表现。

在日常生活中，许多人既是生产经营者或管理者，又是普通消费者。作为企业经营者或管理者，价格倾斜心理与补偿心理可导致价格决策中的心理矛盾和错误选择，企业总是希望自己产品的售价越高越好，别人产品的售价越低越好，而购进的价格越低越好。消费者总希望自己的收入越多越好，而商品的价格越低越好。这种不对称、不平衡的心态会使人成为价格的"两面人"，如果这种心理态势在群体中不断强化，就会产生一种社会冲动。在法制意识不健全的条件下，这种冲动会导致不正当竞争行为的产生，如哄抬物价、变相涨价、假冒伪劣、低质高价、以次充好等，扰乱社会经济秩序，破坏多年来在消费者心目中形成的价格心理标准，使消费者失去对商品质量和价格的信任感。

6.2 消费者的价格心理

商品价格对消费者消费心理的影响，以及消费过程中所产生的价格心理现象，称为消费者的价格心理。

6.2.1 消费者价格心理特征

1. 习惯性心理

消费者评价商品价格是否合理的主要依据，是根据自己以往购买商品的经验所形成的。消费者对商品价格的认识，是在多次的购买活动中逐步体验的，并形成了对某种商品价格的习惯性。虽然商品价格有客观标准，但是在现代社会里，由于科学技术的飞速发展，生产力水平大幅提高，决定商品价值的社会必要劳动时间变化莫测，消费者很难对商品价值量的客观标准了解清楚，因此，在多数情况下对价格的认识，只能根据反复多次的购买经历来进行测定，并逐步形成了对商品价格的习惯。这种习惯往往支配着消费者的购买行为，成为消费者衡量商品价格是否合理的一个尺度。如果某个商品价格是在他们认定的尺度内就乐于接受，超过这个尺度，他们就不愿意接受。消费者的价格习惯一经形成，往往要维持相当一段时间，它支配着消费者的购买行为。因此当商品价格变动时，往往会迫使消费者的价格习惯经历一个困难的、由不习惯、不适应到比较习惯、比较适应的过程。一般来讲，成为习惯性心理价格的商品多数是日常生活用品。

2. 敏感性心理

敏感性心理是指消费者对商品价格变动的反应程度。这种敏感性既有一定的客观标准，又有消费者在长期购买实践中逐步形成的一种心理价格尺度，具有一定的主观性。这两者共同作用，影响消费者对不同种类商品价格变动的敏感性。有的商品价格发生一点变化，人们便会感觉到；而有些商品即使价格调整幅度很大，消费者也不会产生强烈的心理反应。造成这种差异的原因是消费者对各种商品价格变动的敏感性不同。对那些经常购买的商品的价格，消费者的敏感性较高，如食品、蔬菜、肉类、煤气、水、电、汽油等，这些商品的价格略有提高，消费者马上会感觉到并做出强烈反应；而一些购买次数少的高档消费品，如音响、钢琴、家具等，即使价格比原有水平高出几十元、上百元，消费者也不太计较，即消费者对这类商品的价格敏感性较低。

3. 感受性心理

消费者对商品价格的感受性心理是指消费者对商品价格高低的感受程度。

（1）在一个商场中，同一价格不同组合的商品会使消费者产生不同的感受。市场上的商品由于货位的摆放、服务方式、营业场所的气氛不同，往往会使消费者做出不同的价格判断。这是因为消费者普遍具有一种先验心理。由于人的直觉上的差别，会引起不同的情绪感受。展厅环境的布置，商品陈列造型和颜色搭配，灯光和自然光的采用，营业员的仪容，都能给消费者提供不同的感觉，从而影响消费者对价格的判断。例如，某种商品的单价为50元，分别摆在两个不同组合的柜台里。甲柜台上多数商品的价格低于50元，是偏向于低价格的系列；乙柜台上多数商品的价格高于50元，是偏向于高价格的系列。虽然，同一商品的价格知觉应该是一样的。但在这种情况下，由于受背景刺激因素的影响，消费者在甲柜台会觉得它的价格高，在乙柜台会觉得它的价格低。

（2）同一使用价值的商品，由于销售地点的不同，使消费者对商品价格的感受不同。在繁华的地方设店，顾客数量多，需求量大，价格高一些，仍有较大的销售量。而在偏僻地区设店，由于交通不便，只能以低价销售来吸引顾客。例如售价为100元的同一件服装，分别放在自由市场和放在时装精品屋出售，给人的感觉是完全不同的：在自由市场，人们觉得它贵；在时装精品屋，人们会觉得它便宜。

4. 倾向性心理

倾向性心理是消费者在购买过程中，对商品价格选择所表现出的倾向。商品的价格有高、中、低档的区别。由于消费者的社会地位、经济收入、个性特点、价值观等方面的不同，在购买商品时会出现不同的价格倾向。

（1）求廉心理倾向。这是一种以追求廉价商品为主要目标的购买心理。具有求廉心理的消费者，往往是处理品、特价品、残次商品、二手商品的主顾。这类顾客对商品的价格特别敏感，而对商品的质量则不太苛求。只要商品的价格便宜，质量有点问题，不影响使用就可以。物美价廉固然好，物欠美，而价优惠也还合算。针对具有这种心理的消费者，企业在制定价格策略时就应当研究在保本的情况下，如何降价才能使销售量达到最大。如果企业在积压产品过多的情况下，采取此类策略无疑会给企业带来新的转机。

（2）求贵倾向。有的消费者认为价格不仅体现着商品的价值，在某些情况下还具有体现消费者社会地位高低的社会心理含义。比如"社会地位高了，西装就应穿10 000元以上一套的""皮鞋低于500元一双就没法穿"等。求贵心理是一种以追求荣耀为主要目的的购买心理。这种消费者注重商品的威望和象征意义，所以彰显富裕程度的名贵商品，往往是这类顾客追求的对象。针对消费者的这种消费心理，企业可以采用高价策略。如企业的产品刚进入市场，供给量少，拥有它可以显示自己的富有和与众不同，这时，采取高价策略正迎合了这类消费者的心理。如果企业的产品是名牌，即使价格比较高，消费者也认为合情合理，若是把价格定低了，反而会削弱名牌带来的效应。

（3）求实心理倾向。这种心理的消费者在购买商品时，重视产品的使用价值，讲究经济实惠，而不片面追求名牌高档，也不是只买贱的不买贵的，他们希望以尽量少的钱买到称心如意的商品。这种心理在消费者中极为普遍，有这种心理的人大多数属于中低档购买能力的消费者。

6.2.2 消费者的价格判断

1. 消费者判断价格的三种途径

（1）与市场上同类商品的价格进行比较。例如，消费者要买太阳能热水器，就会调查了解不同品牌太阳能热水器的用料、性能和价格，比较价格的高低，分析它们的性价比。

（2）同一型号的商品在不同商场销售价格的比较。例如，消费者要买某一个型号的数码相机，会逛几个商场或网店，比较这几个商场或网店的报价，了解哪个商场或网店的价格高，哪个商场或网店的价格低。

（3）通过商品自身的品牌、外观、重量、包装、产地等进行价格比较。消费者通常认为品牌商品的价格高。此外，商品的包装、装潢是否精美、新颖、独特，各种附件、说明书是否齐全等，都会使消费者产生不同的价格判断。例如，某一旅游地区出产的芋头刚开始放到超市里散卖，不仅价格低，销售得还很慢。后来，厂家把它们装入精致的礼品盒中，作为旅游纪念品出售，不仅价格上去了，销路也打开了。这就是人们对散装商品价格判断低，而对精装且有特殊意义的商品的价格判断高，所以同样的商品放到礼品盒中即使价格上涨了很多，人们也愿意购买。

2. 影响价格判断的主要因素

（1）消费者的经济收入。消费者的经济收入是影响消费者价格判断的主要因素。例如，同样一件价格两千多元的时装，对于一个月收入超过八千元的白领来说还能够接受，可能是其能够负担的价位。但对一个月收入仅八百元的低收入者来说就特别昂贵，是无法承受的。

（2）消费者的价格心理。习惯性心理、敏感性心理、倾向性心理等价格心理都会影响消费者在购买商品时的价格判断。例如，商品的价格高出了消费者的习惯价格，他就会觉得太贵了。从经济发达地区到经济落后地区的消费者，会觉得经济落后地区的商品便宜，也是由于习惯了原地区的高水平物价导致的。

（3）出售场地。同样的商品在不同的出售场地出售，消费者的价格判断是不同的。例如，同样一件衣服以相同的价格在精品店、超市和集市上出售，消费者会认为那件衣服在精品店卖得便宜，在超市的价格适中，而在集市上的价格太高。因为消费者一般认为集市上的都是地摊货，价格都是比较便宜的，而精品店的商品都是做工精、质量好的商品，价格应该是比较高的。

（4）消费者对商品需求的紧迫程度。当消费者急需某种商品而又无替代品时，即使价格高些，消费者也可以接受。例如，高铁上流动售货车销售的商品，旅游景点处销售的食品饮料等。

6.3 商品定价的心理

制定商品价格不仅是一门科学，而且需要一套策略和技巧。企业应从定价目标出发，运用价格手段，使其适应市场的不同情况，实现企业的营销目标。

6.3.1 新产品定价心理策略

一种新产品初次上市，能否在市场上打开销路，并给企业带来预期的收益，价格因素起着重要的作用。常见的新产品定价技巧和策略有三种，即撇脂定价策略、渗透定价策略和满意定价策略。

1. 撇脂定价策略

撇脂定价策略是指在新产品上市初期，把价格定得高出成本很多，以便在短期内获得最大利润。这种策略如同把牛奶上面的那层奶油撇出一样，故称为撇脂定价策略。

这种定价策略的优点在于新产品上市，需求弹性小，竞争者尚未进入市场，利用高价不仅满足消费者求新、求异和求炫耀的心理，而且可以获得丰厚利润；价格高，为今后降价留有空间，为降价策略排斥竞争者或扩大销售提供可能。其缺点是价格过高不利于开拓市场，甚至会遭受抵制，同时高价投放形成旺销，容易使众多竞争者涌入，从而造成价格急降。

从市场营销实践来看，在以下条件下企业可以采用这种定价策略。

（1）市场有足够的购买者，他们的需求缺乏弹性，即使把价格定得很高，市场需求也不会大量减少。高价使需求减少一些，因而产量减少一些，单位成本增加一些，但这不至于抵消高价所带来的利益。

（2）在高价情况下，仍然独家经营，没有竞争者，如受专利保护的产品。

（3）为了树立高档产品形象。

2. 渗透定价策略

渗透定价策略和撇脂定价策略相反，是以低价为特征的，把新产品的价格定得较低，使新产品在短期内最大限度地渗入市场，打开销路，就像倒入泥土中的水一样，很快从缝隙里渗透到底。这一定价策略的优点在于能使产品凭价格优势顺利进入市场，并且能在一定程度上阻止竞争者进入该市场。其缺点是投资回收期较长，且价格变化余地小。

新产品采用这一定价策略应具备以下条件。

（1）新产品的价格需求弹性大，目标市场对价格极敏感，一

消费案例

1945年，美国雷诺公司从阿根廷购进圆珠笔专利，迅速制成大批成品，并趁第一颗原子弹在日本爆炸的新闻热潮，将圆珠笔取名原子笔。由于圆珠笔确实使用方便，免去使用钢笔的诸多不便和烦恼，短期内无竞争者能模仿，该公司每支笔制造成本0.5美元，却以20美元的零售价投放市场。半年时间，雷诺公司生产原子笔投入2.6万美元，竟然获得15.6万美元的丰厚利润。之后竞争者见原子笔获利甚厚蜂拥而至，原子笔价格不断下降，雷诺公司把每支笔价格降至0.7美元，给竞争者有力一击。

消费案例

定价就是定生死 统一价格并非易事

在购买饮料的时候，消费者无论是在云南还是在北京，是在中心城区还是城镇郊区，一瓶矿泉水或者一瓶饮料的销售价格几乎是一样的。但统一价格并不是一件容易的事情！背后主要考验品牌两种能力。

第一，需要品牌综合考虑不同地区之间的成本差异，尽可能维持在一个相同的毛利率。例如，可口可乐为了控制销售价格，采取在全球各地建立生产基地的方式。但是，即便这种生产基地密度再高也难以实现全覆盖。也就是说，很难保证都是一个相同的毛利率。毕竟，每个地区的生产成本和物流成本是各不相同的，品牌的定价需要照顾不同地区的实际情况。正因为此，品牌务必避免各地之间的串货行为！

第二，精细化渠道管理。一般来说，饮料品牌销量的多少除了靠产品本身的知名度之外，另一个关键性的手段就是渠道的覆盖密度。但是，渠道是有层级的。因此，品牌必须理清楚各层级之间的关系，确保品牌对终端渠道价格的掌控，避免不同渠道网络销售价格的差异。换言之，定价作为品牌与渠道博弈的结果，关键看品牌的管理能力。

由此可见，品牌的定价绝非单一元素所决定！

个相对低的价格能刺激更多的市场需求。

（2）产品打开市场后，通过大量生产可以促使制造和销售成本大幅度下降，从而进一步做到薄利多销。

（3）低价打开市场后，企业在产品和成本方面占据了优势，能有效排斥竞争者的介入，长期控制市场。

3. 满意定价策略

这是介于上面两种策略之间的一种新产品定价策略，即将产品的价格定在一种比较合理的水平，使顾客比较满意，企业又能获得适当利润。这是一种普遍使用、简便易行的定价策略，以其兼顾生产者、中间商、消费者等多方面利益而广受欢迎。但此种策略过于关注多方利益，反而缺乏开拓市场的勇气，仅适用于产销较稳定的产品，而不适应需求多变、竞争激烈的市场环境。

6.3.2 一般商品定价的心理策略

企业对于市场中处于成长期、成熟期和衰退期的商品，也要考虑它们的价格在消费者心中的变化情况，运用适当的定价心理策略来组织这些商品的销售活动。

1. 非整数定价策略

非整数定价策略也称零头定价或尾数定价策略，即给商品定一个零头数结尾的非整数价格的定价策略。这是一种典型的心理定价策略。利用消费者对商品价格感觉、知觉的差异所造成的错觉来刺激他们的购买行为。大多数消费者在购买日用消费品时乐于接受尾数价格。非整数价格给消费者的心理感受有以下几个方面。

（1）商品价格非常精确，让人信赖。例如，大米 1.34 元一斤、橘子 2.99 元一斤等。消费者会认为这种价格是经过精确计算的，购买不会吃亏，从而产生信任感。

（2）零头价格给人价格偏低的感觉。例如，一支笔定价为 2.98 元，给人的感觉是 2 元多，使消费者产生比 3 元一支便宜不少的感觉，这种定价策略符合消费者求廉的心理愿望。

目前，非整数定价策略是国际上广为流传的一种零售商品的定价策略。但由于世界各地的消费者有着不同的风俗习惯和消费习惯，所以，不同国家和地区运用这种定价策略时存在一定差别，其关键在于零头部分的设计上。零头的设计应该考虑销售地区人们的风俗习惯和好恶。因受不同风俗习惯的影响，有些数字是人们乐于接受的，而有些数字却是人们忌讳的。为此，零头部分设计得好，会促进销售，反之就会抑制销售。一些商业心理学家的调查表明，美国市场上的价格尾数以奇数为多，以奇数为尾数的价格中又以 9 为最多，一般是 9 美分、49 美分、99 美分等。在调查中还发现，49 美分的商品的销售数量远远超过 50 美分和 48 美分的商品的销售数量。对 5 美元以下的商品，零头为 9 的最受欢迎，而 5 美元以上的商品，价格的零头部分为 95 的最受欢迎。在我国港澳地区，人们喜欢偶数，认为偶数给人以稳定、安全的感觉，而且在偶数中 8 最受欢迎。因为在我国港澳地区，8 与"发"谐音，有发财的寓意。西方人认为 13 是不吉利的数字，尽量避免使用这个数字。在我国大多数地区，因为 4 和"死"谐音而受到冷落，8、9 被认为是吉利数，很受人们的欢迎。例如，把项链定价为 999 元一条，寓意长长久久，而常被男性选为送给女友的定情信物。

2. 整数定价策略

整数定价策略是指企业把商品价格定在整数上的一种定价策略。整数定价与尾数定价正好相反，企业有意将产品价格定为整数。这种定价策略适用于名、优、特或高档耐用消费品的定价及单位价格较高的商品和方便商品的定价。整数价格给消费者的心理感受有以下几个方面。

（1）商品质量好、价格高。对一些高档耐用消费品，价格若为一个数目较大的整数，可以显示购买者的高贵和富有，满足其炫耀心理。例如，一架相机定价 19 998 元，不如定价 20 000 元，对于购买者来讲，多付 2 元钱根本不在意，而感觉上价格 2 万元的相机要比价格 1 万多元的档次高。

（2）方便消费者。整数定价不用找零钱，省去了找零的麻烦，整数价格又便于记忆。对于价格较低的方便商品也适合选择这种定价策略。例如，很多儿童食品售价为 1 元、5 元，就有利于儿童购买和记忆，起到促进销售的作用。

3. 声望定价策略

声望定价策略是企业利用自己在长期的市场经营实践中在消费者心目中确立起的声望，通过制定较高的价格来满足消费者的求名心理和炫耀心理的一种定价策略。消费者的求名心理通常表现为对名牌产品的追求，对某种特定服务的追求等。所以这种定价策略只适用于高档名牌商品、奢侈品及确有特色的服务。不少高级名牌产品和稀缺产品，如豪华汽车、高档手表、名牌时装等，在消费者心目中享有极高的声望价值。购买这些产品的人，往往不在乎产品价格，而最关心的是产品能否显示其身份和地位，价格越高，心理满足的程度也就越大。采用这种定价策略时，应注意以下几个方面。

（1）经营的商品或服务必须保证高质量，以维护和巩固消费者对商品、服务和企业的信任，维护商品、服务和企业的声誉。

（2）价格不是越高越好，应确定在消费者可以接受的水平上，否则，价格过高也会抑制消费。

4. 习惯定价策略

习惯定价策略是根据消费者的价格习惯心理而制定的符合消费者习惯的商品价格。有些商品如日用品、生活便利品，企业对这类产品定价时要充分考虑消费者的习惯倾向，采用"习惯成自然"的定价策略。对消费者已经习惯了的价格，不宜轻易变动。降低价格会使消费者怀疑产品质量，反而会降低销量；提高价格会使消费者产生不满情绪，去寻找其他替代品，导致销售量大幅下降。在不得不需要提价时，应采取升级产品、改换包装或减轻净含量等措施，减少抵触心理，并引导消费者逐步形成新的习惯价格。

5. 招徕定价策略

这是适应消费者"求廉"心理，将产品价格定得低于一般市价，个别的甚至低于成本，以吸引顾客由此及彼购买其他商品,从而扩大销售、增加盈利的一种定价策略。这种定价策略利用了消费者从众、求廉的心理。对于消费者习惯性消费的日用品,消费者普遍存在着求廉的心理,一旦某种商品价格低于市价,消费者就会蜂拥而至。企业在采取这种定价策略时,往往事先利用报纸、广播、海报等媒体做好广告宣传,决定以比平常或其他企业低得多的价格(有时甚至低于成本)出售某种或几种商品,有的限时出售,有的限量出售,消费者常存在占便宜心理,前来购买这些"特价"商品,企业以此招徕大批顾客。因为这些企业经营的品种很多,顾客除购买特价商品外,有许多人还会购买其他商品,这样,企业虽然在某一种或几种商品上受到损失,但总的营业额却会增加。招徕的顾客有的还可能是新顾客,以此促进了新顾客对企业经营商品、经营环境的了解,起到了广告宣传的作用,有利于企业今后的发展。

  消费心理研究室

招徕定价策略	卖场的货物可能并不便宜							
利用消费者"求廉"的心理,将产品价格定得低于一般市价,个别的甚至低于成本,以吸引顾客由此及彼购买其他商品,从而扩大销售,增加盈利		可乐(350mL)	酱油(400mL)	帮宝适(24片)	特鲜奶(900mL)	透明皂	雀巢能恩奶粉(1000g)	超霸镍氢5号电池(2节)	沙滩椅(铁质)
	大卖场价格/元	1.75	0.85	46.80	6.80	1.21	29.90	6.50	89.90
	其他商店价格/元	2.50	0.90	62.40	7.60	1.30	25.00	5.00	72.00

心理分析: 消费者认为,大卖场里出售的商品总要比外面普通商店的便宜些,但事实果真如此吗?消费者经常购买的商品在大卖场中的售价的确较低,而不常购买的商品,大卖场的价格要比食品店、百货店的高。

营销策略: 大卖场把握消费者的心理,针对不同商品制定双重定价标准。对于经常购买的商品,消费者对价格敏感,采用招徕定价策略,吸引消费者购买;相反,对于不太经常购买的商品,消费者对价格不清楚,即使有大幅变化也不太敏感,采用高定价的策略。这样,消费者获取实惠的同时,也买到一些高价货。

6. 折扣定价策略

长期以来,折扣一直被企业作为增加销售量的主要方法之一,是企业常用的定价策略。折扣定价策略一般有下列几种折扣方式。

(1)现金折扣。这是企业给那些当场付清货款的顾客的一种奖励。采用这一策略,可以促使顾客提前付款,从而加速资金周转。这种折扣的大小一般根据提前付款期间的利息和企业利用资金所能创造的效益来确定,如商品房销售常采用这种方式。

(2)数量折扣。这种折扣是企业给那些大量购买产品顾客的一种减价,以鼓励顾客购买更多的货物。数量折扣有两种:一种是累计数量折扣,即规定在一定时间内,购买总数超过一定数额时,按总量给予一定的折扣;另一种是非累计数量折扣,规定顾客每次购买达到一定数量或金额时给予一定的价格折扣。

(3)季节折扣。这种折扣是企业给那些购买过季商品或服务的顾客的价格优惠,鼓励消费者反季节消费，使企业的生产和销售在一年四季保持相对稳定。这样有利于减轻企业存货积压的压力，从而加速商品销售，使淡季也能均衡生产，旺季不必加班加点，有利于充分发挥生产能力。

7. 分级定价策略

分级定价策略是指在定价时把同类商品分为几个等级，不同等级的商品，其价格有所不同。这种定价策略能使消费者产生货真价实、按质论价的感觉，同时还能满足不同消费水平的消费者的需要，因而容易被消费者接受。

6.3.3 系列产品定价策略

系列产品是指企业生产的产品不是单一的，而是相关的一组产品。与单一产品销售不同，系列产品定价必须兼顾产品之间的关系，以使整个产品系列获得最大的经济利益。为此，企业在考虑制定或调整某一产品价格的时候，不仅要考虑调价对该产品本身利润和成本的影响，还要考虑由于这种产品价格的变化，对其他相关联产品的利润和成本的可能影响。

1. 产品线定价策略

企业通常开发出来的是产品线，而不是单一产品。当企业生产的系列产品存在需求和成本的内在关联性时，为了充分发挥这种内在关联性的积极效应，企业可采取产品线定价策略。

一般来说，产品线的两个终端价格比系列中的其他产品的价格更能引起消费者注意。低端价格一般是最常被人们记住的，所以常常被用来作为打开销路的产品，降低消费门槛。高端价格意味着整个产品线质量最高的商品的价格，起到树立品牌，提升形象的作用，会对需求起指导、刺激作用。这两个终端价格水平能为潜在买主提供某种信息——便宜或高档，并影响整个产品系列中全部产品的价格印象，进而影响销售收入。

对产品线上介于终端价格之间的产品，企业首先要确立明显的质量差别，以突出价格上的差异。然后，用价格的差异来表现质量的差别，使这些产品在相应的市场上受到消费者的认同。

消费心理研究室

产品线定价策略	农夫山泉有点"贵"
产品线的系列中，产品的价格、用户定位更能引起消费者注意	 **心理分析**：瓶装水的属性与饮料不同，饮料能通过口味差异化确定清晰明确的市场定位，但瓶装水则在内容上并无太大差异。农夫山泉开发了高端水、婴儿饮用水和学生矿泉水三个细分消费领域。产品新概念和高端设计，彰显个性。

营销策略：①婴儿饮用水在婴儿食品安全的前提下推出，强调了用户体验，瓶身的设计人性化地适用于爸爸和妈妈的不同手型，矮胖的瓶身也在众多场景瓶装水中独树一帜。②学生矿泉水升级了"运动盖"设计，单手能开关。开盖状态下，普通的侧翻、倒置不会使水流出。此外，采用了色彩鲜艳的"插画风"设计，以长白山春、夏、秋、冬四季为主题，强调"彰显个性"。③农夫山泉推出的高端玻璃瓶矿泉水，在包装设计和定价上显得极为大胆，定价范围是35~40元，与国际一线水品牌价格无异。

2. 替代产品定价策略

替代产品是能使消费者实现相同消费满足的不同产品，它们在功能、用途上可以互相替代。假设 Q_1、Q_2 是一组替代产品，提高 Q_1 的价格，Q_1 的需求量就会下降，对 Q_2 的需求却会相应地上升。企业可以利用这种效应来调整产品结构。

3. 互补产品定价策略

互补产品是在功能上互相补充，需要配套使用的产品。互补产品广泛存在于日常消费中，如饮水机与滤芯、钢笔与墨水等。我们把互补产品中发挥主要功效、耐用性强的产品称为基础产品或互补产品中的主件，而发挥辅助功效、易耗的产品称为辅助产品或互补产品中的次件。互补产品的价格相关性表现在它们之间需求的同向变动上。假设 Q_1 产品与 Q_2 产品存在互补关系，那么，降低 Q_1 价格引起对 Q_1 产品的需求上升后，Q_2 产品的需求也会相应提高。企业利用这种互补效应及主次件的关系，可以降低某种产品，尤其是基础产品的价格来占领市场，再通过增加其互补产品的价格使总利润增加。需要注意的是，互补产品的需求影响是相互的，如果辅助产品价格定得过高，消费者难以承受，反过来也会影响基础产品的销量。

6.3.4 价格调整的心理策略

企业在生产实践中，商品价格的变动与调整是经常发生的。调价的原因也是多方面的，除了生产经营者自身条件变化外，还包括受季节变化、市场供求状况、商品价值变动、商品的需求弹性、竞争对手的价格政策和消费变化趋势等多方面因素的影响。企业在调整商品价格时，既要考虑这些因素的影响，又要考虑消费者对商品调价的心理反应，科学地制定商品调价的心理策略，使调整后的价格既有利于企业，又能使消费者易于接受。

1. 消费者对商品价格变动的一般反应

商品价格变动必然会影响到消费者的切身利益，影响消费者心理和行为上的反应。一般情况下，当某种商品的价格发生变化时，消费者会改变他们原来购买商品的品种和数量。当某种商品价格下降时，消费者可能会增加该商品的购买量；当某种商品价格上涨时，消费者可能会减少该商品的购买量。有许多商场在节假日、店庆日对其商品进行打折销售，会吸引消费者蜂拥前来购物，足以证明绝大多数消费者对商品降价是很感兴趣的。

2. 商品降价

（1）企业降价的原因。

1）企业生产能力过剩。当企业生产能力过剩，同时又不能通过产品改进来加强销售工作时，企业就必须考虑降价。

2）保持或扩大市场份额。在竞争者的强大压力之下，企业的市场占有率有所下降或有下降的趋势时，企业不得不拿起降价的武器。

3）企业的成本费用比竞争者低，想通过降价来抢占市场或提高市场占有率。

（2）消费者对商品降价的反应。有的消费者会觉得商品降价是购买的好时机，会大量购买降价商品。但有的消费者对商品降价可能会这样理解：①企业可能有新产品问世，所以降价抛售老产品；老产品不久就会被淘汰，买了这种产品会很快落伍；可能企业不再生产该商品的零件，零部件的维修更换无法保证。②降价商品可能是过期商品、残次品，功能少，质量不好。③商品已经降价可能还会继续降价，暂时耐心等待，期待新一轮降价来临，从而可以买到更便宜的商品。

（3）商品降价的心理策略。企业在实施降价销售时，应根据自身所经营商品种类、目标顾客的状况，分别采取不同的价格调整策略。

1）降价次数宜少不宜多。商品降价的次数要尽量少，最好能争取一步到位。降价幅度应能引起顾客的注意。通常，商品降价幅度以 10%~30% 为宜。降价幅度达到 50% 时，消费者就会怀疑商品质量，反而抑制销售。

2）直接降价与间接降价策略应灵活运用。消费者容易感觉到直接降价，但也容易刺激竞争对手相继降价竞销。间接降价指维持原价格不变，只是采取增加折扣率和赠送赠品等来销售商品的方法。间接降价有一定的隐蔽性，可以暂时避免因刺激竞争对手而导致的全方位的降价竞销。但由于没有给消费者带来直接的好处，可能难以达到应有的促销目的。

3. 商品提价

（1）企业提价的原因。

1）由于物价上涨，导致成本费用提高。

2）企业的产品供不应求，不能满足其所有顾客的需要。

提价方式包括取消价格折扣，在产品大类中增加价格较高的项目或者直接提价。

（2）消费者对商品提价的反应。企业提价通常会影响销售，但是购买者也可能会这样理解：①这种商品越是提价，说明商品的销售状况好或是供应量少，应尽早购入，以防需要时买不到。②现在提价的商品，只是刚刚开始，今后还会继续提价，应尽早买进，以免以后再买时要支付更多的货币。③特殊商品价格的上调，如古玩、玉器、字画等升值会刺激消费者的购买，其原因是大众的保值心理，消费者认为该商品提价以后还会上涨，买后一定不会吃亏。

（3）商品提价的心理策略。对于提价，为防止消费者不满，企业也要注意采用一些技巧。

1）避免全面涨价。如一个咖啡店具有代表性的商品是咖啡和红茶，其中一个涨价，另一个就要保持原价，以缓解顾客的不满，让顾客慢慢适应。

2）把明涨变为暗涨。如把包装里食品的分量减轻，价格不变。顾客一般注意力集中在价格上，而对袋子里装多少东西则不大注意。需要特别注意的是袋子上要明明白白地标注清晰商品的重量。

3）总费用不涨。顾客虽然关心产品价格变动，但是通常更关心取得、使用和维修产品的总费用。因此，如果企业能使顾客相信某种产品取得、使用和维修的总费用较低，那么，就可以把这种产品的价格定得比竞争者高。

4. 各档商品的变价策略

（1）高档商品变价策略。经营高档商品的店铺，其目标顾客群多是高收入阶层或用作礼品馈赠，他们的消费心理一般是把价格作为自身社会地位或经济地位的象征，关注的也是质量保证与地位显示。因此，对于高档商品如果降价，消费者会觉得购买该商品将达不到炫耀心理，会降低身价，而不去购买；如果提价，提价的幅度要小，因为该商品的价格较高，如果价格上调幅度过大，则容易使人产生价格暴涨的感觉。例如，一台摄像机价格为 15 000 元，价格上调 10% 以内，即不超过 1 500 元，消费者可以接受，如上调达 20%，即 3 000 元，消费者多数难以接受。

（2）中档商品变价策略。中档商品在多数店铺的经营中都是主角，因此商家应花大力气对其价格体系进行调整，以获得最大的整体利润。中档商品的消费者在购买之前会有一个比较过程，购买之后还会有一个使用和评价阶段，只要其服务质量过关，折扣期间的销量一定会很可观。

（3）低档商品变价策略。低档商品的消费者对价格非常敏感，即使微小的价格下调也会激发购买欲望。同时，他们很容易受群体的暗示而购买一些认为实惠的商品。因此，商家对于经营的低档商品要经常进行适当的打折销售，以吸引消费者，配合卖场的布置和气氛的营造，刺激消费者的购买欲望。

5. 商品降价的时机选择

降价时机的选择非常重要，在很多情况下，商家会发现某种商品必须降价，但需考虑时机的选择及如何贯彻执行。一般而言，需在保本期内把商品卖掉，可选择的降价方式有早降价、迟降价、交错降价、全店出清销售等。

（1）早降价。存货周转率高的店铺多采用早降价的策略。早降价的好处有：当需求还相当活跃时，降价可促进商品的销售；同旺季过后相比，实行早降价策略降价幅度会小；早降价可以为新商品腾出销售空间，并改善店铺的现金流动状况。

（2）迟降价。迟降价可以使商品有更多的机会按原价出售，但上述列出的早降价的好处恰是迟降价策略的不利之处。

（3）交错降价。交错降价就是在旺销期间逐次降价，这种降价策略多和"自动降价计划"结合运用。在自动降价计划中，降价的金额和时机选择是由商品库存时间的长短决定的，这样可以有效地保证库存商品的更新。

（4）全店出清销售。这是店铺定期降价的一种方式，可以有效避免频繁降价对正常商品销售的干扰，通常一年有两三次。在全店出清销售时，所有或绝大多数的存货都降价销售，这样可以吸引很多爱买便宜商品的消费者。全店出清销售比自动降价策略的优越之处在于：为商品按原价出售提供了较长的时间；减少频繁降价对店铺正常销售的影响和提升消费者对店铺正常定价策略的信任度。对有些店铺而言，全店出清销售不失为一种减少库存、加快资金周转的好办法。

小贴士

最早的自动降价商店

在美国波士顿城市的中心区，有一家"爱德华·法林自动降价商店"，它以独特的定价方法和经营方式而闻名遐迩。商店的商品并非低劣品、处理品，但也没有什么高档商品，商店里陈列的每件商品，不仅标有价格，而且标有每次陈列的日期，价格随着陈列日期的延续而自动降价。在商品开始陈列的头 12 天里，按标价出售，若这件商品未能卖出，则从第 13 天起自动降价 25%，再过 6 天仍未卖出，即主动降价 75%。再过最后 6 天，如果仍无人问津，这件商品就会被送到慈善机构处理。

自动降价商店里的每件商品都是限量供应的，衣服款式很多，可是每种款式的数量很少，如果要等到最便宜的时候才买，那时候可能已经没有了，所以很多人要是真的喜欢就不会等到最后才买。

采用自动降价推销商品，关键在于抓住消费者购物的求廉心理。自动降价不但可以满足顾客的不同要求，而且对于处理滞销商品和过时商品有很大的作用，也有助于大型商店内部货物的流通。该商店利用自动降价法来招揽顾客，取得了极大的成功，受到美国人及外国游客的欢迎。各地的顾客都慕名而来，他们中有演员、运动员等，特别是家庭妇女格外喜欢这家商店，当地居民更是这家商店的常客。商店每天接待的顾客比波士顿其他任何商店都多，熙熙攘攘，门庭若市。

》》》复习思考题

1. 影响价格的社会心理因素包括哪几方面？
2. 价格的心理功能有哪些？
3. 消费者的价格心理特征有哪些？
4. 一般商品定价的心理策略通常有哪几种？
5. 消费者对于提价的反应和提价的心理策略有哪些？
6. 消费者对于降价的反应和降价的心理策略有哪些？

》》》案例分析题

涨价之道

在经济下滑之时，市场容易疲软，涨价尤为困难，即使面对成本上升的压力，许多企业还是选择降价，更别谈涨价了。所以无论是主动涨价还是被动涨价，要让消费者接受，首先必须给出一个让消费者可以理解并接受的正当理由。例如，家电业、家居建材业多年的价格战，成本上升压力增大，终于不得不全行业涨价。对比全行业涨价，单一的企业涨价，更为冒险，但也有一些方法可以消化涨价压力。

1. 利用品牌或产品升级支撑涨价

宝洁中国旗下有舒肤佳、潘婷、海飞丝、玉兰油、汰渍和碧浪等品牌。洗衣粉原本利润空间有限，最先受到原料涨价的冲击，于是最先涨价。

为让消费者接受这样的涨价，企业往往会进行产品升级，比如在产品中添加某些新元素，去宣扬某种新概念，再更换新包装。同时为了更好地控制消费者的价值感知，避免他们的感知发生混乱，老产品会被厂家淘汰，退出市场。这样消费者由于无从购买和比较，"涨价"的概念也就被淡化了，新的价值概念则得到加强。

2. 刺探价格敏感度

常规小家电，如榨汁机、料理机、搅拌机等，虽然调价的幅度比较高，但由于每台电器的价格只有几百元，所以上涨几十元，消费者似乎并不太在意。这个"不在意"反映了顾客对这个产品的价格敏感度。

在某次涨价中，宝洁敢于将潘婷洗发水涨价5%，潘婷护发素涨价25%，是因为潘婷定位高端品牌，消费者对潘婷的价格并不敏感；而飘柔、海飞丝定位大众品牌，消费者对价格敏感，宝洁就没有对这两个产品进行涨价。

3. 提价，再递进，看跟进

小步提价，递进扩展，或将某些产品的价格通过小步快跑的方式最终累积成明显提升，或小批次地提升产品价格，最终实现全系产品涨价，这些都是刺探市场反应、降低涨价风险的方式。例如，某品牌在年初将洗衣粉、洗衣皂提价，6月份将洗衣粉、洗发水、护发素等产品提价，7月份又将旗下的卫生巾、纸尿裤等产品提价。

在竞争品牌涨价时是否跟进？跟进的话又涨多少？企业反应各不同。

某年10月，麦当劳在该年度第三次涨价，此前的2月和6月部分产品已经提价，每次上调幅度为0.5~1.5元。其对手肯德基在该年3月和8月已进行了两轮涨价。随着麦当劳第三次涨价，肯德基要看市场能否接受麦当劳的一年三次涨价，如果能接受，肯德基就没有顾虑地跟进；如果不能接受，就按兵不动。跟进的好处就是因涨价风险造成的损失要比发起者小得多。

思考题：

（1）分析企业可以采取哪些方法减少涨价压力？

（2）面对全行业涨价，企业怎么做才能降低涨价带来的风险？

》》》实训题

实训题1

实训内容：一般商品定价的心理策略。

实训形式：市场调查。

实训目标：通过实训使学生了解一般商品定价的心理策略。

实训题2

实训内容：商品降价时机的选择。

实训形式：实地观察和问卷调查。

实训目标：通过实训使学生了解商品降价时机的选择。

第 7 章
商品广告与消费心理

引导案例

记忆中印象深刻的广告

不少广告至今仍然给各个年龄阶段的消费者留下了深刻的印象。一句好的广告语可以让消费者念念不忘,如"真情永不变,大宝天天见"的大宝,"羊羊羊"的恒源祥,还有"大家好才是真的好"的好迪。除了经典的广告语,特定的广告主题也会给消费者制造出难以磨灭的记忆。针对中国人过年合家团聚的风俗习惯,从2011年开始,百事公司汇聚了各路明星一起打造了"把乐带回家"系列微电影。2021年是百事可乐推出"把乐带回家"系列微电影十周年,《我爸的快乐》讲了两个截然不同的父亲形象——儿子想象中的父亲是个十八般武艺样样精通的大厨,而现实中却是个勤勤恳恳、繁忙无休的外卖小哥。在年夜饭的餐桌上,父亲因为忙着送餐没空留下吃饭,从而引起了家庭小矛盾。看着父亲辛苦的样子,儿子并没有责怪父亲,而是在父亲工作间隙为他点了一罐附有"你的快乐"的百事可乐和一碗热粥。这条广告不仅丰富了过年回家的含义,更是用动人的故事与2020年的热点事件紧密相连,致敬了生活中的"平凡英雄",通过"小家"的故事折射"大家"的情怀,给消费者留下深刻的印象。

7.1 商品广告及其心理功能

7.1.1 广告的概念和特征

1. 广告的概念

广告(Advertisement)的英文原意是"一个人注意到某件事",后来又进一步引申为"引起别人的注意,通知别人某件事"。17世纪末,英国开始了大规模的商业活动,"广告"一词开始广泛使用。

广告有广义和狭义之分。广义广告的对象、内容都较广泛,包括经济广告和非经济广告。其中,经济广告是为了推销商品和服务,获取利润,属于营利性广告;非经济广告则是为了达到某种宣传目的,属于非营利性广告,如以宣传法律、倡导社会公德等为主题的公益性广告。狭义的广告就是人们所熟知的商品广告,是指广告主要以付费的方式,通过公众媒介对其商品或服务进行公开宣传,借以向消费者有计划地传递商品和服务信息,影响人们对其广告的产品或服务的态度,进而诱发他们的消费行为而使广告主得到利益的活动。

2. 广告的特征

(1)广告是付出费用的信息和活动。

1）广告作为经济活动，具有一切经济活动所具有的投入产出特点。

2）广告作为信息传播活动，广告信息必然是经过提炼加工而来的，这必然需要对信息进行研究和加工，其研究和制作是以一定的费用支付进行保证的。

3）广告主和广告经营者都需要盈利才能维持组织生存和保证组织发展。

（2）广告必须有明确的广告主。明确广告主，一是可以使广告信息接受者认知、熟悉、牢记广告主的组织形象，使广告信息具有较多的附加价值；二是可以通过告知广告信息接受者谁是广告主，使广告主自我约束、自我提高，从而公开正视广告主自身的责任和义务，从法律上保证信息接受者的合法权益。

（3）广告是经过"艺术处理"的信息。广告要经过艺术处理才具有较强的影响力、感染力和诱导力。现代广告追求艺术与技术于一身，集抽象与具象于一体，其形象塑造、形式表现都为高度表现的信息符号。广告是一种艺术形式，但广告不等同于纯艺术，它是与产业化、社会化紧密结合的艺术。

（4）广告通过大众传播媒介进行传播。广告是属于非人员的传播行为，即主要通过大众传播媒介来进行。这是广告与其他传播活动的本质区别之一。广告不同于面对面地个人对个人、小组对小组进行游说的促销活动。广告必须是借助于某种大众传播工具向非特定的大众广泛传达信息的活动形式。

（5）广告是对被管理的信息进行定位并向目标市场传播的活动。广告主以自己所拥有的经营管理目标而构成自己的信息系统，并且把这些特定信息通过整合而定位，向自己所针对的目标市场进行传播。

（6）广告传播信息的范围十分广泛。广告传播的信息包括产品、劳务或某项行动的意见和想法，即实在的物质产品和非实在的思想观念与倾向。

（7）广告以说服方式达到改变或强化观念和行为的目的。广告以说服社会公众接受建议和观点为目标。广告突出产品的鲜明特征，表明产品的独特优点，显示产品的与众不同的功效，其目的就是影响信息受众。不同时期广告的定位、创意、传媒选择及策略运用，都是为了形成独具特色的说服力和影响力。

7.1.2 商品广告的类型

根据不同的需要和标准，可以将广告划分为不同的类别。

1. 按照广告目的分类

制订广告计划的前提是必须明确广告目的，才能做到有的放矢。根据广告目的确定广告的内容和广告投放时机、广告所要采用的形式和媒介，可以将广告分为产品广告、企业广告、品牌广告、观念广告等类别。

（1）产品广告又称商品广告，是以促进产品的销售为目的，通过向目标受众介绍有关商品信息，突出商品的特性，以引起目标受众和潜在消费者的关注，力求产生直接和即时的广告效果，在消费者的心目中留下美好的产品形象，从而提高产品的市场占有率，最终实现企业的目标。

（2）企业广告又称企业形象广告，是以树立企业形象，宣传企业理念，提高企业知名度为直接目的的广告。虽然企业广告的最终目的是为了实现利润，但它一般着眼于长远的营销目标和效果，侧重于传播企业的信念、宗旨或企业的历史、发展状况、经营情况等信息，以改善和促进企业与公众的关系，增进企业的知名度和美誉度。它对产品的销售可能不会有立竿见影的效果。但企业声望的提高会使企业在公众心目中留下美好的印象，对加速企业的发展具有其他类别广告所不可具备的优势，是一种战略意义上的广告。企业广告具体还可以分为企业声誉广告、售后服务广告等。

（3）品牌广告是以树立产品的品牌形象，提高品牌的市场占有率为直接目的，突出传播品牌的个性以塑造品牌的良好形象。品牌广告不直接介绍产品，而是以品牌作为传播的重心，从而为铺设经销渠道、促进该品牌下的产品的销售起到很好的配合作用。

（4）观念广告，即企业对影响到自身生存与发展，并且也与公众的根本利益息息相关的问题发表看法，以引起公众和舆论的关注，最终达到影响政府立法或制定有利于本行业发展的政策与法规，或者是指以建立、改变某种消费观念和消费习惯的广告。观念广告有助于企业获得长远利益。

2. 按照广告诉求方式分类

广告的诉求方式就是广告的表现策略，即解决广告的表达方式，即"怎么说"的问题。它是广告所要传达的重点，包含着"对谁说"和"说什么"两个方面的内容。通过借用适当的广告表达方式来激发消费者的潜在需要，促使其产生相应的行为，以取得广告者所预期的效果。按照广告诉求方式，可以将广告分为理性诉求广告和感性诉求广告两大类。

（1）理性诉求广告通常采用摆事实、讲道理的方式，通过向广告受众提供信息，展示或介绍有关的广告物，有理有据地进行论证接受该广告信息能带给他们的好处，使受众理性思考、权衡利弊后能被说服而最终采取行动。例如，家庭耐用品广告、房地产广告较多采用理性诉求方式。

（2）感性诉求广告采用感性的表现形式，以人们的喜怒哀乐等情绪、亲情、友情、爱情以及道德感、群体感等情感为基础，对受众诉之以情、动之以情，激发人们对真善美的向往并使之移情于广告物，从而在受众的心里占有一席之地，使受众对广告物产生好感，最终发生相应的行为变化。例如，日用品广告、食品广告、公益广告等常采用这种感性诉求的方法。

3. 按照广告媒介的使用分类

按广告媒介的物理性质进行分类是较常使用的一种广告分类方法。使用不同的媒介，广告就具有不同的特点。在实践中，选用何种媒介作为广告载体是制定广告媒介策略所要考虑的一个核心内容。传统的媒介划分是将传播性质、传播方式较接近的广告媒介归为一类。因此，一般有以下七类广告。

（1）印刷媒介广告，也称为平面媒体广告，即刊登于报纸、杂志、招贴、海报、宣传单、包装等媒介上的广告。

（2）电子媒介广告，是以电子媒介如广播、电视、电影等为传播载体的广告。

（3）户外媒介广告，是利用路牌、交通工具、霓虹灯等户外媒介所做的广告，还有利用热气球、飞艇甚至云层等作为媒介的空中广告。

（4）直邮广告，通过邮寄途径将传单、商品目录、订购单等形式的广告直接传递给特定的组织或个人。

（5）销售现场广告，又称为售点广告或POP（Point of Purchase）广告，就是在商场或展销会等场所，通过实物展示、演示等方式进行广告信息的传播，主要有橱窗展示、商品陈列、模特表演、彩旗、条幅、展板等表现形式。

（6）数字互联媒介广告，是利用互联网作为传播载体的新兴广告形式之一，具有针对性、互动性强，传播范围广，反馈迅捷等特点，发展前景广阔。

消费案例

脑白金广告招式揭秘

脑白金畅销数年，在广告宣传上做足了文章。但是，受众对脑白金广告却褒贬不一。业内广告人做出这样的评价：没有创意，恶俗，画面缺乏美感；媒介人士评价：影视广告太俗气，缺乏品位，平面广告虚夸严重；老百姓评价：搞笑，自卖自夸，实际效果一般。

这些评价都在意料之中，但从客观角度讲，脑白金的广告阵势和效果是许多医药保健品企业和厂商无法比拟的。

在众多保健品广告中，脑白金广告的影响力和覆盖力可谓首屈一指，尽管在一定程度上，其缺乏创意和枯燥反复的传播方式，引起了消费者的反感情绪，但是，在这种情绪之后，脑白金在消费者脑海中留下了深刻的印象。

透过现象看本质，脑白金广告虽然强势，也受到了不少指责。但是，归根到底，它实现了提高产品销量的目的，可见，其广告运作模式仍有可取之处。

脑白金送礼广告中那些可爱的老头和老太太边舞边唱，一次一次出现在电视的各个频道，毫无美感，甚至还有些滑稽。但观众就在怒气冲冲的情绪状态中记住了这个产品的名字：脑白金。随着时间一天天过去，记忆渐渐淡化，留在脑海中的也就只有产品的印象，而由广告引起的不愉快情绪早就被忘记了。

20世纪60年代晚期，罗伯特·再因茨发现了"反复曝光"效应——反复观看哪怕没有意义的符号，也会让观看者产生熟悉感和愉快的反应。在广告中，产品品牌和标识简单反复地曝光，哪怕没有合理的解释和费时费力的辩论，也会使观看它的人产生动摇。

脑白金广告的策略之一就是反复传播，其实它的广告内容十分单调，简短的广告词，没有深意的画面。但就是这样一个简单的创意反复出现，却能在让受众记住了"脑白金"这三个字。

（7）其他媒介广告，利用新闻发布会、体育活动、年历、各种文娱活动等形式而开展的广告。

7.1.3 商品广告的心理过程分析

广告引发消费者心理反应的过程一般有以下四个环节。

1. 引起注意

注意是心理活动对某特定对象的指向和集中。它表现了人的意识对客观事物的警觉性和选择性。引起消费者注意的因素主要有两类，一是刺激的强弱；二是消费者自身的意向，如由于生活需要、个人兴趣而自觉地把注意力集中于某些特定的对象。

由于引起注意的因素不同，消费者对商品的注意方式也有所不同，从而形成两种不同的注意方式，即无意注意与有意注意。无意注意是一种事先没有任何预定目标，也不必做任何意志努力的注意。它往往是由外界突然出现的某种新奇刺激或危险刺激引起的。有意注意则是一种自觉的、有目的的、必要时还需要做出一定的意志努力的注意。在消费活动中，有意注意是消费者根据主观上的某种需要而把心理活动集中在某种特定对象上的一种心理现象。

吸引注意不仅要引起人们的无意注意，还要引起人们的有意注意。吸引消费者注意的方法很多，如加大刺激的强度和频率、加大刺激的对比和差别、力求刺激的新奇等。

2. 增强记忆

对广告信息的记忆是消费者认知、判断、评价商品以及做出购买决策的重要条件，所以在广告设计中增强消费者记忆是非常有必要的。经常采用的增强消费者记忆的策略主要有：广告用语简洁易懂，适当加以重复，用形象直观的方式传递商品信息。

3. 产生联想

所谓联想，就是人们由当时感觉到的事物想起相关的另一事物。许多事物之间存在着相同或相似的特征，人们对事物之间存在某种认识上的关联性，这些构成了联想的客观基础。联想有对比联想、接近联想、相似联想、因果联想等。在广告宣传中，利用商品信息的各种联系来引发消费者的美好联想，是增强广告效果的重要手段，如雪碧汽水的广告词"晶晶亮，透心凉"。

4. 诱发情感

消费者在购买商品时，情感因素对最终的购买决策起着至关重要的作用。情感有多种表现形式，如美与丑、喜欢与厌恶、轻松与紧张、愉快与愤怒等。积极的情感体验能够刺激消费者的消费欲望，促进其做出购买决策；消极的情感体验则会抑制消费者的购买行为。因此，广告要注重艺术感染力，讲究人情味，才能诱发消费者的积极情感，抑制消极情感。例如，劲酒的广告就是采取的这种方式：过年了，朋友相聚，难免吃吃喝喝。在大家吃得热热闹闹的时候，一个美丽的女子出来提醒自己的丈夫"劲酒虽好，可不要贪杯哦"，然后是一片爽朗的笑声。广告表现出朋友间浓浓的友情和妻子对丈夫甜蜜的关爱，快乐的气氛洋溢其中，广告切合春节的喜庆气氛，为商品注入了浓烈的情感因素。

7.1.4 商品广告的心理功能

广告的心理功能是指广告对消费者所产生的作用和影响。广告是商品经济的产物，在商品经济条件下，没有不做广告的企业，也没有不依赖广告进行商品销售的商业活动。古人云"酒香不怕巷子深"，但在市场经济发达的今天，酒香难以飘千里，何况酿制好酒的厂家也不只有一家。企业要想在激烈的市场竞争中脱颖而出，就必须重视广告的作用，充分发挥其心理功能。广告作为促成企业与消费者之间联系的重要纽带，具有以下心理功能。

1. 认知功能

认知功能是广告最基本的功能，是指企业通过广告向消费者提供有关商品或企业的信息，如商品的商标、品牌、性能、质量、用途、使用和维护方法、价格、购买时间、地点以及服务的内容等信息，使消费者认识并记住该商品或服务，并在头脑中形成记忆，留下印象，这是消费者做出购买决策的前提。广告主能够采取多种渠道和传播方式，可以打破时间、空间的局限，及时准确地将商品或服务的信息传递给不同地区、不同层次的消费者，诱发他们的购买需求。对广告主来说，广告是其传递产品或服务的有效手段；而对于消费者来说，广告是其认识商品或服务的重要渠道。

2. 诱导功能

成功的广告可以吸引消费者的注意力，影响他们对商品的态度，激发其潜在的购买欲望。消费者对某一商品的需求往往是一种潜在的需求。而商品广告造成的视觉和情感的冲击能有效地引起消费者的注意，激发其对该商品的兴趣，勾起消费者的现实购买欲望。广告以情动人、以理服人，说服消费者，提供购买的理由和依据，增强消费者的购买信心。

3. 教育功能

广告不仅指导消费，而且影响人们的消费观念、文化艺术和社会道德。优秀的广告采用文明、健康的表现形式和内容，对于扩大消费者的认知领域，丰富精神生活，陶冶情操，引导消费者树立正确合理的消费观念，进行美育教育和促进社会公德构建等都有潜移默化的作用。

4. 便利功能

消费者在浩如烟海的商品市场中选购商品往往会无所适从。而广告通过各种媒体，及时、反复地向消费者传递各种商品信息，使消费者能够在短时间内简单、快捷地收集到充分的商品信息，方便他们进行比较选择，做出购买决策，从而替消费者节约购买时间和精力，减少购买风险。

5. 促销功能

促销功能是广告的基本功能。广告通过对商品或服务的宣传，把有关信息传递给目标市场的消费者，达到吸引消费者注意力和产生购买动机的目的，从而导致购买行为的发生，进而实现促销目标。现实消费活动中，像日化用品、药品、食品、保健品、酒类、家电产品等商品的销量与广告的投放量成正比例关系。广告已成为企业重要的推销手段，因此有人称广告就是"潜在的推销员"。

7.2 广告媒体及其心理效应

7.2.1 广告媒体的含义

广告是通过广告媒体进行的。所谓广告媒体，也称广告媒介，是广告主与广告接收者之间的中介渠道，是广告宣传必不可少的物质条件。广告媒体的种类很多，主要的广告媒体有电视、报纸、杂志、广播、网络、户外媒体等。广告媒体并非一成不变，而是随着科学技术的进步而发展变化。科技的进步，必然使得广告媒体的表现形式越来越丰富。

7.2.2 广告媒体的心理效应

广告媒体的种类很多，不同的广告媒体对消费者会产生不同的心理效应。

1. 电视媒体

电视媒体功能全面，集声音、图像、色彩、活动四种功能为一体，具有强大的宣传功效。电视媒体渗透力强、影响大、效果好，是广告主和消费者最主要的广告传播方式，是广告宣传的主要媒体。电视媒体有以下心理效应：

（1）传播范围广泛，影响力大。电视广告的覆盖面宽，对消费者的吸引力越来越大，因此电视广告的传播范围非常广泛。

（2）重复性高。电视广告能够定期地重复播放，对消费者会产生潜移默化的影响，使之不断强化记忆，形成对广告内容的深刻印象，使消费者产生先入为主的思维定势。

（3）刺激丰富多变。人的心理活动的紧张程度跟外界刺激有着密切的关系。刺激量大，心理活动的紧张程度也大，反之亦然。人们接受外界信息主要通过视觉器官和听觉器官。运用何种感官去感知外界事物则取决于外界刺激形式。声音形式的刺激用耳朵来接受，视觉形式的刺激则用眼睛来感知。电视同时呈现听觉和视觉信息，调动了两种感官的活动，比单一的刺激形式更能吸引和维持受众的注意力。

（4）表现力充分。在电视上，物体、事件可以用生动的画面和语言来充分描述，这是普通平面媒体无法媲美的。例如在介绍产品的使用方法时，单纯的语言描述或用语言描述加静态画面都不如动态的画面配合语言描述那么清楚明了。

但电视媒体也有不少弱点：电视的声音、图像转瞬即逝，如果不重复播放，往往不易给消费者留下深刻印象，然而重复过多则会引起消费者的反感；同时，电视媒体还要受到时间、地点、设备和条件的限制，而且费用昂贵。

2. 报纸媒体

报纸是传统的主要的广告媒体形式。报纸按发行范围有全国性和区域性之分；按其内容有综合性和专业性之分；按其出版周期，则可分为日报、晚报、周报和旬报等。在我国，随着物质生活水平的提高，人们对精神生活的关注越来越强烈。报纸作为人们精神食粮的重要组成部分，深刻地影响着消费者的生活。报纸媒体广告心理效应主要有以下几点：

（1）消息性。报纸的主要功能就是刊登消息，同时，消息性也体现在广告方面，尤其是新产品研制成功和上市的消息。通过报纸的介绍与宣传可以促进产品销售。从介绍新产品的全面性、时效性来看，报纸广告是推出新产品的捷径，同时由于报纸具有特殊的新闻性和时效性，从而使报纸广告在无形之中增加了可信度。

（2）保存性。报纸本身是一种读者的脑外记忆存储器。读者不一定要把所需要的信息牢记在头脑中或摘录下来，而只要把有关信息部分剪下保存起来，以备查阅即可。另外，印刷精细的广告可以把商品和服务的特点逼真地反映出来，对读者具有情感上的影响力。

（3）准确可信性。消息准确可靠，是报纸获得信誉的重要条件。反过来，报纸的信誉也是人们评价消息准确可靠程度的重要因素。读者在长期阅读报纸的过程中，产生了对各种报纸的评价，这种评价往往会直接影响到读者对报纸上所登载的广告的可信性评价。例如，在一些发行量较大的严肃报纸上刊登的广告，比较容易被读者信任。而在一些地方小报上刊登的广告，其可信性就相对较低。

（4）经济性与广泛性。由于报纸发行量大，传播广、渗透力强，广告制作成本较低，因此其广告费用相对低廉。报纸广告具有经济性与广泛性的特点，并且适合于任何阶层的读者。

报纸广告的局限性如图 7-1 所示。

图 7-1　报纸广告的局限性

3. 杂志媒体

我国杂志种类繁多，发行量大，大多数杂志都兼营广告业务，因此也是广告媒体的重要组成部分。杂志广告一般以彩色印刷为主，以精美的图案色彩来吸引消费者的注意。杂志媒体广告有以下心理效应。

（1）读者针对性强。杂志的种类繁多，并且大多数杂志都是针对一定范围的读者，即每一种杂志都可能有其独特的读者群。例如，《时装》杂志以年轻女性和服装行业人员为主要读者对象；《大众医学》的主要读者则是家庭妇女和医学工作者。

（2）保存期较长。杂志具有比报纸更长的保存性，因而有效时间长，没有阅读时间的限制。杂志的内容丰富多彩，长篇文章较多，读者不仅要仔细阅读，而且常常要分多次阅读，甚至保存收藏。读者的多次翻阅增加了他们与杂志中广告接触的机会，有利于广告在读者的记忆中留下较深的印象。同时，杂志的传阅率也比报纸高。因而，杂志广告的稳定性强，有利于扩大或加深广告宣传的效果。

（3）宣传效果好。杂志广告比报纸印刷精美，色彩鲜艳，形象逼真，具有很好的表现力和吸引力。

杂志封面很容易引起人们的注意，常常给人留下深刻的印象。同时，杂志广告往往采用专页刊登广告，不夹杂其他内容，可以详尽地介绍产品特性，从而有较好的宣传效果。

但杂志媒体也有其局限性：阅读面窄，广告传播范围有限；制作周期固定并且较长，灵活性和时效性不如报纸、电视、广播媒体；制作和印刷费用较高，成本较大；信息反馈迟缓，减少了时间价值，因此不适合做时效性要求较高的广告，比如粽子、月饼等特定节日食品的广告。

4. 广播媒体

广播媒体是以无线电波为载体的大众传播媒介，它利用人们的听觉来传播商品信息。广播广告可以在最短的时间内把广告信息传播给千家万户和广大消费者，便于消费者及时做出反应。广播广告的效果在很大程度上依赖于听众对广告信息的理解程度。因此，广播广告的语言要求清晰易懂、表达准确，还可以利用音乐和音响使广告获得最佳的听觉效果。广播媒体广告有以下心理效应。

（1）传播广泛迅速。广播在传递信息的时间和空间上受到的限制很少，因此，在新闻传媒中，广播最及时、最迅速。广播节目制作简单快捷，可迅速传递到四面八方。收听广播节目也很方便，可以随身携带、随时收听，而且不影响其他活动，这是其他媒体无法比拟的。

（2）感染力强。广播媒体广告可以充分地运用语言艺术和音响效果，创造出适当的情感气氛，增加广告的感染力，同时给人以娱乐享受。这一点是印刷媒体广告无法比拟的。

（3）针对性强。广播节目的设定是针对特定层次的消费者的，因此，在专题节目时间播送针对特定消费者阶层的广告就更有针对性，能使广告宣传深入某一层次的听众。特别是随着近年来汽车进入普通百姓家庭，越来越多的人在驾驶和乘坐汽车的时候选择收听广播节目。广告主可根据广播节目确定听众的身份及其所关心的事物，从而有针对性地投放广播广告。

（4）具有交流性，而且费用低。现在许多电台在广播中经常采用开通热线、电话答疑的形式与听众进行交流，请专家、顾问答疑解惑，收到互动交流的效果。例如，许多保健品厂商都采取设置专栏、宣传产品的同时介绍保健知识的方式。与报纸、杂志、电视广告相比，广播广告制作便捷，费用最低。

（5）权威性高。广播电台是国家的舆论工具，受主管部门严格监管与控制，因此，广播媒体具有较高的权威性。

但是，广播媒体也有其自身的弱点：一是收听被动性。与印刷媒体的阅读主动性相反，广播的收听是被动的。广播广告信息瞬间即逝，只要稍不留意，听众便不知所云。听众只能依据信息呈现的变化调节收听的节奏。二是广播广告的时效极短，不能留存，很容易消失，听众记忆中的印象比较模糊，因此，很难传达清楚商品的内容，难以给消费者留下深刻的印象。三是比较抽象，广播广告不能直接展示商品形象，更多地需要消费者的联想和思维，不利于对消费者产生具体、深刻的影响。

5. 网络媒体

互联网是20世纪90年代以后发展起来的与传统媒体存在强烈竞争的大众媒体，互联网兼具报纸、杂志、广播、电视等大众传媒的许多特点，如报纸的阅读主动性、杂志的重复性和视觉表现力强、广播的传播面广和方便性、电视的刺激多变性和娱乐性等特点。但是其突出的心理效应包括以下几个方面。

（1）信息容量大，传播范围广。在互联网上，广告主发布的广告信息的容量是不受限制的。网络广告一经完成就可以全天候不间断地传播到世界各地。人民网研究院发布的《中国移动互联网发展报告（2022）》显示，2021年底，全球上网人口达到49亿，大约占全球人口的63%。因此，网络广告的传播范围是非常广泛的。

（2）信息传递的非强制性。在网络上，受众要不要阅读广告，想不想了解品牌或产品的信息，在很大程度上取决于自己。当消费者对网站主页或栏目上的某一广告产品产生兴趣时，可以通过点击该广告链接到企业或产品的主页，详细了解产品的信息。有时，受众想要了解某个品牌某种具体产品的情况，也通过搜索网站（如百度等）或一些大型的门户网站（如搜狐、新浪等），搜索发布该品牌或产品信息的网站或网页，然后进入这些网站或网页去了解产品的属性。

（3）互动性。网络广告的互动性是指企业或个人将广告信息内容准备好，放置于网络站点上，所有网络用户都可以通过上网及时查看，获取广告信息，即人—机—人模式。例如，一家公司通过网络广告将公司产品信息传播到世界各地的互联网计算机终端客户，当受众之一的个人收到该信息后，对该公司的产品产生了兴趣，开始在互联网上查找该产品，以期获得更多的有关信息。进一步而言，此人可通过电子邮件、网络电话、网络社区、即时通信工具等向该公司询问有关问题，得到相应答复后，可通过在线支付手段实现商品购买。由于信息时代信息播出和查询功能的空前提高，商业企业所拥有的无形资产不是拥有多少客户，而是客户和营销人员之间的高度信任。传统的销售渠道中间环节过多，既增加了广告成本，又减慢了商品信息传递的速度，难以满足飞速变化的市场需求。而利用网络广告可将产品信息几乎在生产的同时，同步传递给目标用户，等于在同一时间对无数受众作了广告宣传。

（4）灵活性和实时性。在传统媒体上发布广告后更改的难度比较大，即使可以改动也需要付出很大代价。例如，电视广告发出后，播出时间就已确定。因为电视是线性播放的，牵一发而动全身，一旦更改播出时间，往往全天的节目安排都要重新制作，代价很高，如果对安排不满意，短期内也很难更改。而对于网络广告而言则容易多了，因为网站使用的是大量的超级链接，在一个地方进行修改对其他地方的影响很小，此外网络广告制作简便、成本低，容易进行修改。当然，随着网络技术的进步和网络带宽的改善，为了追求更好、更震撼的效果，网络广告的制作会越来越复杂，修改也会相应地提升成本。但是从目前来说，修改一个典型网络广告的成本和难度都比传统媒体要小得多，这就是网络广告相对于传统广告的一个很大的优势。

（5）持久性和可检索性。比起其他媒体的广告来说，网络广告的一大特点就是持久性。电视或者报纸广告一般能保持几分几秒、几天、几个月，最多几年，而网络广告却可以保持更长时间，并且随时可供检索、查阅。

（6）网络媒体广告效果的可测评性。运用传统媒体发布广告的营销效果是比较难以测试、评估的，无法准确测度有多少人接收到所发布的广告信息，更不可能统计出有多少人受广告的影响而做出购买决策。网络广告效果测定虽然不可能完全解决营销效果的准确测度问题，但可以通过受众发回的 E-mail 直接了解到受众的反应，还可以通过设置服务器端的 Log 访问记录软件随时获得本网址访问人数、访问过程、浏览的主要信息等记录，以便随时监测广告投放的有效程度，从而及时调整市场营销策略。

网络广告媒体与传统媒体相比具有很多优点，但网络广告媒体也不可避免地存在某些不足或劣势。

网络广告是一种缺乏主动性的广告方式。网络广告非强制性是相对于传统媒体广告的一大优势，但是任何事情都应该从两个方面来分析，优势如果处理不好也会变成劣势。网络广告的交互性和非强迫性使广告受众具有极大的主动性，当广告主把广告投放在网站上以后还要等网络用户点击进入特定的网页后才能被欣赏。广告主不要以为只要把广告放在网上就万事大吉了，如果不被点击，那么这个广告一点作用都不起,因为网络用户可以选择看,也可以选择不看。由此可见,对于网络广告来说,广告的质量与艺术性固然是决定广告收看率的重要因素,但这是在广告被观看到的前提下。所以,网络广告的被动性直接影响广告主对网络媒体的选择。

网络法规建设的滞后也在一定程度上影响网络广告的规范发展。

6. 户外广告媒体

户外广告是一类综合性的广告媒体,主要是针对街道行人或乘车、骑车、驾驶汽车的消费者而制作的。户外媒体包括户外路牌广告、招贴广告、灯箱广告、交通广告等形式。户外广告媒体主要有以下心理效应。

(1)它对地区和消费者的选择性强。户外广告一方面可以根据地区的特点选择广告形式,如在公路、商业区、广场、公园、交通工具上选择不同的广告表现形式,而且户外广告也可以根据该地区消费者的共同心理特点、风俗习惯来设置;另一方面,户外广告可为经常在此区域内活动的固定消费者提供反复的宣传,使其印象强烈。

(2)有效时间长,便于记忆。户外广告一经设置,往往要经过较长的时间才能重新更换,因而影响面大,传播信息时间比较长。同时,这类广告艺术感染力强,能吸引消费者的注意;它能将灯光、色彩动感地结合起来,广告文字一般极为简练,易于被消费者记忆。

(3)欣赏性。随着人类对环境美化要求的逐步提高,户外广告也成为美化城市环境的一个重要组成部分。因而在广告制作时,要追求画面的艺术效果和欣赏价值。在一些重要建筑物或高大建筑物上的巨幅霓虹灯广告以及黄金路段的大幅路牌广告,在向消费者传递信息的同时,还可以成为城市社会经济发展水平的一张张名片。

(4)户外广告内容具有排他性,能避免其他内容及竞争广告的干扰,而且户外广告费用较低。

但是,户外广告媒体也有其不足之处,主要表现在以下几个方面。

首先是覆盖面小,信息容量小。由于大多数户外广告位置固定不动,覆盖面不会很大,宣传区域小,因此设置户外广告时应特别注意地点的选择。例如,广告牌一般设立在人口密度大、流动性强的地方。机场、火车站、轮船码头附近的流动人口多,可以作全国性广告。

其次,效果难以测评。由于户外广告的对象是在户外活动的人,这些人具有流动的性质,因此其接收概率很难估计。而且人们总是在活动中接触到户外广告,因此注视时间非常短,甚至只有几分之一秒,有时人们在同一时间可能接触到许多户外广告,所以要取得广告效果,就要让人们视觉暂留,这非常重要。

7. POP广告媒体

POP广告又叫售点广告,20世纪30年代出现于美国。它在广告形式和内容上可分为室外POP广告和室内POP广告。室外POP广告是指购物场所、商店、超级市场门前和周围的一切广告形式,如广告牌、霓虹灯、灯箱、电子显示器、光线广告、招贴画、传单广告、活人广告、商店招牌、门面装饰、橱窗布置、商品陈列等。室内POP广告是指商店内部的各种广告,如柜台广告、圆柱广告、空中旋转广告、货架陈列广告、商店四周墙面上的广告、模特广告以及各种灯箱和电子广告等。

POP广告实际上是其他广告媒体的延伸,对潜在购买心理和已有的消费意向能产生非常强烈的诱导功效。有人调查研究发现,消费者在出门前已确定买什么商品的情况只占全部销售额的28%,而在销售现场使潜在意识成为购买行为的则占72%，可见，销售现场广告的作用是巨大的。具体作用有以下两点。

（1）POP广告能加深顾客对商品的认识程度，能快速地帮助顾客了解商品的性质、用途、价格及使用方法，能诱发顾客的潜在愿望，形成冲动性购买，它不像其他媒体那样必须给人留下深刻印象和记忆才能产生购买行为。正因如此，这类广告更应在表现形式上考虑如何引起注意。

（2）营造销售气氛。利用POP广告强烈的色彩、美丽的图案、突出的造型、幽默的动作、准确而生动的广告语言，可以创造强烈的销售气氛，吸引消费者的视线，使其产生购买冲动。

但POP广告也有一些不足，如设计要求高，成本费用大；清洁度要求高，要有一定的人力、物力来清洁维护。

8. 直播、短视频媒体

随着互联网时代的发展，广告的形式从传统依靠图文内容形式来推荐商品，升级到通过短视频、直播来推荐商品。传统的电商在确定需求后，通过精准搜索寻找商品，然后产生交易，而短视频、直播电商则是抓住消费者刚需之外潜在的兴趣需求，通过兴趣引起消费，主动帮助消费者发现潜在的需求。直播、短视频媒体有以下心理效应：

（1）内容形式更直观。直播、短视频属于一种更直观、更清晰的展现形式，缩短了产品和消费者之间的距离。直播、短视频使得产品展示更加真实、立体，比传统的文字、图片信息更符合消费者的心理预期。例如，美妆的主播可以通过试用直接展现产品使用效果，服饰的主播可以通过本人试穿展现衣服的上身效果，从而降低用户决策难度。

（2）互动性强。对于融入社交属性的直播媒体，消费者和主播可以更好实时互动优势。即主播可以详细回答消费者的问题，大大提升了消费者的购物体验。

（3）网络名人的身份增加信任。主播本身是不同于店家的第三方，主播提供的产品更可信。当主播能够展现出自己在某个行业的专业性时，更容易获得消费者的信任。

（4）传播性强，有利于网络时代的信息扩散。直播作为微社交时代的社交方式，融合了文字、语音、图片等多种表现形式，更具观赏性，适合更广泛的人群，所以传播范围更广，传播速度更快。

（5）冲动性消费。传统电商是上架式的销售，消费者在购买之间都会阅览产品概述，然后综合自己的需求购买，而且还会货比三家，所以消费得比较理性。但是直播带货和短视频等所带来的消费往往都是冲动性消费，购买的氛围和兴趣被激发后，消费者会进行冲动性抢购。

7.2.3 商业广告媒体选择的心理因素

广告媒体选择的目的在于追求最大经济效益，所以广告主要选择适当的、具体的广告媒体。广告创意再出色，如果广告媒体选择不当，也可能功亏一篑，即使是在同一媒体刊登或播放，不同时段和不同位置，其广告效果也会大相径庭。比如，在报纸媒体上，头版、第二版广告的效果比其他版面更好。广告媒体众多，面向的受众各异，在选择中应综合考虑多种因素，权衡比较，做出精心的选择，尽可能地满足顾客心理需要，取得理想广告效果。广告主在进行广告媒体选择时，应从以下几个方面考虑。

1. 根据商品的特性选择

不同的消费者需要不同的商品，因而关注不同的商品特性，有的人注意内在质量，有的人则关注商品的外观。不同的消费者接收信息的来源也不同，对不同广告媒体的兴趣程度也不相同。因此，应根据消费者对广告媒体的接收情况、商品的特性，选择最适合目标市场消费者接受习惯的媒体。显然，儿童商品广告应首选电视广告、招贴广告；工业产品广告适宜选择专业报纸和杂志作为媒体；品种规格繁多的时装、日用品等则宜采用图文并茂、声像并举的电视、网络等媒体，直接向消费者展示其产品性能、用途和效果，以求立体、直观、形象。

2. 根据媒体自身的特性选择

广告借助媒体，把消费者因素、产品因素和市场因素有机地结合起来，集中于特定消费者诉求。不同的广告媒体对消费者产生的心理效应是不同的。每一种广告媒体，其传播范围的大小、发行量的多少直接影响受众的人数。媒体的社会文化地位是否和消费者文化阶层相适应，媒体的社会威望等，对广告的传播效果、社会影响力和可信度都有着重要的影响。因此，只有了解各种媒体的特点，才能有的放矢地选择适当的媒体。

3. 根据目标市场选择

这是进行媒体选择与确定广告投放方式时需要考虑的重点环节。要根据目标市场的特点将目标消费者分类，以适合各类媒体的传播。例如，化肥农药的消费群体主要集中在广大农村地区，墙体广告或电视广告效果就会较好，而网络广告就不适合；玩具的消费群体主要是少年儿童，适合在电视或电台做广告，而在报纸、杂志上做广告效果就不佳。

消费案例

电梯广告助力元气森林快速崛起

元气森林主打"0糖、0脂、0卡"的健康生活理念，从命名、品牌塑造到产品口味，成功迎合了互联网时代的消费需求和情感诉求。同时，选用电梯广告媒体，深化品牌认知度，也是其成功的重要因素。

2020年，元气森林与分众传媒合作，霸屏电梯广告，抢占"0糖、0脂、0卡"的品牌而成功出圈，当年销售额实现了超过3倍的增长，实现了快速崛起。其电梯广告成功的原因主要有：

（1）元气森林的受众是年轻消费群体，这些目标受众主要出入的地点集中在电梯媒体主要的分布地点——居民住宅楼和办公写字楼。对于目标受众的精确定位和定向传播有助于保证广告信息的有效到达，大部分居住在城市的80后、90后都会乘坐电梯到达工作的场所，这样电梯媒体的受众就和元气森林的目标客户群体完美契合。

（2）电梯为安静的封闭空间，受众在看到广告的时候只面对这一个单独的信源，信息不易干扰，受众关注度高，有足够的时间来消化广告画面，形成品牌记忆。

（3）电梯媒体属于受众亲和度比较高的媒介，媒体点位被设置在受众的日常生活环境之中，时间一长，甚至成为受众熟悉的生活环境中很自然的一部分，这无疑会大大减弱受众对于广告的心理防御，成功地消除了他们对于新产品的陌生感。而且，电梯媒体不会主动拉拢受众观看，因此不会引发受众的抵触情绪。

（4）电梯广告成本低廉，方便大范围进行立体投放，保证广告到达的频次和范围。电梯广告的特点就在于既保证了传播的范围，又保证了传播的针对性。

从宣传效果来说，全球最大的市场研究公司之一的益普索集团发布的《2019年中国国内流行广告语受众调研报告》显示，中国流行广告语记忆81%都源于电梯广告媒体。在电梯的狭小空间内，电梯广告拥有强制的广告传输能力，小空间短时间的广告传播。元气森林"0糖、0脂、0卡"的产品定位直接到达消费者的记忆深处，重复强制性的观看，会形成深度记忆，强化消费者对品牌的认知。

4. 根据竞争对手选择

市场竞争在广告领域也是全面展开的。广告主（或广告代理）必须充分调查了解竞争对手的广告策略等，以便在选择广告媒体和投放方式时能够出奇制胜。

5. 根据广告主的支付能力选择

广告主投放广告一个最大的制约因素就是广告预算。因此，在选择媒体时，要在广告预算的许可范围内，对广告媒体做出最佳的选择与有效的组合。一般来说，预算多，宣传效果要求高的广告项目，可以选择宣传范围广、影响力大的广告媒体；预算费用少，宣传效果及目标要求低的广告项目应选择一种或少数几种收费低而有效的广告媒体。

7.3 商品广告传播的策略与技巧

7.3.1 商品广告传播的策略

商品广告传播的策略是指企业在广告活动中为取得更好的效果而采取的行动方案与对策。广告策略应用得好，就会使广告成为市场营销活动的重要促销手段。为了在商品广告传播中取得更好效果，能使大多数人在看到、听到广告之后引起注意，启发联想，增进情感，发生兴趣，刺激购买欲望，就必须研究商品广告的传播策略。

1. 引起注意策略

注意是心理活动对一定事物的指向和集中，它反映人的意识对客观事物的警觉性和选择性。广告能否发挥作用，产生预期的效果，首先取决于它能否引起消费者的注意，即引起消费者的注意是广告的首要任务。在一般情况下，消费者只有产生了对某一商品的注意，才可能进而引起一系列的心理反应过程，形成购买欲望，最终促使购买行为的发生。因此，有意识地加强广告的吸引力以引起顾客的注意是广告成功的重要基础。广告制作时首先要考虑的是抓住人的无意注意，并将无意注意迅速转化为有意注意，只有这样才能增强广告效果。根据注意引发因素和形式不同，广告可以采取多种策略来吸引消费者的注意。

（1）增加刺激的强度。刺激必须达到一定的强度，才能引起人们的注意，而且在一定的范围内，刺激的强度越大，反应也越大。在广告设计中，可以有意识地加大广告对消费者的感官刺激，使消费者在无意中引起强烈的注意。常用的方法有使用大标题、明亮的色彩、响亮并富于立体感的声音、大屏幕显示等。例如，在有的杂志广告中，采用整版的篇幅，用醒目的字体，只刊登一两句广告词，以达到加强刺激强度的目的。

（2）加大刺激信号的对比。刺激物在强度、形状、大小、颜色和持续时间等方面与其他刺激物存在显著差异时容易引起人们的注意，并且在一定的限度内，这些元素之间的差别越明显突出，越容易引人注意。因此，在商品广告设计策划中，有意识地处理各种刺激信号的对比关系和反差程度，能引起消费者显著的条件反射，如图案大小对比、音响强弱对比、物体远近距离对比、动与静的对比、颜色搭配的对比、音乐节奏快慢的对比、图文疏密对比、对象与背景对比等，都可以使受众产生积极与兴奋的情绪，加深对广告的印象。

（3）利用刺激物的动态变化。动态的、变化中的事物比静止的、固定不变的事物更容易引起人们的注意。正如变化着的霓虹灯更容易吸引人们的目光。试想，一处是呆板的灯光闪烁，一处是不断切换的有意思的图片或形象，相比之下，后者的效果要好得多。所以，在广告设计中，要尽可能地选择能够运动的媒体，或在广告表现中力求变化，可以通过图案形状的变化或光线的变化来吸引人的注意。

（4）力求刺激的新奇。在广告设计中，新奇的构思，富于想象的画面，与众不同的表达，都能给人以强烈的刺激，激发消费者对其产生兴趣。这意味着创新对广告的受关注程度具有重要的意义。广告的出奇、出新主要有两个努力方向：一是表述形式上；二是表述内容上。例如，诺基亚手机曾推出过一则电视广告——公园的长椅上一名男子正在看报，突然响起了手机铃声，接电话的却不是那位男子，而是左边的雕像！雕像活了过来！"喂"了一声之后，左边的雕像竟又将电话扔给右边的雕像说，"你妈妈找你"。随后显示出"诺基亚"品牌名称和产品的画面。这种出人意料的方式大大吸引了观众的眼球。

（5）增强广告的感染力。对消费者来说，越是熟悉的事物越能引起他们的注意。例如熟悉的商品、熟悉的模特、和蔼可亲的声音和表情、熟悉的背景音乐，都能让消费者产生亲切感，从而拉近消费者与广告的距离，吸引消费者的兴趣和注意力。

2. 增强记忆策略

商品广告宣传的目的之一是使顾客能记住商品及有关信息。但是在大多数情况下，消费者接受了广告传递的信息之后，即使对此广告产生良好印象，一般也不会立即去购买，如果广告组成元素难以使其

营销案例

优秀广告语示例

海尔：海尔，中国造

海尔在中国家电工业走向成熟的时候，勇敢地打出"中国造"的旗号，极大地增强了民族自豪感。就海尔电器广告语本身而言，妙就妙在一个"造"上，简洁有力，底气十足。

长虹：以产业报国，以民族昌盛为己任

作为民族工业的一面旗帜，长虹在中国彩电产业逐渐走向成熟的时候，引领着民族品牌发展壮大。经过几次降价，一度重创进口品牌的市场份额。这句广告语就是长虹的精神。

飞亚达：一旦拥有，别无选择

当人们的生活品质达到一定程度后，手表就不再是看时间这么单一的用途了，飞亚达用高贵典雅的品质，把自己与身份联系起来，使人们戴上飞亚达手表后，更多的感受是不凡的气质和唯我独享的尊崇感受。

舒肤佳：促进健康为全家

这则宝洁的广告毫不张扬，而是朴实温情，堪称实效广告的典范。舒肤佳第一个提出杀菌的概念，"促进健康为全家"的广告语也来得很实在。

农夫山泉：农夫山泉有点甜

一句广告语打响一个品牌用在农夫山泉身上绝不过分。没有这句广告语就没有产品的成功，而该品牌的长期积累，都离不开这句广告语的作用。换一个角度去看瓶装水，换一个思维去理解瓶装水，就会找到差异，而后，品牌个性也就不难塑造了。

乐百氏：27层净化

这也许是当代中国广告里最经典的一个理性诉求广告了，鲜明的USP（独特的销售主张）、单一的主题令人印象深刻。虽然"27层净化"并不是一个独特的概念，但乐百氏却是第一个提出来的，并把这个概念发挥到极致，形成品牌概念独享。

产生记忆，消费者对这则广告很快就会遗忘，那么也就意味着这则广告的刺激效果不理想。因此在广告设计中，有意识地增强消费者的记忆是非常有必要的。根据记忆规律，可以采取以下心理策略来强化记忆，增强广告效果。

（1）广告用语要简洁易懂。记忆效果与广告材料的多少基本上成反比关系。在相同时间内，材料越少，记忆率越高。因此在设计时必须注意广告的简洁性，要易于记忆。例如脑白金的"送礼就送脑白金"、可口可乐的"要爽由自己"、雀巢咖啡的"味道好极了"，这些广告语简洁精练，通俗易懂，从而提高了消费者对广告的记忆效果。

（2）适当加以重复。心理学家研究证明，人的感觉记忆时间只能保持0.25~2秒，受到注意的感觉记忆可转化为短时记忆。重复可以使短时记忆转化为长时记忆。所以，广告可以对关键信息进行重复，以达到强化消费者记忆的目的。

（3）用形象直观的方式传递商品信息。一般来说，直观形象具体的事物比抽象的事物更容易给人留下印象。直观形象是人们认识事物的起点，它会使人一目了然，提高记忆效果。如枯燥的电话号码很难记忆，但是上海强生出租的62580000叫车电话以上海话的谐音"老让我拨四个零"作为顺口溜，可以帮助人们很容易地进行形象化记忆。

（4）运用多种艺术表现形式。通过对广告所宣传的内容进行艺术加工，能够帮助人们加深对商品广告的记忆，如将广告词写成小品、动画、对联、诗歌等艺术形式，可以使消费者产生浓厚兴趣，进而留下深刻印象。

3. 启发联想策略

在广告宣传中，应充分利用事物间的内在联系，有意识、巧妙地运用联想这种心理活动，使消费者提高记忆效果，拓宽思维空间，增强对商品的情感和对企业的认识，增加购买的欲望。常用的激发消费者联想的方法有以下几种。

（1）比喻法。比喻法即利用贴切的比喻来宣传商品或服务，使消费者对产品留下更深刻的印象。如"德芙"巧克力的广告词"牛奶香浓，丝般感受"，用丝绸的质地来比喻该品牌巧克力的香柔口味。

（2）形象法。形象法是利用消费者熟悉的某些形象，来比喻和提高商品的形象。明星代言广告就是典型的例子。还有的广告使用某些卡通人物、特殊标志作为企业或产品的形象代表，这也是利用形象法来帮助人们记住并喜爱该企业或产品的广告手段。

（3）暗示法。暗示是不直接表明意图，采用间接手段来达到目的的一种心理方法。它采用含蓄、间接的方式对消费者的心理和行为产生影响，从而使消费者产生顺从性反应，或接受暗示者的观点，或按暗示者提示或示范的方式行事。许多情景广告，都让观众在观看时进入情节中，从而激发了消费者的需求，增强了广告效果。例如某皮鞋广告中画面出现两个妙龄女子正在赤足涉水过小溪，每人手中提一双皮鞋，字幕与画外音"宁失礼，不失鞋"，暗喻了皮鞋的珍贵，给人以回味的余地。

（4）反衬法。反衬法即广告商品不直接对准传播对象，而以其他方法来表现广告商品，以此影响真正的传播对象。如法国的"克隆堡"啤酒为了打开美国市场，广告商在美国电视剧中安排了这样的广告画面：法国人特别爱喝"克隆堡"啤酒，当这种啤酒被装船运往美国时，法国男女老少依依不舍地流下伤心的眼泪。结果，使该啤酒在美国市场上销路大开。

（5）讲述法。讲述法即利用文字或画外音，叙述一个传说或典故，来暗示广告商品的名贵和历史悠久。如"古井贡酒"就是以爷爷和孙女的对话来讲述一个历史传说，借以说明该酒的传承与珍贵。

（6）对比法。对比法即利用同类商品的优劣和使用同一商品前后不同效果的对照比较。如"高露洁"牙膏抗酸性腐蚀的对比，"海飞丝"洗发水去屑功能的前后对比等，都是采用了对比法。

4. 增进情感策略

消费者的情感状态直接影响着他们的购买行为。积极的情感体验能增进消费者的购买欲望，促进购买行为；消极的情感体验则会抑制消费者的购买行为。因此，任何商品广告所宣传的内容都必须博得消费者的信任，而在宣传中融入恰当的情感元素，不仅能引起消费者的关注共鸣，更能加深对该商品的感情，增进信任。一则好的广告宣传应激发消费者以下几方面的情感。

（1）信任感。广告激发消费者信任感的目的不在于自身，而在于其所宣传的商品或服务。信任的基础在于真实可靠。促成消费者信任感的渠道有两种：一是权威人士的科学评价或赞许；二是消费者使用后反馈的现身说法。

（2）好奇感。即好奇心理。广告宣传如果能诱发消费者的好奇心，使消费者产生尝试和探求的欲望和动力，便会产生某些特殊的心理效果。如天津的"狗不理"包子和安徽的"傻子瓜子"的畅销与其特别的名字有关。

（3）安全感。消除消费者对商品的不安全心理，增强安全感是广告宣传的重要目标之一。安全感一般可分为商品使用过程中的安全感和商品使用后的安全感。前者如家用电器，后者如食品、药品和农副产品等。因此，广告宣传不仅要宣传商品本身，而且要介绍该商品的使用效果。例如，某品牌的花生油在瓶子上印有"绝无胆固醇，不含黄曲霉素"的字样，以消除消费者对心血管疾病与癌症的恐惧心理。

（4）美感。爱美是人类的天性。美好的事物会使人赏心悦目。在广告设计中，应巧妙地运用整齐划一、平衡对称、色调和谐、光线对比等美学手段，使消费者对广告产生"一见钟情"的心理感觉，才能使广告成为可供欣赏的艺术佳作。

（5）亲切感。亲切感能使消费者加深记忆，达到增强信任的目的。如今的广告用语都比较注意给消费者以体贴入微的感觉。

5. 说服消费者的策略

说服就是以某种刺激给予接收者一个理由，使其改变态度或意见，并按照说服者的意图采取行动。广告利用生动的形式和真实的承诺引起消费者的关注和信任，产生情感上的共鸣，并依照广告的引导采取购买行动。因此，广告策划时就应尽力使广告内容、表现形式具备很强的说服力。广告对消费者的说服有诉诸理智和情感两种。

（1）理性诉求。理性诉求即广告侧重于运用说理的方式，直接向广大消费者传递理性的过程。例如，"潘婷"洗发水含维生素原 B_5，令头发健康，加倍亮泽；"康必得"治感冒，中西药结合疗效好。

（2）感性诉求。感性诉求广告主要诉诸消费者的感性思维，以情动人，使他们产生购买产品或服务的欲望和行为。例如，"威力洗衣机，献给妈妈的爱""有了小儿清热灵，妈妈们很轻松"。

7.3.2 商品广告传播的技巧

广告活动成功与否，很大程度上取决于能否正确运用广告的表现形式和方法。广告的表现形式要符合消费者的认知规律，满足其心理需求，激发其购买欲望，这样才能达到理想的宣传效果。

1. 新颖独特，与众不同

创新是广告的生命线，只有新颖独特才能吸引消费者。广告传播只有与众不同才能在激烈的市场竞争中脱颖而出，千篇一律、似曾相识的广告只能让其诉求迅速淹没在茫茫的信息海洋中。"新"就是要避免雷同，使广告个性化。为此，广告策划人员要从新角度去发现独特的问题，从宣传的产品或服务不同于其他产品或服务之处去寻找非同一般的表达重点，给消费者以新颖别致的心理感受。创新是广告传播的重要原则，新的创意、新的格调、新的形式将使广告既富有艺术性又有科学性，产生不同凡响的心理影响力量。

2. 逆反思维，出奇制胜

把逆反思维运用到广告技巧中，采取以退为进甚至背道而驰的广告方式，便可打破传统的广告思维定势而出奇制胜。相传以前有两家对门开的酒店，长久以来生意不相上下。一天，一家老板贴出广告：本店以信誉担保，出售的完全是好酒，绝不掺水。而另一家则贴出广告：敝店素来崇尚诚实，出售的皆是掺水10%的陈年老酒，如不愿掺水者，请事先说明，但醉倒与本店无关。结果那"不掺水酒店"门可罗雀，而"掺水酒店"却门庭若市。

3. 巧设悬念，攻心为上

打开电视机，翻开报纸、杂志，到处都是铺天盖地的广告，什么样的广告才能吸引观众和读者呢？一些聪明的企业家将心理学的技巧揉进了广告，制造悬念，诱导观众和读者深入迷津。

4. 情深义重，温馨迷人

随着市场经济环境的发展和消费心理的变化，社会已逐渐步入"情感消费时代"，消费模式从注重物质消费转向追求精神愉悦和满足。企业广告若能恰当运用情感因素，创造出温馨迷人的广告环境，便能以情感人，取得良好的广告效果。有一则雕牌洗衣粉的广告"下岗篇"就是一个很感人的广告：年轻的妈妈下岗了，为找工作而四处奔波，懂事的小女儿心疼妈妈，帮妈妈洗衣服，以天真可爱的童音说出"妈妈说，'雕牌'洗衣粉只要一点点就能洗好多多的衣服，可省钱了！"门帘轻动，妈妈空手而归，正想亲吻熟睡中的爱女，看见女儿的留言——"妈妈，我能帮你干活了！"年轻的妈妈眼泪不禁随之滚落。这则广告以其浓厚人情味引起了观众的共鸣。

5. 名人效应

名人一般都具有较高的知名度和美誉度以及特定的人格魅力等，借此参与广告活动特别是直接代言产品，与其他广告形式相比，可能更具有吸引力、感染力、说服力和可信度，有助

> **营销案例**
>
> **梅兰芳的广告**
>
> 几十年前，京剧大师梅兰芳初次到上海演戏，担心上海人能否接受京派唱腔，但戏剧老板却胸有成竹地签了合同。他把上海一家最有名的报纸的头版整个买了下来，大做广告宣传。第一天，整版上只印出三个字——梅兰芳。大家弄不明白是什么意思，马上引起了兴趣与推测。第二天，报纸上还是这三个字，好奇者纷纷打电话给报馆，询问这是花名、地名还是人名。报馆答曰："明日见分晓。"于是神秘感越来越浓，关心的人越来越多。直到最后，整版广告在"梅兰芳"三个字下面刊出一行小字：梅兰芳，京剧名旦，××日假座××剧院演出京剧《宇宙锋》《贵妃醉酒》《霸王别姬》。此广告激起了上海人的好奇心，大家蜂拥而至。梅兰芳的头台戏得了个满堂彩。

于引发受众的注意、兴趣和购买欲，同时体现品牌实力，进一步提升企业和产品的竞争力。

6. 以巧取胜

根据不同的市场目标、不同的消费对象，运用灵活的技巧，往往可收到事半功倍的效果。白加黑感冒药就是这样一个以巧取胜的例子。1995年，"白加黑"上市仅180天销售额就突破了1.6亿元，在拥挤的感冒药市场上分割了15%的份额，登上了行业第二品牌的地位。即使许多年过去了，消费者依然对"白加黑"的巧妙创意记忆犹新。白加黑感冒药广告语，白天吃白片不瞌睡，晚上吃黑片睡得香。"白加黑"是个非常巧妙的创意。虽然只是把感冒药分成白片和黑片，并把感冒药中的镇静剂"氯苯那敏"放在黑片中；但在品牌的外观上与竞品形成很大的差别，更重要的是与消费者的生活形态相符合，设计巧妙，达到了引发联想的强烈传播效果。

》》》 复习思考题

1. 商品广告的心理功能有哪些？
2. 比较主要广告媒体的心理特征。
3. 选择广告媒体的影响因素有哪些？
4. 商品广告的传播技巧主要有哪些？

》》》 案例分析题

农夫山泉：这个广告也"有点甜"

每当提起农夫山泉，消费者脑海中首先闪现的是那句经典的广告语"农夫山泉有点甜"。这句广告语在农夫山泉一则有趣的电视广告中被提到：在一个乡村学校里，当老师往黑板上写字时，调皮的学生忍不住想喝农夫山泉，推拉瓶盖发出的"砰砰"声让老师很生气，说"上课请不要发出这样的声音"。下课后老师一边喝着农夫山泉，一边称赞"农夫山泉有点甜"。于是"农夫山泉有点甜"的广告语广为流传，农夫山泉也借"有点甜"的特点，由名不见经传的小品牌发展到实力直逼传统霸主乐百氏、娃哈哈。

为什么农夫山泉广告定位于"有点甜"，而不像乐百氏广告那样，诉求重点为"27层净化"呢？这就是农夫山泉广告的精髓所在。首先，农夫山泉对纯净水进行了深入分析，发现纯净水有很大的问题；它完全过滤了人体需要的微量元素，这违反了人类与自然和谐的天性，与消费者的健康需求不符。作为天然水，农夫山泉自然高举起反对纯净水的大旗，而它通过"有点甜"向消费者透露这样的信息：农夫山泉才是天然的、健康的。一个既无污染又含微量元素的天然水品牌，如果与纯净水相比，价格相差并不大，可想而知，对于消费者来说，他们会做出何种选择。

但是事实是，农夫山泉在甜味上并没有什么优势可言，因为所有的纯净水、矿泉水，仔细品尝都是有点儿甜味的。农夫山泉首先提出了"有点甜"的概念，在消费者心理上抢占了制高点，其思维敏捷令人叹服。

农夫山泉没有故步自封，它继续高举天然水的大旗，把与纯净水的战争进行到底。1999年6月，农夫山泉在中央电视台播出衬衣篇广告："受过污染的水，虽然可以提纯净化，但水质已发生根本变化，就如白衬衣弄脏后，再怎么洗也很难恢复原状。"广告一经推出，立即引起轩然大波，同时挑起了天然水与纯净水的争论。2000年4月，农夫山泉隆重宣布"长期饮用纯净水有害健康"的实验报告，并声称从此放弃纯净水生产，只从事天然水生产，俨然成为消费者利益的代言人。农夫山泉对纯净水的挑战，遭到了纯净水厂商的激烈反击，甚至诉诸法律。这一系列事件的发生，引来了媒体和公众的兴趣，形成了轰动效应。而作为众矢之的的农夫山泉却暗自庆幸，因为有更多的人知道了它含有微量元素而不同于纯净水。

农夫山泉乘胜追击。2000年7月中国奥委会特别授予养生堂2001—2002年中国奥委会合作伙伴，养生堂拥有了中国体育代表团专用标志特许使用权，从此农夫山泉广告与奥运会挂上了钩，农夫山泉品牌形象再一次得以发扬光大。

农夫山泉一环扣一环的广告策略，让人领略了这个品牌的智慧与魅力。

思考题：

试分析农夫山泉广告的成功之处，并指出其广告是如何激发消费者情感的。

》》》实训题

跟踪一家企业的产品广告，分析其最近几次广告策略的变化，并说明原因。

第 8 章
新产品与消费心理

引导案例

豆浆从汉朝到 20 世纪 90 年代，用传统方法制作一杯豆浆，前后要花大约 8 个小时。九阳豆浆机发明的初衷就是"能方便、及时地喝杯豆浆"。1999 年 6 月，九阳集团获得了智能型家用全自动豆浆机的国家发明专利。2000 年，获得豆浆制备方法及自动豆浆机国家发明专利。于是，制作豆浆的粉碎、磨、打浆、煮等复杂工艺全部在小小的豆浆机内完成，再加上智能软件控制，使豆浆的制作时间从 8 小时缩减到十几分钟。从此，九阳集团创造了一个全新的消费市场。

九阳集团以技术创新为先导的经验延伸到健康厨房电器等领域，全部产品线均已成功迈入行业前列，远销美国、欧洲、日本、韩国等众多国家和地区。

豆浆机和电饭锅、咖啡机一样，进入中国老百姓家庭的厨房，改变了国人的生活方式。

豆浆机的成功，说明企业只有从消费者普遍需要出发来开发新产品，才能更好地被消费者接受。随着科技的进步，产品的生命周期越来越短，企业要在市场竞争中生存和发展，就必须根据消费者的需要对产品不断地进行更新换代，开发新产品，并成功地实现市场交换。所以，研究消费者心理，使新产品的开发和销售适应消费者的需要，就显得格外必要了。

8.1 新产品设计和开发与消费心理

产品反映了时代的经济水平、科学技术状况、时代的精神和物质追求。所以，商品，特别是热门商品，往往是一个时代物质文明和精神文明的标志和象征。但是，复杂多变的消费需求、不断进步的科学技术水平以及日益激烈的市场竞争，使得产品的生命周期越来越短。企业要想在激烈的市场竞争中立于不败之地，就必须不断地创造新的产品，提高产品的功能与质量，满足人们不断增长与变化的需求。

8.1.1 新产品的含义及分类

1. 新产品的含义

新产品是指与已有产品相比较，在材料、功能、结构、技术特征等方面具有明显改进、提高或独创的产品，它能够给消费者带来新的利益，满足消费者新的需求或欲望。它既可以是与现有产品完全不同的产品，即市场上从未有过的产品，也可以是对现有产品进行了升级改良，使产品有了新的结构、新的功能、新的品种或增加了新的服务，从而与现有产品相比只有局部不同的产品。

2. 新产品的分类

按照不同的标准，可以将新产品进行不同的分类。

（1）按新产品新颖程度分类，可分为全新产品、换代新产品、改进新产品、仿制新产品和新品牌产品。

1）全新产品，指采用新原理、新材料及新技术制造出来的前所未有的产品。全新产品是应用科学技术新成果的产物，它往往代表科学技术发展史上的一个新突破。它的出现，从研制到大批量生产，往往需要耗费大量的人力、物力和财力，它是企业在竞争中取胜的有力武器。例如，电子计算机、洗衣机、照相机、微波炉、智能手机等产品的研制成功，就属于全新产品。这类新产品的出现和使用，会引起消费者消费方式和心理需求的变化，需要消费者改变过去的消费习惯和消费方式。例如通过互联网下载歌曲，智能手机的出现改变了以往人们购买磁带和唱片的习惯。

2）换代新产品，指在原有产品的基础上采用新材料、新工艺制造出的适应新用途、满足新需求的产品。它的开发难度较全新产品小，是企业进行新产品开发的重要形式。例如，彩色电视机是在黑白电视机的基础上革新发展而来的，其性能大为改善，具有丰富的色彩，图像更加逼真。换代新产品一般不会对消费者的消费习惯和消费方式产生重大影响，但在心理上会给消费者带来更大的满足感。

3）改进新产品，指在材料、构造、性能和包装等某一个方面或几个方面，对市场上现有产品进行改进，以提高质量或实现多样化，满足不同消费者需求的产品。它的开发难度小，也是企业产品发展经常采用的形式。改进新产品进入市场后，比较容易被消费者接受。但竞争者也极易仿制，所以竞争也比较激烈。

4）仿制新产品，指对市场上已有的新产品在局部进行改进和创新，但保持基本原理和结构不变而仿制出来的产品。落后国家对先进国家已经投入市场的产品的仿制，有利于填补国家生产空白，提高企业的技术水平。例如，日本汽车称雄世界之前，也是依靠仿制开始的。在生产仿制新产品时，一定要注意知识产权的保护问题。

5）新品牌产品，指在对产品实体微调的基础上改换产品的品牌名称和包装，带给消费者新的消费体验，使消费者得到新的满足的产品。

（2）按新产品的空间范围分类，可分为国际新产品、国内新产品、地区新产品和企业新产品。

1）国际新产品，指在世界范围内首次生产和销售的产品。

2）国内新产品，指在国外已经不是新产品，但在国内还是第一次生产和销售的产品。它一般为引进国外先进技术，填补国内空白的产品。

3）地区新产品和企业新产品，指国内已有，但本地区或本企业第一次生产和销售的产品。它是企业经常采用的一种产品发展形式。

总之，不管哪种形式的新产品，它的新特点都必须给消费者带来新的利益或新的心理上的满足，否则就不能称为新产品。

8.1.2 新产品的发展趋势

随着科技的进步，新产品层出不穷，未来将呈现出前所未有的新趋势，主要有以下几个方面。

1. 高能化、多能化

高能化、多能化指企业要设计出性能好、效率高或能满足一些特殊需要的新产品。目前，电子计算机在向高能化发展，而耐用消费品则一般向多能化发展。以空调为例，各厂家现在追求的是全天候综合功能，夏天用于冷房，冬天用于暖房，还有除湿、空气净化等功能。原来属于季节性的空调产品，已扩展至全年性，既为消费者提供了多功能产品，企业又能增加销售量。

2. 微型化

微型化即袖珍化，许多产品的体积越来越小，重量越来越轻，更加方便携带，如手机、笔记本电脑等。

3. 节能化

节能化产品能节约能源和原材料的消耗，给用户和整个社会带来极大的经济效益和社会效益，如节能冰箱、新能源汽车等。

4. 简单化

日新月异的科学技术使许多产品的结构、使用方法趋于简单化。这样不但可以降低成本，还可以使用户学习、使用和维修更简便，同时也更受消费者的欢迎。

5. 美化

美化是指产品设计要注意美化，外形要美观大方，给人以美的享受，突出美学功能。尤其是服装、家具、灯具及装饰品，更应向美化方面发展。可以预见，未来的新产品必然是更加强调工业设计水平，色彩更加绚丽，造型更加别致，款式更加漂亮。

8.1.3 新产品开发的心理需求

新产品能否迅速地被消费者接受，除了受价格、质量等因素的影响外，也受到消费者心理因素的影响，消费者是否购买某一新产品，取决于新产品能否满足其心理需求。消费者对新产品的心理需求主要有以下几个方面。

营销案例

将"除菌"进行到底

在产品上市之初，舒肤佳就将自己的诉求重点放在"除菌"上，以中华医学会推荐、实验证明等方式论证人体很容易被细菌感染，如踢球、乘车、玩游戏时。显然，这是舒肤佳在对消费者进行教育，力求做大除菌香皂市场。然后，舒肤佳不失时机地宣称自己所含的活性剂不但能够有效去除皮肤表面暂留的微生物，还能有效抑制细菌的再生。就这样，通过说教式的广告表现以及平易近人的广告人物诱导，舒肤佳成功地在消费者的心目中树立起了"除菌专家"的品牌形象。

1. 安全无害的心理需求

消费者在购买商品时，非常关心产品的安全性能，要求无毒、无害、无任何副作用，能保证使用者的身体健康和生命财产安全，同时对周围的环境不致造成污染。例如，现在广大消费者要求食品纯天然、无公害、不添加任何添加剂；家具及装修材料要求绿色环保，没有有毒气体释放。

2. 便利实用的心理需求

对使用者来说，购买商品主要是为了其实用功能，同时在使用过程中要求省时、省力，操作、搬运、维修、保养都较为方便。例如，冰箱的实用功能是冷冻、冷藏食品，耗电量要少，震动、噪声要小，同时要求智能化程度高。

3. 舒适享受的心理需求

消费者在关心商品使用价值的同时，也希望商品同时能满足自己舒适、享受的心理需求，以及新产品能否充分适应个体的生理结构和使用要求，能否减轻和消除人的疲劳，使人有放松感，能较快地恢复精神、体力。日本汽车之所以在美国市场获得成功，原因之一就是日本厂商根据美国人的体型和身材特点，设计了宽敞、舒适而且自动化程度高的产品，迎合了美国消费者的需求与喜好。

4. 流行时尚的心理需求

科学技术的发展以及消费者普遍具有的求新、求变、求美、从众等心理倾向，使得时尚潮流的商品层出不穷。消费者对商品时尚、流行的心理诉求，是普遍存在的社会消费现象。有些消费者对具有特色的新产品极具热情，喜欢最先使用新产品，由此形成了时尚产品流行的源头，这部分消费者被称为"消费带头人"。他们首先购买和使用新产品并引以为荣，他们的消费行为起到了宣传示范作用，能够引起其他消费者的模仿购买，并逐步形成消费流行热潮。因此，要满足消费者追求时尚、流行的心理，设计产品时应重点突出一个"新"字，只有"新"字才能激起消费者先买为快的欲望，继而掀起时尚潮流。

5. 审美情趣的心理需求

消费者购买商品，除了要取得使用价值外，还要从使用中获得心理满足，即关注其美学价值，希望通过购买和使用商品获得美的享受。所以新产品的设计者在保证商品功能实用、结构合理、使用方便的基础上，力求使商品具有优美的外形和悦目的色彩。

6. 突出个性的心理需求

现代社会，人们越来越追求个性与众不同，消费者希望通过具有独特个性的产品来满足个体的个性心理需要。因此，新产品设计一定要构思新颖，富于创造，具有鲜明突出的象征意义。

8.1.4 新产品设计开发的心理策略

新产品的设计开发就是根据使用者的要求和相关经济技术水平及法规要求，确定某种新产品的用途、结构、成分、性能、规格、新产品加工所需要的材料和半成品以及应达到的经济技术指标等一系列工作所做的设计与开发。消费者整体消费和鉴别水平的提高，使其心理需求在购买行为中所起的作用越来越重要。消费者是否购买某一新产品，常常取决于新产品能否满足其心理需求。因此，企业在设计与开发新产品时必须适应消费者不断变化的心理。为了满足消费者的心理需求，企业在设计开发中要把握以下心理策略。

1. 根据消费者的生理需求进行新产品功能的设计与开发

产品是用来满足人的需要的，产品的设计与开发必须考虑产品的功能与人的生理和行为特点相匹配的问题，如怎样操作方便，怎样使用安全等。产品的基本功能，是消费者购买新产品的出发点。因此，符合消费者生理需求，是许多新产品功能设计中必须要考虑的因素。近年来，在产品功能设计方面出现了以下几种趋势。

（1）产品功能设计趋向多元化，以有效满足消费者多方面的需求。

消费心理研究室

功能多元化	智能手机成为生活必备品的背后
在选购同等价位的产品时,产品功能多能满足消费者更多需求,会让消费者产生物美价廉的心理感受。	

心理分析:智能手机功能多样化,满足消费者多方面的需求。将各种生活必备品的功能组合和开发成的智能手机,满足了消费者连接互联网、通信功能、支付功能、可满足阅读需求、娱乐需求、办公需求等,涉及生活方方面面,成为生活必备品。

产品开发策略:将产品功能组合、移植和开发成新的产品是未来产品设计发展的一种趋势。多种功能组合的新产品不仅能有效满足消费者多方面的需求,形成多功能集合体,而且企业在设计开发此类新产品时风险也大大降低。例如,家电产品越来越复杂,功能多样化成了一种发展规律。

(2)功能性越来越趋于专业和专一。从人们对产品熟识和认知的发展历程的规律来看,人们的审美观呈现出由功能简单、单一转变为功能的多样化,再由多样化回归到功能的专业化、专一化的规律。例如,宏基开发针对儿童的上网便携计算机,其功能较为单一,可以写字、画画以及快速上网;手表上的附加功能经历了万千变化,唯一保持不变的是计时功能。在产品设计的发展趋势中,功能上的高度专业性将是产品能够立足市场的重要因素。

(3)环保产品的设计越来越受欢迎。环保设计是20世纪80年代出现的一股国际性的设计思潮。由于全球性的生态失衡,人类生存问题引起世界范围的重视,开始意识到发展和保护环境、设计与保护环境的重要性。环保设计与我们常说的生态设计概念相同,源自于人们对现代技术所引起的环境及生态破坏的反思,体现了设计师的道德和社会责任心的回归。它的主要内容包括产品制造材料选择和管理、产品的可拆卸性和可回收性设计。例如,在交通工具、家用电器、家具等设计方面,特别是交通工具(汽车)的绿色环保设计备受设计师的关注,因为交通工具是空气和噪声污染的主要来源之一,同时也消耗大量的能源。

(4)健康型产品。随着生活水平的提高,人们对自己和家人的健康更加关注。具有补钙、补锌、补充维生素,有助于睡眠、帮助消化等功能的各种健康产品,逐渐受到人们的青睐。

2. 按照人体工程学的要求进行新产品结构的设计

人体工程学是一门研究人在某种工作环境中的解剖学、生理学和心理学等方面的各种因素,人和机器及环境的相互作用,在工作中、家庭生活中和休假时怎样统一考虑工作效率、人的健康、安全和舒适等问题的科学。与人体生理改造和生命发展相适应的产品,在消费过程中给人以安全感和舒适感,可以减轻人体疲劳,加速人体机能的恢复。因此,在设计新产品时,应当按照现代人体工程学的原理,根据人体各部位的结构特征、生理机能以及使用环境等进行综合设计。例如,电冰箱如果容积相同,底面积小的则比较高，多层多门就可以减少弯腰取物之苦，这种机型的设计就是研究了人们从冰箱中取物的姿势，符合人体工程学的要求。又如，在家具的设计中，柜类、不带座椅的讲台及桌类的高度设计以人的立位基准点为准；写字台、餐桌、座椅等以坐位基准点为准；床、沙发床及榻等卧具以卧位基准点为准。如设计座椅高度时，就以人的坐位基准点（坐骨结节点）为准进行测量和设计，高度常定在390~420毫米之间，因为高度小于380毫米，人的膝盖就会拱起导致不舒适的感觉，而且起立时显得困难；高度大于人体下肢长度（约500毫米）时，体压分散至大腿部分，使大腿内侧受压，下腿肿胀等。另外，座面的宽度、深度、倾斜度、靠背弯曲度都要充分考虑人体的尺度及各部位的活动规律。在柜类家具的深度设计、写字台的高度及容腿空间、床垫的弹性设计等方面也要以人为主体，从人的生理情况出发。

3. 根据消费者的个性心理特征进行产品个性的设计

消费者的个性特征对其购买动机有重要影响。当今社会，人类不同的需求、欲望和价值观念，在设计领域中占重要的位置。今天提出来的个性化产品，是基于人类文明的进展，提示我们要认识到人的生理机制和心理机制是互不相同的，人人都有权利参与社会生活和共享社会文明发明、创造的一切成果。繁忙的经济社会强调理性，人与人之间缺少了感情的交流与沟通。所以在设计中使理性与感性相互补充、相互渗透、和谐相处，并且注重设计的非统一性，突出个性与特色，强调创意与创新，是产品设计发展的趋势之一。它可以提供给不同人群展现个性的空间与平台。因此在设计新产品时要考虑产品的独特个性，使新产品与众多同类产品有显著的差异。这些特点具体表现为以下几个方面。

（1）体现威望和地位。体现威望和地位即体现消费者的社会威望或表现其个人成就，如高级手表、名牌服装、豪华轿车等。为此，设计时材料应考究，款式要经典，装潢要奢华，名称要高雅，采用高价策略，严格控制产销数量。

（2）显示成熟。在不同的年龄阶段，人们的生理与心理成熟程度不同。在进行新产品设计时，应注意适应不同年龄阶段消费者的成熟程度，以满足其生理和心理要求。这类产品设计时的要求是时尚新颖，简便舒适，科学合理。

（3）满足情感需求。现代社会中，消费者往往会通过购买某种产品或消费某种产品来寄托或表达某种感受，如表达友情、亲情，寄托希望、向往，追求情趣、格调等。例如某些工艺品、装饰品、玩具等，因其设计新颖、造型别致，蕴涵丰富的感情色彩，能够满足消费者的情感需要，因而受到消费者的青睐。这类产品的设计应强调新颖别致、寓意深刻和构思巧妙。

（4）标榜个性。不同的消费者在兴趣、爱好、气质、价值取向、行为准则等方面都各不相同，而且还希望自己的个性特征能得到社会的认可。设计师应当设计具有个性化的产品来满足他们的需求，如体现奔放、沉稳、粗犷、严谨、纯真、老练等个性特征的产品。

（5）满足自尊。马斯洛需求层次理论揭示了人们在基本生活需求得到满足的基础上，越来越重视自尊和成就感，即一方面希望在群体中得到他人的尊重，另一方面也希望自己对社会做出贡献，不断提高自身的知识水平和生活品位，体现自身的价值，例如对美容产品及学习用品的需要。所以在进行产品设计时应突出产品的特定功能，使消费者的特定需求尽量得到满足。

4. 适应时代潮流进行产品的设计

时代潮流是一种反映多数人意愿的群众性、社会性的行为趋势，在一种新的时代潮流中，大多数人都有向往、追求的意愿，因此在产品设计上也应体现流行时尚，以吸引更多的消费者。要满足消费者追求时尚流行的心理，产品设计师必须善于捕捉和预测时尚现象，研究消费者追求时尚的心理，研究时尚现象及其规律，及时发现和创造出各种健康、新颖的产品，并加以倡导和普及，使之成为时尚流行。

5. 符合消费者审美需求的设计

美感是人类的高级情感。产品的美感设计是造型设计重要的心理策略之一。很多消费者在购买商品时，往往注意商品的造型美、艺术美、色彩美，把商品的外部形象是否符合自己的审美标准，作为是否购买该商品的决策依据之一。产品造型设计只有根据产品的性质特点和不同的消费对象，设计出优美的外在形象，才能适应不同的消费对象，以满足不同消费者的审美需求。

8.2 新产品推广与消费心理

8.2.1 新产品购买者的类型

新产品推向市场后，由于个人性格、文化背景、受教育程度、经济实力和社会地位等因素的影响，不同消费者对新产品的反应快慢不同，接受的程度也不同。根据这种接受快慢的差异，把采用者划分成五种类型，即创新采用者、早期采用者、早期大众、晚期大众和落后采用者。

1. 创新采用者

该类采用者占全部潜在采用者的 2.5%。任何新产品都是由少数创新采用者率先使用的，因此，他们具备如下特征：极富冒险精神；收入水平、社会地位和受教育程度较高；一般是年轻人，交际广泛且信息灵通。企业营销人员在向市场推出新产品时，应把促销手段和传播工具集中于创新采用者身上，如果他们采用效果较好，就会大肆宣传，影响到后面的使用者。不过，找出创新采用者并非易事，因为很多创新采用者在某些方面倾向于创新，而在别的方面可能是落后采用者。

2. 早期采用者

早期采用者是第二类采用新产品的群体，占全部潜在采用者的 13.5%。他们大多是某个群体中具有很高威信的人，受到周围朋友的拥护和爱戴。正因如此，他们常常去搜集有关新产品的各种信息资料，成为某些领域里的舆论领袖。这类采用者多在新产品的介绍期和成长期采用，并对后面的采用者影响较大，所以，他们对创新产品扩散有着决定性影响。

3. 早期大众

这类采用者的采用时间较平均采用时间要早，占有 34% 的市场份额。其特征是：深思熟虑；态度谨慎；决策时间较长；受过一定教育；有较好的工作环境和固定收入；对舆论领袖的消费行为有较强的模仿心理。他们虽然也希望在一般人之前接受新产品，但却是在经过早期采用者认可后才购买，从而成为赶时髦者。由于该类采用者同后面的晚期大众占有 68% 的市场份额，因而，研究其消费心理和消费习惯对于加速创新产品扩散有着重要意义。

4. 晚期大众

这类采用者的采用时间较平均采用时间稍晚，占有 34% 的市场份额。其基本特征是疑虑较多。他们的信息多来自周围的同事或朋友，很少借助宣传媒体，其受教育程度和收入状况相对较差。所以，他们从不主动采用或接受新产品,直到多数人都采用且反映良好时才行动。显然,这类采用者进行市场扩散是极有限的。

5. 落后采用者

这类采用者是采用创新产品的落伍者,占有16%的市场份额。他们思想保守,拘泥于传统的消费行为模式。他们极少借助宣传媒体,其社会地位和收入水平最低。因此,他们在产品进入成熟后期乃至进入衰退期时才会采用。

8.2.2 消费者接受新产品的规律

人们对新产品的采用过程,客观上存在一定的规律。消费者接受新产品的规律划分为五个阶段,分别是认知、兴趣、评价、试用和正式采用,如图8-1所示。

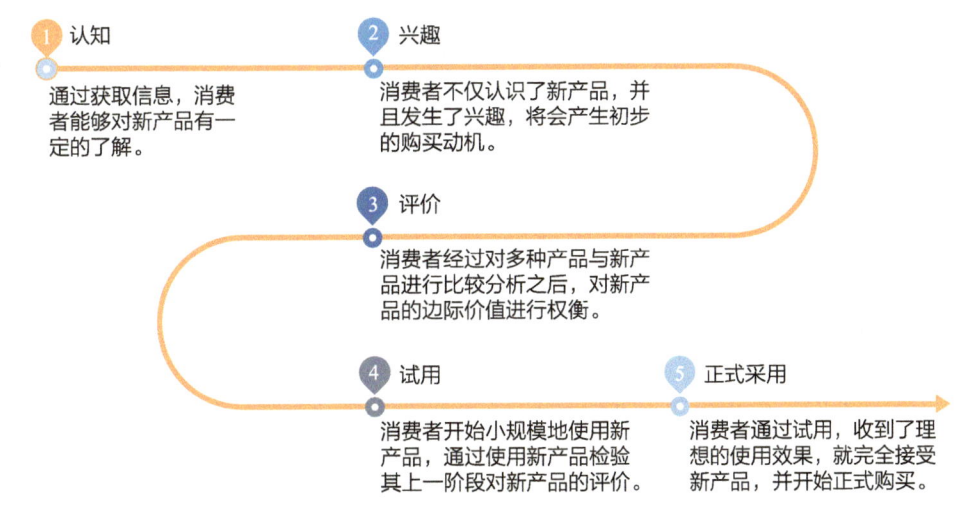

图8-1 消费者接受新产品的规律

8.2.3 新产品推广的心理策略

1. 遵循消费者接受新产品的心理过程,开展相应的推广工作

针对消费者采用新产品过程的五个心理阶段,企业应采取相应的营销策略。

(1)在认知阶段,企业应通过各种广告宣传媒介,大力宣传新产品的用途、特点。

(2)在兴趣阶段,企业应该通过各种途径给消费者传递信息,并提供免费赠品,使其尽快掌握新产品的特点、性能及功效。

(3)在评价阶段,企业应通过各种手段进一步提高消费者对新产品特性的认识,如通过推销人员或在电视广告中做示范表演,以使消费者充分认识到新产品比老产品的相对优越性、产品适用条件、使用方法的简便性等,最终决定试用新产品。

(4)在试用阶段,企业从营销上应尽量降低故障率,针对不同产品,详细地向顾客介绍产品的性质、使用保养维护方法等,以便消费者掌握正确的使用方法,增强消费者的自信心,获得良好的体验感觉,为其正式采用新产品提供坚实的基础。

(5)在正式采用阶段,企业应做好售后服务,对消费者在使用过程中遇到问题应及时解决,尽量使消费者感到满意，培养消费者忠诚度，以实现重复购买。

2. 根据新产品接受者的类型设计推广策略

接受新产品的消费者的心理特点是不同的，所以应对他们采取不同的推广策略。新产品能否打开市场，关键是做好创新采用者、早期采用者的工作，要特别重视他们的心理特征及其信息反馈，以便采取一定的促销手段，把有关新产品的信息及时传递给他们，通过他们的带头试用，使其他的消费者模仿跟进，以扩大新产品的销路。这是新产品进入市场并获得成长与发展的一般规律。

3. 重视新产品的潜在消费者，推动新产品进入销售高潮期

潜在消费者是指当前尚未购买或使用某种商品，但在将来的某一时间有可能转变为现实消费者的人。生产经营企业应该特别重视这类消费者，因为他们是企业开拓新的市场，在竞争中保持并提高市场占有率的潜在力量。企业可以从购买次数、购买数量、购买者心理的稳定程度和对新产品品牌态度等方面对潜在的购买者进行分析，建立好客户档案，加强市场研究，尽快推动新产品的销售。

4. 做好新产品销售的市场调查工作

市场调查工作贯穿于企业研发、生产、营销的全过程，为了全面掌握新产品的扩散动向，需要有针对性地对新产品进行市场调查。新产品市场调查的内容主要有以下几点：

（1）顾客情况调查。顾客情况调查包括两个方面的内容：一是顾客需求调查，例如购买新产品的顾客的身份、职业，他们希望从中得到哪方面的满足和需求（如效用、心理满足、技术、价格、交货期、安全感等）；二是顾客的分类调查，重点了解顾客的数量、特点及分布，掌握他们的详细资料，包括他们的年龄范围、性别、消费特点、消费标准、对新产品的需求程度、购买动机、购买心理、使用习惯等。

（2）市场需求情况调查。市场需求情况调查包括市场对新产品的需求量，每个市场的饱和度及市场容量，市场需求变化动态和发展趋势等。

（3）新产品的价格和销量调查。新产品与市场上已有的类似商品相比，掌握价格和销售数量的差异、购买频率以及发展趋势等情况，了解自身的优势和劣势，扬长避短。

（4）市场竞争情况调查。市场竞争情况调查主要包括对竞争企业的调查和分析，了解同类企业的产品、价格等方面的情况，及其竞争手段和策略，做到知己知彼，通过调查帮助企业确定合理有效的竞争策略。

5. 采用灵活多样的推销方式

新产品的推销过程，是企业与消费者之间传递和沟通信息的过程。有效的推销方法有以下几种：

（1）上门推销。上门推销是最常见的推销形式。它是由推销人员携带产品的样品、说明书和订单等走访顾客，推销产品。这种推销形式可以针对顾客的需要提供有效的服务，方便顾客，被特定的顾客认可和接受。这种形式是一种积极主动的推销形式。

（2）广告推销。广告推销是指企业利用大众传播媒体向消费者传递信息、刺激需求、介绍产品、指导消费、树立信誉、展开竞争等。

（3）柜台推销。柜台推销又称门市推销，是指企业在适当地点设置固定的门市，由营业员接待进入

门市的顾客，推销产品。门市的营业员是广义的推销人员。柜台推销与上门推销正好相反，它是等客上门式的推销方式。由于门市里的产品种类齐全，能满足顾客多方面的购买要求，为顾客提供较多的购买方便，并且可以保证商品安全无损，因此，顾客比较乐于接受这种方式。柜台推销适合于零星小商品、贵重商品和容易损坏的商品。

（4）会议推销。会议推销是指利用各种会议向参会人员宣传和介绍产品，开展推销活动。例如，在订货会、交易会、展览会、研讨会、物资交流会等场合上推销产品均属会议推销。这种推销形式接触面广，目标集中，可以同时向多个推销对象推销产品，成交额较大，推销效果较好。

8.2.4 产品生命周期与心理策略

1. 产品的生命周期

一种产品进入市场后，它的销售量和利润都会随时间推移而改变，呈现一个由少到多、再由多到少的过程，就如同人的生命一样，由诞生、成长到成熟，最终走向衰亡，这就是产品的生命周期规律。所谓产品生命周期，是指产品从进入市场开始，直到最终退出市场为止所经历的市场生命循环过程。产品只有经过研究开发、试销，然后进入市场，它的市场生命周期才算开始。退出市场，则标志着产品生命周期的结束。

（1）导入期。新产品刚上市，销售缓慢。由于引进产品的前期成本费用太高，初期通常利润偏低或为负数，但此时没有或只有极少的竞争者。

（2）成长期。产品经过一段时间已有相当的知名度，销售快速增长，利润也显著增加。但由于市场及利润增长较快，容易吸引更多的竞争者。

（3）成熟期。此时市场成长趋势减缓或饱和，产品已被大多数潜在购买者所接受，利润在达到顶点后逐渐走下坡路。此时市场竞争激烈，公司为保持和延长产品关注度需投入大量的营销费用。

（4）衰退期。在此期间产品销售量显著滑落，利润也大幅度下降。优胜劣汰，市场需求也大幅萎缩。

2. 产品生命周期各阶段的心理策略

（1）导入期的心理策略。这一时期的新产品刚刚上市，消费者对其了解不多。虽然有极少数的消费者率先购买，但大部分消费者因为不了解这种商品而心存疑虑，因此抱着拒绝和观望的态度。在这一时期，企业应采取各种方式，加强产品的宣传促销工作，尽快让更多的消费者知晓和了解新产品。要努力扩大产品的知名度，充分介绍产品的功能、特性、用途、优点、价格、购买地点等，消除消费者的疑虑。

（2）成长期的心理策略。在这一时期，消费者对产品已经有了初步的认识，购买的兴趣和欲望有所增强，一些热衷于消费的消费者，已经加入到购买新产品的行列中。但是，由于新产品进入市场的时间还不长，大多数消费者还未完全消除心理上的障碍，他们仍在继续观察，尤其在意已经购买者的购买感受，用以作为下一步行动的参考。这一时期，企业的宣传策略要着重采用消费者乐于接受的形式，宣传使用新产品后形成的新的消费习惯、消费方式的优越性和科学性等，促使消费者对原有的消费习惯、消费方式及价值观念产生动摇甚至放弃，从而增强他们对购买新产品的信念。另外，要提高产品的效用、质量，增加花色、品种、式样、规格，改进包装，通过适时降价，以吸引更多的消费者。

（3）成熟期的心理策略。这一时期的消费者购买欲望强烈，并纷纷付诸行动，其中有相当一部分消费者由于从众心理而进行购买。同时，由于大量竞争者的加入，市场竞争激烈，消费者购买时的选择心理加强，他们对企业的要求更高、更细致。因此，这一时期的营销策略一方面要发展衍生产品、升级换代产品，增加产品的服务项目，提高产品的服务质量；另一方面要注意市场细分，挖掘市场深度和拓宽市场宽度，不断寻找新的市场目标。在广告宣传上，应更多地宣传企业形象和产品的独特性和优越性，从而满足消费者的选择心理。在定价方面可更多地采用折扣、威望等心理定价策略，以吸引新老顾客的购买。

（4）衰退期的心理策略。这一时期产品已显得老化、落伍，对大部分消费者已失去吸引力，市场销量由缓慢下降变为急剧下降。消费者的购买兴趣开始转移到其他产品上。此时多数消费者的心态是期盼新产品的出现，也有少数人期望企业对产品进行降价处理，从低廉的价格中得到实惠。这一时期的销售策略是企业停止生产衰退期产品，上架新产品或转产其他产品；利用其他竞争者退出市场的机会，用质优价廉的产品吸引消费者。

8.3 影响新产品购买的因素

影响新产品购买的因素有很多，既有新产品本身的因素，又有消费者自身的职业、年龄、性别、收入水平、受教育程度等社会因素，还有消费者心理因素的影响。

8.3.1 影响新产品购买的心理因素

一般来说，影响新产品购买的心理因素主要有以下几种。

1. 求新心理

很多消费者在购买商品时追求新产品、新花色、新款式，即追求流行时髦的商品。尽管这类商品价格普遍偏高。因为新产品能够给人一种新鲜、新潮的感觉，所以新产品往往比较畅销。人们对新鲜事物往往抱有一种好奇感和新鲜感，新的东西往往容易在人们的心目中达到"先入为主"的效果，而对已有的事物往往觉得习以为常而不会给予很多的注意。这种"喜新厌旧"的心理，成为推动人类社会发展进步的重要力量。所以这类消费者易受广告宣传和公众人物的影响。对这种"喜新厌旧"的心理，经营者应该尽量设法满足。这就要求经营者必须有一种市场领先的勇气和追求第一的精神，而不是在领先者后面进行模仿，即要求企业经营者要有革新精神，并要立志于"永远争第一"。

2. 求名心理

很多消费者在购买商品时一般喜欢追求名牌，信任名牌，甚至忠诚于名牌，而对其他品牌的同类商品往往不屑一顾。许多消费者认为名牌是商品质量、性能、价格和特点的标志，可以表明其在市场上已建立的信誉，因而品牌常常成为消费者选购商品的决策依据。而且人们认为在市场上占有较高市场份额的品牌是得到大多数人认可的品牌。这类消费者通常是高收入者和时尚潮流达人，他们对商品的品牌往往非常敏感，某一名牌形象一旦受损，他们就可能放弃购买该品牌商品，而转向购买其他的名牌商品。新生代的消费者有强烈的品牌意识，对品牌的追求也是比较狂热的。他们中有些人很大程度上是为了炫耀，满足虚荣心，以获得他人的认可。

3. 好奇心理

这类消费者通常是比较年轻的，大多数为在校学生，他们容易被新奇事物所吸引，有很大的好奇心，崇尚个性化的独特风格，喜欢标新立异，追求新奇美，有一定的审美意识和一定的价值取向，消费品更新速度很快，喜欢追随潮流，更希望领导潮流。但并不注重商品的实际用途和价值，仅仅是为了满足好奇心。在购买商品时，特别注重所购商品要与众不同。新奇的商品容易使他们产生一种强烈的购买兴趣和欲望。

4. 习惯心理

消费者在购买行为中往往按照自己的习惯选择和购买商品，主要体现在日常用品的购买中。在消费者长期使用的商品中，一般都有自己喜爱的或习惯了的日常用品，只要有需要，往往不假思索就购买了。

5. 同步心理

同步心理是指消费者受相关群体购买行为的影响而表现出来的一种从众心理。该类型的消费者容易受别人影响，他们不管自己对商品是否有真实需求都容易冲动购买，抱着这种购物心理的消费者模仿的心理特别强，一般容易和别人的观点保持一致。这种类型的消费者通常需要一定的购买氛围和引导，以激起他们跟随别人保持一致购买行为的兴趣，从而实施购买行为。这类消费者往往不会顾及自身的特点和需要，是一种心理上的冲动，有一定的盲目性和不成熟性。大多数人都抱着一种"你有我也要有"的心理，这样就使得某些热门商品在导入阶段非常畅销，一旦达到普及就会马上衰退下来。这就迫使企业经营者不得不提前规划开发升级换代的新产品，以寻求企业的生存与发展。

6. 求美心理

"爱美之心人皆有之"是一种长盛不衰的购买心理，因为人们对美的追求是永恒的。消费者在购买商品时往往会被精美的商品所吸引而不由自主地进行购买，即使是消费者本身不需要的商品，但由于其精美设计和外观激发了人们的占有欲。

7. 求廉心理

在消费者心目中，对商品价格常有一种主观的价格标准，即消费者理解商品的价值与价格，也称预期价格。这个预期价格往往是一个范围，定价如超出了预期范围，消费者会嫌贵，而低于这个范围又会怀疑产品的质量。当消费者无法分辨产品的品质时，常用价格来评价。因此，即使商品价格低廉并不一定能促销，即使价格高也不一定会滞销。可见，适宜的价格才会给消费者带来安全感，使消费者放心消费。贪图便宜的消费心理，使一些消费者总是在寻找物美价廉的商品，他们对价格最敏感，减价、打折、优惠、赠送等促销手段对其非常有效。这类消费者多为收入水平较低者，或中老年人。

8. 身份心理

每个人都有一定的人格与自尊，人们也在不知不觉中将自己的身份与人格和自尊联系起来，尤其是那些具有一定名望、权力和地位的人，更是无时无刻不在注重自己的身份，尽可能地使自己的言谈举止与社交活动同自己的身份相符。衣食住行用是他们常用的表现形式，譬如某人穿的是名牌高档服装，乘坐的是高级轿车，住的是五星级豪华酒店。当这一信息传递给外界后，那么这个人的身份就会很自然地显露出来。于是，营销专家根据人性本身的这种心理，总结了一套相应的营销理论——身份原理，让品牌成为消费者表达自我身份的有效武器。对企业来说，开发比竞争对手更胜一筹的、能够彰显消费者身份的产品，就成了一个重要课题，因为这直接影响到消费者的购买决策，进而影响到产品销售。

9. 攀比心理

这种类型的消费者是以争强好胜、急切拥有的心理为主，购买的商品往往并不是自己急切需要和实际需求的。有着攀比心理的顾客，多属于冲动性的消费者，在日常购物过程中，不管该商品对自己有没有用、实不实用，看到别人选什么，自己也要拥有什么来求得心理上的平衡。有着攀比心理的消费者在购买商品时通常有一种偶然性和浓厚的感情因素在内，这类消费者对某一商品心理需求的时间一般很短暂，属于一种"见眼生情型"，这种行为多发生在儿童和青少年身上。

上述的心理需求并不都是完全独立的，而是可以互相交叉的。一般来说，消费者在购买商品时往往会被多种心理左右。

8.3.2 影响新产品购买的产品因素

新产品能否为市场迅速接受，除了取决于消费者的心理因素外，还取决于新产品的特性。

1. 产品的相对优点

消费者对新产品的要求，很重要的一点就是新产品优于旧产品。新产品的相对优点越多，即在诸如功能性、可靠性、便利性、新颖性等方面比旧产品的优越性越大，满足程度就越高，市场接受和扩散速度就越快。例如，各种多功能家用炊具、台式组合音响等，其扩散速度就比较快，因为这些产品的优越性显而易见。

2. 产品使用上的一致性

新产品的使用能否与消费者在长期消费过程中逐步形成的消费方式、消费习惯及价值观念保持一致，决定了新产品能否被消费者承认并接受。能够与现有消费方式保持基本一致的新产品，可以减少消费者调整原有价值观念、适应新的消费方式和习惯的环节，消除消费者的心理障碍与进入门槛，从而使新产品在市场上迅速推广。反之，一种新产品的使用，需要改变消费者原有的消费方式、消费习惯和价值观念，那么新产品的扩散速度就会受到影响。

3. 新产品使用方法的复杂性

一般而言，新产品的结构和使用方法越简单，就越容易引起消费者兴趣，新产品在市场上的扩散速度就越快，扩散面积也就越大。如果使用一种新产品需要掌握复杂的知识和技能，那就不容易被消费者接受。专业的单反照相机的使用方法复杂，一直不易推广。精明的日本人充分认识到产品的适应性，开发出具有自动功能、操作方便的照相机，很快就得到了普及。所以在设计新产品时应尽量简化操作程序，大众化、方便化，最大限度地减少消费者理解和掌握新产品所需的时间和精力，这将有利于新产品的扩散。

> **消费案例**
>
> **Macintosh TV 的失败**
>
> 以创新享誉全球的苹果公司也有过不少失败的新产品，其中包括 Macintosh TV。Macintosh TV 是一种可将显示器当作电视使用的计算机，它的设计者的想法十分简单，就是想利用它将至少一件电子产品从起居室清除出去。用户可以在电视和计算机之间切换，也就是说可以将其作为电视和计算机使用。但是它的处理速度比相同配置的计算机慢得多，而且售价超过 2 000 美元，也比一般的电视贵，市场定位十分尴尬。在 Macintosh TV 停产之前，其出货量不到一万台。

4. 产品的可试性

耳闻目睹不如亲身一试，新产品允许购买者试用可以加快产品的扩散速度。如果消费者能亲自试用某一新产品，体验一下新产品特点的话，比采用其他方式进行宣传的影响程度要有力得多。消费者经过试用，感到满意后容易对新产品产生兴趣和信任。因此，日用消费品、食品、化妆品等产品，上市时采用小包装或者生产部分试用装，使消费者付少量费用甚至免费体验，大件耐用消费品允许在一定时期内退换货，有利于推广新产品。例如有厂商推广新品牌的洗发水，为打消顾客的顾虑，免费向其赠送试用小包装。不少厂家和商店的产品，尤其是新牌子的产品之所以问津者稀少，其中一个主要原因就是产品未被消费者所认识，产生不了购买欲望。

5. 产品的可传达性

新产品一般在性能、用途、工艺以及效用上优于老产品。这些优点若能准确明了地为消费者感知、想象和表达，则表明新产品可传达性强。消费者购买新产品，不仅要满足试用上的需求，同时还希望自己购买的新产品的优点也能传达给其他消费者，并得到他们的承认和理解，由此得到心理上的满足。因此，新产品的可传达性越强越容易引起他人注意，推广越顺利。例如，流行服装不用广而告之即可知晓，因而流行较快；反之，某些除草药剂因不能立即看到效果，市场扩散就比较慢。

8.3.3 消费者对新产品拒绝购买的因素分析

1. 文化障碍

文化是指人类所创造的物质财富与精神财富的总和，是人类劳动的结晶，包括有形的物体（如食物、家具、建筑、服装和工具等）和无形的概念（如教育、福利和法律等）。文化同样也包括整个社会所能接受的价值和各种行为。构成文化的观念、价值和行为，是通过一代接一代人学习和传授的。文化因素对消费者的行为有着最为广泛而深远的影响。文化是引发人类愿望和行为的最根本原因，它对购买行为有深刻的影响，因为它渗透在人们的日常生活中。文化决定人们的吃、穿、住、行。文化对我们如何购买和使用产品有影响，而且还影响我们从中得到的满足程度。由于文化还决定了购买和使用产品的方式，从而影响到产品的开发、分销、促销和定价。新产品与人们的文化、消费观念冲突越大，被接受的可能性越小，尤其是与人们的基本价值观矛盾越大越难被人们接受。

2. 社会障碍

个人总是生活在一定的社会关系中，而这种社会关系又是由错综复杂的群体所构成的。消费者的购买行为同样也受到诸如小群体、家庭以及社会角色与地位等一系列社会因素的影响。其中，家庭是社会中最重要的消费者购买群体，并且已经被广泛地研究。同时，人的一生当中可能会从属于很多群体——家庭、俱乐部以及各类组织。一般来说，群体间的关系越紧密，内部越团结，群体成员对外来新产品越可能持拒绝态度。群体内成员遵守常规的倾向越强，与常规要求不一致的新产品遭到拒绝的可能性就越大。例如韩国民众对外来商品普遍存在抵制情绪，而对国货产生了特殊的偏好。

3. 个人障碍

购买者的决策也受个人因素的影响，尤其是受年龄、职业、经济状况、生活方式、个性及自我观念的影响。每个人都有影响其购买行为的独特个性。个性是指个人独特的心理特征，这种心理特征将使个人对环境做出相对一致和持久的反应。个性通常可用自信心、控制欲、自主、顺从、交际、保守和适应等特征来描述。对于特定的产品或品牌选择，个性是一个分析消费者购买行为的很有用的变量。拒绝新产品的个人障碍主要有两个因素，即个人习惯和感觉到的风险。绝大多数人对客观事物的感觉和思考方式一般是维持而不是改变其行为，往往在很多事情上是按习惯办事。从认知角度考虑，按习惯办事对人的认知系统提出的任务比较简单，在这种情况下人感觉比较轻松，而新事物往往对人的认知系统提出新的要求，使人不得不对认知系统进行调整，这是比较困难的心理任务。消费者对新产品拒绝购买的因素分析如图8-2所示。

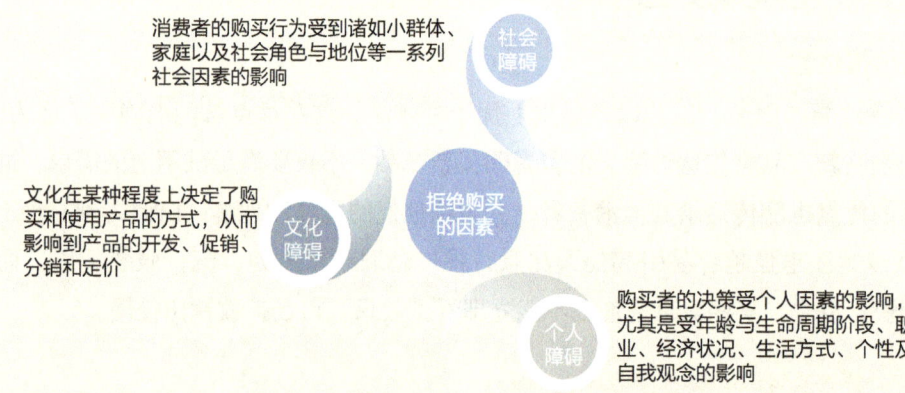

图8-2 消费者对新产品拒绝购买的因素分析

复习思考题

1. 新产品有哪几种类型？
2. 消费者对新产品的心理需求主要有哪几种？
3. 新产品生命周期一般分为哪几个阶段？
4. 影响新产品购买的心理因素主要有哪些？

案例分析题

扬东方之美，铸百年国妆：国潮彩妆花西子的文化创新

2017年3月8日，一个以"东方彩妆，以花养妆"为理念的彩妆品牌诞生于杭州西湖边——花西子。"花"意指"以花养妆"；"西子"则取自唐宋八大家之一的苏东坡对西湖的描写：欲把西湖比西子，淡妆浓抹总相宜。花西子从古诗词中汲取灵感呼应现代美妆，包含浓浓的中国韵味。

花西子自诞生之日就致力于将彩妆时尚与传统文化相结合，借助中国古代千年的养颜智慧，赋传统以潮流。从彩妆制作方面来看，花西子从四大传统工艺的篆刻中汲取灵感，将微雕、浮雕技艺与口红相结合，打造出独具特色的雕花口红。雕花口红一上线便火遍全网，获得众多国风年轻爱好者的青睐。同时，花西子以东方美学为营销点，致力于中华优秀传统文化的传播。

2019年5月，花西子携手中国最古老的四大名酒品牌之一的泸州老窖，匠心联合推出"桃花醉"限量定制礼盒。

2019年11月，花西子以西湖为切入点，开启"印象东方"主题系列，以"西湖十景"为题，重磅推出"西湖印记定制礼盒"。

2020年6月，花西子联合音乐人推出中国风品牌歌曲《花西子》。

2020年10月，花西子走进苗寨，对话苗族银饰匠人，融苗银艺术于彩妆中，共创"苗族印象"高定系列。

花西子仅用短短3年时间，实现销售额近30亿元，位列国货美妆第二名。花西子的诞生与成功，借"新国潮"的东风，一方面，随着中国综合国力的提升，国人日益高涨的文化自信呼唤更多具有中国底蕴、中国味道的品牌；另一方面，花西子巧妙地将中国传统美学元素（如雕花等）与西子、西湖的文化意象融入当代彩妆品牌中，属于器物层面的传统—现代"文化混搭"。这些元素、意象和品牌背后的审美调性高度相融，使得这种文化混搭给人以水乳交融、美不胜收的视觉和心理体验，毫无违和感。

"扬东方之美，铸百年国妆"，花西子的成功无疑为传统文化的焕活，也为当代品牌融合文化元素开展创新，提供了一种新的思路。

思考题：
（1）花西子是如何成功的？
（2）从这个案例中我们学到了什么？

》》》 实训题

选择市场上的一类产品，分析每一产品的创新之处，分析其满足了消费者的什么消费心理，并调查分析消费者的反应。

第 9 章
消费品市场与消费心理

引导案例

汽车品牌的知觉定位

品牌知觉定位图是消费者对某一系列产品或品牌的知觉和偏好的形象化表述,目的是尝试将消费者或潜在消费者的感知用直观、形象化的图像表达出来。如图 9-1 所示,汽车品牌知觉定位图通过两个维度(运动型、保守型;高档的、有特色的,实用的、买得起的)的描述,显示了消费者对于不同品牌的汽车的感知情况。消费者认为保时捷(Porsche,最右上角)是在所研究的汽车中最运动和最高级的,而普利茅斯(Plymouth,最左下角)是最实用的和最保守的。位置靠近的品牌表示对于消费者来说这几个品牌在相关维度上是相似的。消费者认为别克(Buick)、克莱斯勒(Chrysler)和奥兹莫比尔(Oldsmobile)是相似的。这几个牌子存在紧密的竞争关系,形成了竞争组群。

当新车型进入市场时,企业通常会挑选在知觉图上没有其他竞争对手的位置进入。

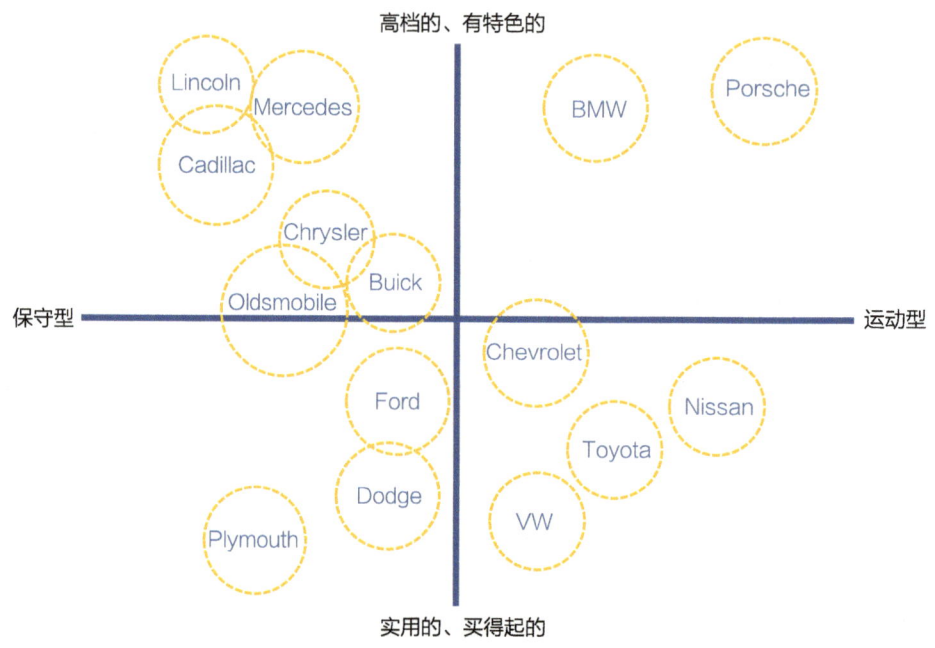

图 9-1 汽车品牌知觉定位

9.1 饭店市场与消费心理

9.1.1 饭店市场的概念和类别

1. 饭店市场的概念

饭店市场是餐饮产品交换的场所，是流通"食品烹饪和助餐服务"这类餐饮产品的领域，它能满足人们的饮食需求，同时更强调菜品价格、用餐环境给人们带来的心理满足。

2. 饭店市场的类别

（1）旅游饭店。旅游饭店可分为国际旅游饭店和一般旅游饭店。其中，国际旅游饭店除了为外国访客提供住宿上的需求外，还以其高雅的格调、精美的餐具、世界美食和完善的服务吸引大量本地的客源；加上饭店的场地大、设备齐全、员工专业水准高，因此可同时兼具美食宴会、展示会议等其他功能，充分发挥餐饮的边际效用，引导餐饮潮流的盛行。

（2）餐厅。餐厅是指人们在外正式用餐的场所。一般餐厅依产品口味的不同，可分为中餐厅、西餐厅两种，其特色如下。

1）中餐厅。中国幅员辽阔，民族众多，民俗殊异，往往基于地理、气候、风俗、民情、经济等因素，塑造了多样的文化性格，形成了独特的饮食习惯与奇妙的烹饪方法，有所谓的"南甜、北咸、东辣、西酸"——随地域而变化万千，各地区均形成自己独特的菜系，如川菜、鲁菜、浙菜、粤菜、闽菜、苏菜、湘菜、滇菜等，不一而足。

2）西餐厅。西餐厅是指装潢西化、供应欧美餐饮及以西式服务为主的餐厅。为方便大量不谙西餐的消费者，大部分的西餐厅都供应套餐，其顺序大致是汤、沙拉、主菜、甜点及最后的饮料。有些西餐厅为吸引更多的客人，甚至还会供应排骨饭、鸡腿饭等中餐菜式让客人选用。因此，现在吃西餐并非高端人士的专利，餐饮礼仪也逐渐入乡随俗，其休闲娱乐的性质大于正餐的性质。目前除了一些知名饭店和高级餐厅还保持传统西餐的风味外，去一般的西餐厅得到的已是别样的情趣了。

（3）自助餐和快餐。

1）自助餐。自助餐的宗旨是以实惠的价格，快速供应营养丰富、菜式多样的饮食。目前自助餐除了广泛运用于学校、机关等团体外，还为一般商业型餐厅普遍接受。自助餐已成为全世界流行的一种用餐方式。

自助餐可以分为两种形式：一种是客人自行至餐台取菜，而后根据所取样数付账；另一种也是客人自行取菜，但是一次性付费不限量。两种方式都是自助型或半自助型（食品由服务员供应），在人工费用昂贵的现今社会，这种服务方式的确是餐饮潮流的趋势。

以往自助式餐厅餐台的设计都采用"一"字形，顾客从同一方向进入，拿到食物后，耐心等候结账。现在已有改良，很多自助餐厅采用自由流动型和锯齿形的餐台设计，使顾客能从所需食物点切入，极为灵活，可减少排队的辛苦和时间的浪费，提高顾客的满意度及餐厅的使用率。

20世纪70年代开始推行的"吃到饱"的自助餐，对餐饮业的经营方式带来极大的震动。消费者不再因为不谙点菜技巧而不敢上大饭店，也不用受套餐组合的约束，因此这种餐饮方式广受消费者的喜爱，更成为一些高级饭店的主要餐饮业务。

2）快餐。1955年美国麦当劳的崛起，主要针对一般上班族，因为麦当劳察觉到这些上班族都希望

> **小贴士**

我国八大菜系

因地理、气候、习俗、物产的不同形成了各具特色的地方风味。单就汉族的饮食特点而言，我国的菜系目前有四大菜系、八大菜系、十大菜系之说，而且划分系类仍有继续增加的趋势。各大菜系交相辉映，各有千秋，成为中华民族珍贵的文化瑰宝。

一、四川菜系（简称川菜）

特色：以麻辣、鱼香、怪味、酸辣、椒麻为主要特点。

代表菜品：四川火锅、水煮鱼、鱼香肉丝、麻婆豆腐、宫保鸡丁、樟茶鸭等。

二、广东菜系（简称粤菜）

特色：以选料广泛，讲究鲜、嫩、爽、滑、浓为主要特点，主要由广东菜、潮州菜和东江菜组成。

代表菜品：烧鹅、脆皮乳猪、咕噜肉、大良炒鲜奶、潮州火筒炖鲍翅、蚝油牛柳、冬瓜盅、盐焗鸡等。

三、山东菜系（简称鲁菜）

特色：选料精细，刀法细腻，注重实惠，花色多样，善用葱姜。

代表菜品：糖醋鱼、锅烧肘子、葱扒海参、锅塌豆腐、红烧海螺、炸蛎黄等。

四、江苏菜系（简称苏菜）

特色：制作精细，因材施艺，四季有别，浓而不腻，味感清鲜，讲究造型；主要由淮扬菜、苏州菜、南京菜等组成。

代表菜品：烤方、淮扬狮子头、叫花鸡、火烧马鞍桥、松鼠鳜鱼、盐水鸭等。

五、浙江菜系（简称浙菜）

特色：讲究刀工，制作精细，变化较多；由杭州、宁波、绍兴三种地方风味发展而成。

代表菜品：西湖醋鱼、龙井虾仁、干炸响铃、油焖春笋、西湖莼菜汤等。

六、福建菜系（简称闽菜）

特色：制作细巧，色调美观，调味清鲜；以福州菜和厦门菜为主要代表。

代表菜品：佛跳墙、太极明虾、闽生果、烧生糟鸭、梅开二度、雪花鸡等。

七、安徽菜系（简称徽菜）

特色：它以烹制山珍野味著称，擅长烧、炖、蒸，少爆炒；其烹饪芡大、油重、色浓。

代表菜品：火腿炖甲鱼、雪冬烧山鸡、徽州毛豆腐、腌鲜鳜鱼、无为熏鸭等。

八、湖南菜系（简称湘菜）

特色：以熏、蒸、干炒为主，口味重于酸、辣，辣味菜和烟熏腊肉是湘菜的独特风味。

代表菜品：口味虾、腊味合蒸、东安鸡、炒血鸭、辣椒小炒肉、冰糖湘莲、剁椒鱼头等。

能到一个不用排队苦等的餐厅，快速取得食品来解决午餐或晚餐的用餐需求。在我国具有代表性的有永和豆浆、真功夫、南城香等。

9.1.2 饭店市场的消费心理分析

在竞争日益激烈的今天，饭店总是希望加强管理，提升品质将自己的特色展现在顾客面前。这就要求对消费者的心理有清晰的了解和准确的把握，以尽可能满足顾客的需求。把握好顾客心理需求，能够有助于饭店在激烈的市场竞争中起到事半功倍的效果，因此，打好"心理战"是饭店赢得竞争优势的必经战役。常见的饭店市场的消费心理有以下几个方面。

1. 位置与环境的心理需求

餐厅位置是消费价位的间接反映，好的地段在价格上同其他地段有区别，但其中存在着对顾客群定向的选择和餐厅经营类型的问题。环境问题不能停留在狭隘意义上的清洁。例如，重庆大足区的"荷花山庄"，巴渝特色气氛浓烈，顾客三三两两可以安坐在一艘花艇内观看艇外的各式荷花，品尝巴渝小吃，接受穿着渔家服的"渔家女"热情纯朴的服务。这个例子反映了环境特色的经营理念。舒适的环境能营造食客的就餐情绪，同时也让其得到享受和尊重感。餐饮环境的营造是餐厅的无形资产投入。

2. 菜品的口味对于消费者心理的需要

餐饮经营者跟对手比的就是菜品的特色、工艺和口味，餐饮消费者的目的也是品口味、品特色。要延长一家餐厅的生命周期，在菜的口味上就是要特别注意，这中间就有许多尺度的问题。例如，四川人多少都能吃点辣，但吃辣也有程度的差别，有的是适可而止，有的是越辣越好，这就是尺度问题。当然，个性差异不能局限于上述这些，只是从这个角度来寻找延续餐饮生命周期的途径。

3. 卫生的心理需求

随着生活水平的提高，人们越来越注重身体健康，注重高标准的饮食卫生，它包括酒店环境卫生、产品卫生、餐具卫生及服务员在服务操作中提供的规范服务。保持餐厅清洁是对顾客的尊重和自身经营的需要。清洁的餐厅可以唤起顾客的食欲和心情，这也是顾客选择在哪家餐厅进餐的前提，即第一印象。因为清洁的形象会给消费者留下美好的印象，当其进行选择时，消费者会把第一印象好的餐厅纳入考虑范围之内。

4. 价格的心理需求

顾客永远都会关注价格和质量。价格合理、公道，吃得好，这是每个顾客所希望的。顾客感到物有所值才会光顾酒店，物有所值是服务质量的具体体现。如果能让顾客感到物超所值，顾客会喜出望外，感到惊喜。当然，提供物超所值的服务，酒店是要核算成本费用的。

5. 求新的心理需求

凡是新鲜的、奇异的事物总是引人注意的，能激起人们的兴趣。消费者在饭店消费的过程中，同样渴望吃到有特色的菜肴，享受到个性化的服务。

6. 求尊重的心理需要

它主要包括四个方面的内容：一是受到礼遇，即在服务过程中能得到服务人员礼貌的招呼和接待；二是得到一视同仁的服务，在餐饮服务中不能因为优先照顾熟客或重要顾客而忽视、冷落其他顾客，在做好重点顾客服务的同时，应同样兼顾到餐厅其他顾客，明显的顾此失彼都会引起部分顾客不满甚至尖锐的批评，不能让任何一位顾客感觉受到了冷落或怠慢；三是愿意被认知，顾客愿意被认识、被了解，当顾客听到服务员称呼自己的姓名时，他会很高兴，特别是发现服务员记住自己喜欢的菜肴、习惯的座位甚至特别嗜好时，顾客更会感觉到自己受到了重视和无微不至的关怀；四是对顾客人格、风俗习惯和宗教信仰的尊重，以获得心理和精神上的满足。另外，服务员的举止是否端庄，语言是否热情亲切、是否讲究礼貌得体，以及是否能够做到主动服务、微笑服务，都涉及能否满足顾客求尊重的心理需要。

7. 方便快捷的心理需要

随着工作节奏的加快，生活节奏变得越来越快，消费者希望就餐过程中尽量减少等候时间。顾客到来的时候要及时为其引导落座，快捷服务，如添加酒水、上菜迅速、快捷结账。顾客来饭店是为了用餐，所以上菜的速度是其比较在意的，顾客都不愿意等太久。顾客认为来到饭店用餐，饭店应尽可能满足他们，不愿意有一点偏差。

8. 显示身份的心理需要

消费者在就餐时，希望服务员能够尊重、关心和重视他们，特别是涉及宾主关系时，主人要显示自己的身份，显示自己款待宾客的气派，服务员此时应使用恰当的语言、恰如其分的服务来帮助主人满足其自信的需求。

9.1.3 饭店企业的营销策略

1. 优质高效策略

随着城市生活节奏的加快，居民收入水平的提高，社会上对快餐的需求量日趋增大，质优价廉、高效率的快餐店必将受到广大消费者的欢迎。我国各地已有许多饭店和各类餐饮企业，通过经营快餐业务而使自身获得了良好的经济效益。

2. 差异性策略

顾客需求的多样性必然产生市场需求的差异性。差异性策略即人无我有、人有我优、人优我变、人少我全、人旧我新、人新我特的策略。饭店为寻求顾客的信任度和忠诚度，必须制造差异性，以提高顾客的忠诚度和满意度。要积极应对市场，开发新品，才能给顾客留下深刻的印象，提高顾客的忠诚度和回头率。差异性不仅指产品的差异性，还包括服务的差异性、环境的差异性、营销方式的差异性等。

3. 重视个性化、特色化、形象化服务的营销策略

顾客在年龄、职业、性别、文化程度、生活阅历和兴趣、爱好等方面都有其个性化特点，不同的顾客对服务的要求也不一样。随着人们生活水平的提高，消费需求将日趋个性化，这要求企业重视人们的个别要求，根据具体的消费场景、消费时间、消费对象提供有针对性的服务，并据此塑造出符合顾客要求的企业形象，如开发各种主题餐厅等。从现代消费者的心理来看，许多人在进行某种消费时，不仅消费商品本身，也消费商品的名气和通过商品体现出来的形象，因为形象具有一定的象征价值，能满足人们对身份地位等方面的追求，能让人产生自豪感。

4. 品牌经营策略

当今，饭店企业已经从卖方市场走向买方市场，顾客选择到哪家饭店消费，主动权完全掌握在买方手中。饭店只有靠自身的资源优势，创新产品，塑造品牌，赢得顾客。品牌是一种资源，谁抢在前面，谁就能占有和运用这份资源占领市场。例如，有些饭店针对城市消费群体推出"农家土菜"，继而形成自己的"特色"品牌。

5. 公共关系策略

公共关系是指社会组织通过传播沟通等手段，向社会公众传递信息，提升组织形象，建立生产者与消费者之间的互动和互信关系。饭店企业要采用有效的促销手段，借助舆论工具，利用新闻机构或饭店

消费案例

引人怀旧的餐厅

杨小姐、李先生和沈先生三人在北京旅游时，在出租车司机的介绍下来到地坛附近的一家餐厅。刚进餐厅，三位客人便有一种耳目一新的感受，服务人员的服装很有特色，男服务员身着对襟衫，女服务员则身穿古色古香的旗袍；餐厅地面没有进行处理，只是简单而普通的水泥地面，没有像绝大多数餐厅那样铺满地毯或用花岗岩、大理石铺设；餐桌全都是八仙桌；四壁悬挂着几幅二十世纪三十年代的明星照；供应的都是地道的北京传统菜点。

沈先生很好奇，到四处转了一圈，发现四周的包厢里没有通常所见的圆台面，而是一铺北方常见的炕，客人就在炕桌上就餐。来自南方的沈先生没有见识过，便问匆匆走过的服务员："还有包厢吗？"服务员询问道："请问先生有没有预订？"沈先生回答说："没有。"服务员说："先生，那就对不起了，包厢全都被预订了。"

沈先生不无遗憾地坐回到大厅里。在就餐过程中，三位客人还惊喜地发现餐厅还有一个舞台，上面有艺人在轮流表演京剧、评剧、相声、杂技、魔术等。三位客人在该餐厅度过了难忘的一晚。

分析：雷同是目前许多饭店给人的感觉。客人对雷同的饭店设施不会感到特别满意，因此，也很难给客人留下深刻的印象。在餐饮业竞争日趋激烈的情况下，饭店应努力创造自己的经营特色，才能占领市场，吸引更多的客人。饭店的经营特色体现在许多方面，如装饰布置、设施设备和用品的配备、服务项目等。

本例中的餐厅之所以会给客人留下难以忘怀的印象，正是因为其注重特色的装饰布置带给客人的全新感受。从服务人员的服饰、餐厅地面的装饰、餐桌的款式、包厢的风格到四壁的装饰画、供应的菜点和艺人的表演，无一不给客人以独特的、非同一般的感受。这种感受并非来自饭店设施设备的豪华，而是因为与众不同。

因此，饭店应从客人的角度来进行装饰布置，应着重考虑客人的需求，而非与其他饭店攀比。

员工等公共关系网络在社会上广泛宣传与推销；要真诚、友好、平等地与社会公众之间建立互信关系，塑造良好的社会形象；饭店还可以与旅行社、会议组织机构等中间商建立长期合作关系，共创新产品，宣传品牌。

6. 形象展示策略

由于饭店行业竞争激烈，饭店应在以下三方面做好形象展示工作。

（1）环境要素。这类要素通常不会引起顾客立即注意，也不会使顾客感到格外的兴奋和惊喜，但如果饭店忽视了这些因素，使环境达不到顾客的期望和要求，则会使顾客失望，降低顾客对服务质量的感知和评价。

（2）设计要素。这类要素是顾客最易察觉的刺激因素，可以用来改善饭店产品的外观，使饭店服务的功能效用更为明显和突出，以建立有形的赏心悦目的饭店产品形象。

（3）社交要素。社交要素是指参与饭店服务过程的所有人员（包括服务人员和顾客），他们的态度和行为都会影响顾客对服务质量的期望和评价。

饭店可以通过环境、设计、社交三类有形展示要素的组合运用，实现服务产品的有形化、具体化，从而帮助顾客感知服务产品的利益，增强顾客从服务中得到的满足感。

7. 注重情调、氛围策略

现代社会的消费者在进行消费时往往带有许多感性的成分，容易受到环境氛围的影响。在饮食上，他们不仅注重食物的味道，还非常注重进食时的环境与氛围，要求就餐的环境"场景化""情绪化"，从而能更好地满足他们的感性需求。因此，相当多的餐厅，在布置环境、营造氛围上下了很大的工夫，力图营造出各具特色的、吸引人的种种情调，或新奇别致，或温馨浪漫，或清静高雅，或热闹刺激，或富丽堂皇。有的展现都市风情，有的展现乡村特色；有中式风格的，也有西式风情的，更有中西合璧的。从美食环境到极富浪漫色彩的店名、菜名，使顾客在大快朵颐之际，烘托起千古风流的雅兴和一派温馨的人和之情。餐饮店的内部也可以设计些奇特的创意，如以郁金香、红玫瑰等来取代餐桌的编号。"营业中""准备中"等告示牌，令人感到冰冷无情，如果改用"本店上午九点开始营业，敬请稍候""本日晚上十点打烊，明日上午九点再见，敬请原谅"就令人倍感亲切。因此，有着良好的环境氛围的餐厅和饭店受到了人们的欢迎。

9.2 汽车市场与消费心理

9.2.1 汽车市场概述

我国的汽车市场主要是由汽车消费资料市场、汽车消费品市场和汽车服务市场构成的商品市场流通体系。

我国汽车市场的建立与发展是同我国汽车工业的发展相一致的。20世纪初，国外汽车开始进入我国，有了汽车维修业。我国汽车制造工业和汽车市场的形成是在新中国成立之后逐步发展起来的，特别是在加入世界贸易组织以后，我国汽车工业取得了长足的发展，我国汽车工业的产销系统由封闭转为开放，多渠道、高效率的汽车商品市场流通体系逐步形成。

9.2.2 我国汽车市场消费特点

1. 购车群体由高收入者向中等收入者转变

购车是一项大额支出，除汽车本身价格较高以外，汽车在购买以后，各种税费也比较高，比如17%的增值税和10%的购置税以及一定的车船税，进口大排量汽车还需缴纳高昂的关税和消费税。在使用过程中还要交纳各种高速通行费和停车费等。随着汽车价格的下降和人们收入水平的进一步提高，汽车开始走入普通百姓家庭，消费者对汽车的需求量明显上升，汽车消费逐步迈进大众化时代。

2. 车型选择从大众化向个性化转变

汽车消费对私人开放的初期，人们可选择的品牌非常有限，如称作老三样的桑塔纳、捷达和富康。如今车市已是百花齐放，不仅品牌众多，而且款式各异。购车者的选择范围大大增加，既有油车、新能源车，还有越野车、商务车和多功能车；价格档次既有豪华型，又有中高档型，还有经济型；颜色也五彩缤纷、应有尽有，满足了不同消费者的需求。

3. 汽车市场受政策影响较大

汽车消费将更多、更直接地受宏观经济的影响，如城市环境、道路交通、环保、能源的影响。政策信息、政策动态都将对汽车市场产生重大影响。一系列拉动汽车消费的政策，包括汽车下乡、汽车以旧换新、节能补贴、减税优惠等措施，对推动汽车消费起到了关键性作用。然而随着汽车消费的快速增长，也加剧了能源消耗和环境污染，新能源汽车也应运而生。此外，为了解决交通拥堵的状况，一些城市不得不开始了限牌限购限行的行政应急措施，这对汽车消费市场产生了重大影响。

9.2.3 汽车市场的消费心理分析

消费心理对消费者购买商品有很大的影响。现实生活中，个人的需求、价值观、爱好和性格各不相同，在购买商品时的消费心理也呈现出多样化的特征。在购车消费的过程中，常见的消费心理大体有以下几种。

1. 实用性心理

消费者购车时注重汽车的使用价值，把车的品质、性能、安全性、用途、维修保养以及售后服务水平等放在首位，而不太注重汽车的外形和品牌。这类消费者一般都是实用型消费者，他们一生可能会购买多部车，以追求经济实用为特点，不太在乎外形、功能与豪华舒适的配置。

2. 追求个性心理

此类消费者十分注重所购汽车的独特性，以显示其个性。他们在汽车的选择上较注重新奇独特，并且对各种汽车的特性，特别是消费效果有独到的看法，以图通过汽车本身来显示自己与众不同的个性。例如，他们往往喜欢小众品牌，或者稀有限量版车型。

3. 炫耀心理

此类消费者十分在意别人对自己座驾的赞美性评价和反应，以期引起别人的注意和羡慕。所以这类消费者购车十分注重汽车品牌、外观款式与性能，以炫耀自己的财富以及满足优越感的心理需要。一般来说，如果所购汽车达不到这种目的和效果，他们就很难做出购买决策和购买行为。

4. 中庸之道心理

很多消费者将中庸奉为立身行事的行为准则。凭借中庸特征赢得消费者青睐的车型不在少数。最典型的就是凯美瑞，它本着中庸的设计成为中级车市场上畅销车型，实现了两年30万辆的骄人成绩。

5. 贪大求全心理

汽车是大件耐用消费品，购买时自然是功能越齐全越好、车身越长越好、配置越全越好。为了满足这种心理，有的厂商将原型车进行拉长、加宽。

6. 从众心理

消费者购车注重的是别人的看法，购车的目的是为了与其他人保持一致。此类消费者容易受他人影响，即便是短期内不需要购车，也会努力想办法购买并力图与他人看齐。

7. 求新心理

这类消费者购车时注重车的外形、内饰和新功能是否时尚，是否符合潮流，强调款式的新颖、格调的独特，因此外形独特、富有个性的车型以及时尚的跑车都是这类消费者关注的重点。他们以年轻人和高收入富裕阶层为主。

8. 求廉心理

此类消费者购车时注重汽车的价格因素，对于汽车降价敏感，经销商提供的折扣和让利优惠对这类消费者而言有很大的吸引力。求廉心理是消费者购车时最主要的动机之一。目前，汽车市场上各个档次的汽车都很丰富，消费者有较大的选择余地，在产品性能没有太大差别的情况下，消费者在购车时，求廉心理占据主导地位。

9.2.4　影响消费者购车的其他因素

1. 消费者自身的因素

（1）消费者的经济状况，即消费者收入、存款与资产、信贷能力等因素。收入的高低决定了消费者购买能力的大小，只有一个人拥有了一定的经济实力，他才会考虑去买车。

（2）消费者的职业和地位。不同职位的消费者在选购商品时会有不同的价值取向，例如一位富裕又有地位的消费者，他会选择比较高档汽车；而普通消费者可能会选取价格比较便宜的车型。

（3）消费者的年龄和性别的差异。不同年龄段的人对车的要求会有很大的差别，中年人一般会选择稳重大气的汽车，并且他们一般都收入较高，比较倾向于高档车型；而年轻人一般由于收入低，会选择一些经济车型，但款式新颖、色彩鲜艳、彰显个性的汽车品牌。

2. 社会因素

人生活在社会中，消费行为难免会受到诸多社会因素的影响，如社会文化、其他人对消费者的建议、广告效应等多个方面的因素都会对消费者产生影响。

汽车不同于普通商品。一般人都比较重视对汽车的选购，不会像一些日常用品那样随便选取，而是会经过长时间的考虑。如今，消费者不仅会考虑商品的质量、价格等因素，还会考虑商品是不是环保，会不会对环境造成污染。尤其是像汽车这种商品，现在的消费者可能更多地会考虑环保性，选购新能源汽车。目前在世界各国，消费者的环保意识在逐渐加强，环保节能的汽车越来越受到欢迎。

3. 汽车的性能

一般来说，汽车的性能包括车辆的长宽高尺寸、车重、内部空间的容积、内部设备、发动机功率、最高时速、转弯半径和安全性能等。当前消费者的购车趋势是既考虑能耗又看中动力。通常，大排量、大功率的发动机性能好，但能耗相对就高一些，因此消费者实际上关注的是如何协调能耗和动力性关系的问题。目前油价的频频上涨已经使得一些人不得不放弃买车或改买新能源汽车的打算。尤其是对经济型轿车的潜在购买者，这一影响更为突出。此外，车的舒适性配置、外形和内部空间大小对于不同年龄和不同职业的消费者有不同的影响。时尚小巧的外形能够吸引年轻人的注意，而家庭型购车倾向于内部空间较大的车型。

4. 汽车的售后服务

汽车虽然是耐用消费品，但是对个人来说，并不是购买之后就可以尽情地驾乘，一劳永逸。驾乘只是汽车消费的一个方面，汽车的保养、维修在一定程度上占据着汽车消费更重要的花费。因此，购车者对售后服务的关注不断提升。现在，服务品质成为企业竞争力的衡量标准，也是消费者购买汽车的决策因素。

5. 政策法规

政策法规的调整对消费者购车也有重要影响。例如，2023年，财政部、税务总局、工业和信息化部发布的《关于延续和优化新能源汽车车辆购置税减免政策的公告》指出，对购置日期在2024年1月1日至2025年12月31日期间的新能源汽车免征车辆购置税，其中，每辆新能源乘用车免税额不超过3万元；对购置日期在2026年1月1日至2027年12月31日期间的新能源汽车减半征收车辆购置税，其中，每辆新能源乘用车减税额不超过1.5万元。

9.2.5 汽车销售企业的营销策略

1. 展销会销售策略

展销会是一种面向社会公众的汽车推销方式。自汽车诞生之日起，汽车展销就与之相伴。展销会可以让普通大众更好地了解汽车，从而激发购买欲望，还可以起到以旧带新的作用。同时，在展销会期间，企业一般会给予消费者购买优惠政策，促销效果非常明显。现在，举办和参加展销会仍然受到企业和经销商的高度重视，已经成为一种重要的汽车营销模式。

2. 折扣、返点营销策略

这种营销策略是生产企业为了鼓励中间商、用户购买或多购买而在价格上给予的优惠措施，以及生产企业为了鼓励经销商多销售汽车，规定销量达到一定标准后给予奖励的措施。这种推销方法实际上是"薄利多销"策略的一种表现形式，其目的是刺激消费者的购买兴趣和欲望。但事实上，卖方并不会吃亏，因为为了留有余地打折，厂商总是事先把车价定得稍高，在打折后仍有利可图，同时给消费者留下了占了便宜的感觉。实践证明，折扣、返点是一种行之有效的营销方法。

3. 分期付款和低息贷款策略

分期付款是用户先支付一定比例的购车款，余下部分在一定期限内，分期分批支付给银行，并最终买断汽车产权。低息贷款则是用户购车时，由信贷部门或汽车金融公司提供车贷利息补贴，购车款由用户和信贷公司结算，汽车销售部门则在用户购车时一次收取全部购车款。信贷业务与汽车销售业务相互独立。信贷公司既可以由汽车厂商、经销商或银行分别兴办，也可以由他们联合兴办。研究表明，有些潜在的消费者并不是不想买车，而是一时资金不足。针对这种情况，汽车厂商就可以向他们提供低息贷款或许可他们分期付款。这样既满足了顾客的使用需求，企业也把车卖了出去。分期付款和低息贷款营销法在汽车销售市场十分常见，我国目前很多汽车厂商基本上都支持分期付款销售。

4. 网络营销策略

如今，报纸、电视、杂志等传统媒体广告市场持续下降，其中相当大的市场份额被网络广告市场所抢占。随着网络内容的丰富以及专业的汽车网站的崛起，汽车市场的网络营销趋势将不可阻挡，并且由于网络广告市场的精准性、互动性、内容丰富、黏性高和低成本等特点，将为汽车广告主带来超值回报。在营销策略上一直长袖善舞的丰田公司自然也不会放过网络营销模式的运用。丰田锐志不仅在新浪、搜狐和雅虎等国内主流门户网站以及汽车之家、爱卡汽车等专业网站上有计划、有规模地投放广告，而且实施网络公关，人为地为消费者设定了较高的价格心理保险，为锐志车型的上市和目标客户的设定奠定了基础。

5. 服务营销策略

在汽车市场竞争日益激烈的今天，甚至有人提出"卖车就是卖服务"的口号。广州本田就是一个执行以服务为中心营销策略的企业。广州本田在国内第一个引进"4S"专卖店销售模式，以销售为中心来确立整车销售、零部件供应、售后服务、销售数据采集和信息反馈等机制。在售车过程中，要求销售人员恭敬地为客户讲解；在维修过程中，通过定期举办"快修竞赛"来缩短客户等待的时间，修车间用玻璃隔开，每个维修车位提供实时视频传送，以便用户能看到车间运作的情况。本田通过点点滴滴为客户

营销案例

比亚迪推出联合公益短片助力地球降温1℃

近年来，全球气候变化的影响越来越明显，高温天气也越来越频繁。比亚迪汽车和星球研究所联手推出的自然地理科普纪录片《海南岛有多神奇？》在传播环保理念和推广自然保护方面起到了积极的作用。通过深入探讨海南岛的历史、文化和自然风光，人们可以更好地认识到自然环境的重要性，提高对环保事业的关注和投入。

这部纪录片以多种视角探讨了海南岛的自然风光和文化传承，表现了自然与人类和谐共生的美好愿景。片中对于环保问题的关注和提醒，呼吁大家一起"为地球降温1℃"，号召人们从自身做起，关注环境保护问题，积极采取行动。

同时，这部短片也是比亚迪汽车在推广电动汽车及环保理念方面的又一次尝试。比亚迪汽车通过少量的品牌宣传和产品展示，在短片中更多地关注了环境保护和可持续发展，体现了其企业社会责任的一面。

营销案例

吉利汽车营销案例分析

TVB与CCTV合作拍摄的60集大型电视连续剧《岁月风云》，该剧创作原型就是吉利汽车，剧中许多场景的拍摄均选择在吉利汽车生产基地完成，"美人豹""自由舰"和"远景"等吉利汽车品牌甚至直接在剧中出现。直到现在，吉利的"新三样"（自由舰、金刚、远景）过硬的品质并没有带来相应的品牌提升，而《岁月风云》增加了吉利品牌的美誉度，这是一种结合的成功，更是对自主品牌的一个传播。

着想，将服务营销做到了极致，也赢得了广大消费者的认同。

6. 提升整体形象公关策略

首先，可利用重大事件或策划重要活动，如邀请明星或公众人物品牌代言，赠送样车等活动。此举不仅宣传了自己的品牌与产品，还在消费者面前树立了良好的品牌形象。其次，企业要热衷于社会公益事业，如在贫困地区捐建希望小学，为贫困学子设立助学基金，热心参与绿色环保活动等。这些公关活动一方面会促进社会和谐，弘扬积极健康社会风气，另一方面会使人认为这样的企业是一个道德感和责任感很强的企业，企业和产品的良好形象将会因此而长期保留在受益者和相关人群的心中。

7. 比附营销策略

比附营销是一种借势借力的营销手段，即自身力量不够，借助于外力来提升自己的附加价值。例如，车展中备受关注的车模就是借势营销中的一种。有研究发现，有靓丽的车模在旁的汽车比单独摆放的汽车看起来更有价值。此外，比附营销还在一些国产汽车上得到应用。例如，华晨公司借助于宝马来提升中华牌汽车的品质和美誉度。华晨借助于宝马提高了汽车质量，提升了管理理念，更提升了品牌形象。

8. 鼓励购买"自家车"的营销策略

汽车公司普遍对自己的员工优惠售车，他们将此种售车方式称为购买"自家车"，并以此唤起职工对本公司的热爱，激发职工的责任感和荣誉感，较好地将汽车销售与企业文化结合起来。

9. 口碑营销策略

对于目前大多数中国家庭而言，汽车还是昂贵的大件消费品。大多数人基本上都是第一次购买汽车，消费经验往往很少，接触相关媒体的时间也非常有限。因此，亲友间的口口相传往往成为购买决策的重要依据。口碑营销在实践操作中往往表现为车友会活动，如车友俱乐部联谊、汽车测试赛、试驾活动等，借此建立目标用户群中的品牌形象。

10. 以旧换新营销策略

以旧换新销售方法在汽车工业发达的国家十分流行。这种方法是汽车公司销售网点收购消费者手中的旧车（不管什么品牌），然后将公司新车再卖给用户，两笔业务分别结算。公司将收来的旧车经过整修后，再出售给那些买二手车的消费者。这种营销方式能满足消费者追求新款车型的心理，又能保证置换下来的旧车辆的完好状态，有较好的经济效益和社会效益。

9.3 旅游市场与消费心理

9.3.1 旅游市场的概念

旅游市场是旅游需求市场和旅游供给市场的总和，反映着国家之间、国家与旅游经营者之间、旅游经营者之间、旅游经营者与旅游者之间错综复杂的经济关系。旅游市场的形成和发展是这些关系协调发展的必然产物。

1. 旅游市场的广义与狭义区别

从经济学的角度来看，旅游市场有狭义和广义之分。狭义的旅游市场指旅游产品交换的场所，如旅游景区、游乐场、饭店宾馆等。广义的旅游市场指旅游产品交换过程中的各种经济行为和经济关系的总和，即旅游市场反映了旅游产品实现过程中的各种经济活动现象和经济活动的关系。

2. 旅游市场中的产品概念

在市场上流通的旅游产品，被称为旅游商品。但这个概念不同于日常所说的旅游工艺品、旅游纪念品，即广义的旅游产品。它是指旅游项目和旅游线路，是旅游资源、旅游设施、旅游服务等多种要素构成的综合产品。

3. 旅游客源市场

从市场角度来看，旅游市场指旅游客源市场，是旅游区内某一特定旅游产品的现实购买者与潜在购买者。

9.3.2 旅游市场的分类

按不同的标准，旅游市场有多种分类方法。
（1）按地域范围的不同，可以分为国际旅游市场和国内旅游市场。
（2）按旅游者的年龄不同，可以分为老、中、青旅游市场。
（3）按旅游活动类型不同，可以分为观光、度假、会议、购物、体育、探险和科学考察旅游市场。
（4）按旅游接待量和地区分布不同，可以划分为一级市场、二级市场和机会市场。

9.3.3 国内旅游市场的特点

1. 普遍性

随着我国法定假期制度化和规范化，国民可支配收入的增加，国民的旅游活动日益活跃。

2. 多样性

由于我国社会经济发展区域不平衡，国民收入多元化，消费层次多样化，以及年龄、文化等差异，形成了旅游需求多样性的特点。度假疗养、游览观光、体育旅游、探险旅游、生态旅游等各种主要旅游方式同时存在，并且都得到了迅速地发展，新的旅游方式不断涌现，旅游活动的组织形式日益多样化。

3. 区域性

国内旅游市场的地区结构，是以大中城市和沿海地区为主，内陆及县镇为辅。旅游开发和规划以及战略政策的制定应充分考虑在不同地区居民具备的旅游消费水平和出游能力。国内居民以沿海地区、经济发达地区的人均旅游花费为多。从国内旅游者出游的区域性来看，经济发达和沿海城市的居民出游率远高于内陆和偏远城市。出游率呈东、西、中阶梯状递减趋势，而人均消费水平东部与中西部的差距在逐渐减少，说明了旅游是居民达到一定经济生活水平后的消费行为，相对而言东部地区达到旅游行为发生的收入水平门槛的人数较中西部多。

4. 集中性

旅游流向以近地短程旅游为主，中程次之，远地长线最少。从国内旅游者平均游览城市座数及构成来看，国内游客以游览一座城市的短程旅游者比重最高，国内游客大部分属于一地滞留型。从国内旅游者出游目的地来看，国内旅游者旅游的热点集中在华东和华北地区的大中城市、沿海城市，以及内地、西北偏远地区和东北地区的品牌旅游线路。

5. 季节性

旅游以春节、五一、暑期、十一、元旦为代表的五个时段，构成了我国一年中的五个旅游黄金季节。这五个黄金季节形成了国内旅游高峰，促进了"假日经济"的产生和发展。国内旅游各季出游分布基本平均，国内城镇居民第一、第三季度是出游的旺季。针对平时的双休日旅游市场，一般风景区相继推出针对短程游客的周末一日游、两日游产品，扩展了旅游景区的市场区域范围。

9.3.4 旅游消费者的消费心理

1. 健康娱乐的需求

健康娱乐的需求主要是为了通过休闲、运动、安全、游嬉、治疗等保持健康的需要。例如，生活在寒冷地带的游客到温暖的地方去旅游，其目的是为了有效地躲避寒冷对人们的侵袭；反之，生活在炎热地方的人到凉爽的地方去旅游，也是为免遭酷热煎熬之苦。患有各种疾病的人，以及经过长期劳作、需要通过休息来恢复精力的人，希望到海滨、山林等环境优良的地方去旅游，获得那里纯净的空气、明媚的阳光和特殊矿物质等，以利于病痛的康复和疲劳的消除。有的旅游者到著名的游乐场所，参加游乐活动，是为了暂时忘却烦恼，消除身心的疲劳。怀有这种消费心理的消费者，在旅游目的地和旅游项目选择上，主要侧重能增进身体健康、使人全心投入的活动，如轻松愉快的参观游览、令人开怀的文化娱乐活动、各种休养治疗活动和温泉疗养等。

2. 回归自然的心理需求

人类文明的发展，科学技术的进步使许多现代人摆脱了空间上和地理上的束缚以及繁重的体力劳动。但也正因为如此，人们与自然的距离变得越来越远。从生活环境方面来看，越来越多的人聚集在城市中，居住在钢筋水泥建造的丛林里。于是，人们渴望回归大自然，感受大自然环境的清新。而回到森林、海滨、河流、山川中去看看，亲自体验大自然的美丽景色，沐浴在大自然清新的环境中，投入大自然的怀抱，正好能够满足人们的这种回归自然、回归本性的愿望。

3. 追求生活新鲜感的需求

人的本性就是要不断地为自己寻找更广阔的天地，不断扩展和更新自己的生活。追求新鲜感符合人的本性。心理学家弗罗姆认为，人最基本的选择就是爱生与爱死的选择。生意味着不断变化、不断发展，死意味着发展的停止，意味着僵化和重复。而爱生是人的本性。工业化所产生的单调的紧张生活使现代人充满了对寻求新鲜生活的渴望。外出旅游可以接触到日常生活中接触不到的事物，做一些日常生活中没有条件做的事情，使自己得到日常生活中得不到的新鲜感。

4. 摆脱孤独感和压抑感的需求

人是自然中的人，在他的内心深处满怀着爱的需求，渴望人与人之间互相关心、互相理解、互相尊重。但由于工业文明的发展，市场竞争日益激烈，旅游这种日常生活之外的生活能够为人们提供一种别样的环境。旅游者之间没有直接的利益冲突，他们可以建立起平等、纯朴、自然、坦诚、和谐的人际关系。

5. 追求个性的心理需求

旅游市场的飞速发展，使身处其中的旅游消费者发生着观念的变化和旅游行为的变化。旅游者已不满足被动地参与，而是期望主动地决策，收获一次与众不同的经历。单一形态的团队旅游形式对旅游者的吸引力有所下降，而且越来越明显的是，旅游消费者越来越趋向于选择能体现自己的生活质量、个性特征，能让自己由被动变主动、积极参与到其中的自助旅游方式。这样，一些诸如民俗旅游、探险旅游、体育旅游、回归自然旅游、环保旅游等项目悄然兴起，并深受旅游消费者的欢迎。

6. 追求自我延伸与超越的心理需求

追求自我的伸展与超越是人的本能。旅游在某种程度上满足了这种需要。当人们驱车千里，或远渡重洋来到异地他乡，或登高山或潜水底，眼界超出以往的范围，他们占有的空间就大大扩展了。走的地方越多，空间的扩大，使人的心胸也会变大。从这一点，我们就能理解为什么外国人希望到北京看四合院，而不愿意看摩天大楼；城里人到九寨沟希望住在特色的藏式小楼，而不愿意住在充满现代气息的宾馆。

7. 求美的心理需求

所谓求美心理，是指游客寻求情感满足的心理，这是一种完全没有功利目的的心理。大多数游客到大自然中去，并非为了学习地理、地质学等自然科学的知识，而是为了去感受大自然的美好，去获取大自然给他们带来的愉悦和轻松等种种感受。同样，多数游客到有历史遗迹的地方，如我国的长城、秦始皇陵、埃及的金字塔等处去旅游，并非是为了研究历史，而是为了让历史古迹唤起心中崇高、伟大、悲壮等各种情感，使他们自己充分感受到历史的美与深邃。

消费案例

风格独特的红楼宴

中国四大名著之一《红楼梦》的作者曹雪芹一生中大部分时间居住在江苏扬州，书中的贾府菜就是扬州菜。扬州某宾馆巧打文化特色牌，善于利用名人、名著，以"红楼梦"为主题，开发了"红楼宴"，建造了充满古色古香的"红楼厅"。大厅门口"红""楼""梦"三个大红灯笼高悬，厅内镂花窗口上镶嵌着金陵十二钗仕女图，宾客进入红楼厅，耳际飘扬着电影《红楼梦》插曲，"贾府丫鬟"装扮的服务员轻盈地引宾入座。"红楼宴"设计匠心独运，如"一品大观"由一个五彩拼盘合为一个"品"字，以姜丝衬干丝的"金钗银丝"与《红楼梦》中的情节相呼应，洁白高雅的"雪底芹菜"、造型独特的"宝钗借扇""晴雯包""如意饺"等令人赞不绝口。游扬州、逛西湖、品"红楼宴"、饮茶于富春茶社等已经成为扬州旅游的特色项目。

8. 满足爱的需求

婚恋游就是为了爱的旅游，充满了欢乐与浪漫的色彩。在舒适、轻松的环境氛围中，婚恋的男女既享受了旅游带来的各种乐趣，又增进了彼此之间的了解，培养了爱情。以满足爱的需要作为旅游动机的还有全家老小、亲属、朋友或同事的结伴旅游，通过旅游加深了亲情或友情。

9.3.5 影响旅游者消费的其他因素

1. 收入水平

收入水平决定着一个潜在的旅游者能否实现旅游及其消费水平的高低。然而一个人或一个家庭的收入并非全部都可用于旅游。许多相关研究表明，当一个家庭的收入不足以购买基本生活必需品时，该家庭很少会外出旅游。然而一旦这个家庭的收入水平超过这一临界点，该家庭用于旅游的消费便会迅速增加且增加比例超过收入比例。许多市场调研公司的调查结果都表明，人们外出旅游与家庭收入水平有着直接的关系。此外，收入水平不仅影响着人们的旅游消费水平，而且会影响到人们的旅游消费构成。一般来说，较富有的家庭会在食、住、购、娱等方面花较多的钱，从而使交通费用在其全部旅游消费中所占的比例缩小；而经济条件次之的旅游者消费构成中，交通费用所占的比例则较前者大，其原因在于食、住、购、娱等方面节省开支比较容易，而在交通方面省钱则比较困难。

2. 价格

旅游产品的价格及其变化影响着旅游者的消费行为。经济学的需求规律同样也适用于人们对旅游产品的购买行为。首先，旅游产品同其他某些商品和服务之间存在替代关系，旅游产品的价格同这些商品或服务价格的不同变化会导致人们对旅游产品需求量的变化。其次，由于人们的收入毕竟是有限的，因此当旅游产品的价格上升时，人们往往会减少对外出旅游的需求，这是由于价格变化所导致的收入效应。

3. 所处的团体

消费者属于什么样的团体，他的消费行为也会体现出这个团体的特征，遵从所属团体的诸多行为规范。一个特定的团体所具有的价值准则或行为惯例以各种方式影响着成员的行为，在旅游活动中具体表现为属于某一特定团体的人们寻求他们所属群体通常的利益。旅游经营者应了解旅游者所属的特定团体，了解这些团体之间的各种差异，了解他们的习惯和需求，使销售和服务工作适合于不同类型团体的需要。应当指出的是，由于划分的角度不同，团体的性质也存在差异。有按经济收入来划分的团体，有按受教育水平来划分的团体，有按职业来划分的团体，有按社会阶层来划分的团体，有按文化群体来划分的团体。鉴于这些不同角度的划分方式，同一个人可以归入不同性质的团体。许多研究从不同的侧面解释了不同团体对旅游行为的影响。

4. 闲暇时间

人们在日常工作、学习、生活及其他必需时间之外，可以自由支配的时间即为闲暇，它是实现旅游消费行为不可缺少的重要因素。闲暇时间大体上包括每日闲暇、每周闲暇、公共假日和带薪假期，其中除了每日闲暇时间因为很零散不可用于旅游之外，其他三类均为旅游消费行为提供了便利条件。虽然并非所有的闲暇时间都一定用于旅游，但对旅游活动的参与者而言，一定数量而且比较集中的时间才有可能实现外出旅游，完成消费行为。

5. 信息

信息对消费行为的限制体现在信息量与选择上，旅游经营者与旅游消费者信息的不对称使旅游者在决策上产生困难。信息主要来自两个渠道，即商业环境和社会环境。商业环境包括广告和推销。旅游经营者应通过有效的信息传递方式增强消费者原有的动机，促使他们接受并赞成这些信息，从而做出计划的最终决策；也可以通过劝说消费者改变决策方法来影响他们的旅游决策。旅游消费者的社会环境，主要包括家庭成员、亲属和朋友，这是个体获得信息的重要来源。与商业环境的信息相比，旅游消费者更愿意相信来自亲友的信息，因为他们用自己的亲身经历和第一手资料向消费者宣传、介绍、推荐，在很大程度上影响了消费者的旅游选择，这对缺乏经验的消费者尤为重要。

9.3.6 促进旅游者购买行为的策略

1. 通过多种途径与方式，加大宣传力度

瑞典的旅游业是仅次于林业的第二大产业，其振兴旅游业的首要秘诀就是扩大对公众的宣传。瑞典全国共有400多个旅游业信息中心，除提供各种有关旅游的咨询外，还办理旅馆预订、交通行程预订和外汇兑换业务，在宣传促销、方便游客、提高旅游目的地声誉等方面发挥着重要作用。调查表明，消费者之所以会遗忘企业发出的有关商品信息，一个重要的原因是重复不够，即"刺激—反应"过程的频率不够。从心理学来讲，重复就是强化刺激。通过大量的宣传使消费者有更多的机会接受刺激，从而达到保持记忆的目的。由此，旅游企业应采用大众传播媒介、新闻发布会、各项节庆纪念活动、展览会、广告、企业刊物等形式，高频率、高密度地进行宣传，使旅游产品深入人心。

2. 增强旅游产品的吸引力

人们外出旅游的目的是要通过游览名胜古迹、田园风光、风土人情、古老建筑和享受优质服务来满足其身心需要。人们能否得到这种满足，取决于旅游产品是否符合旅游者的需要。只有当旅游产品具有能满足旅游者的某一需要时，才会使旅游需要转化为旅游动机。我国历史悠久，民族众多，地域广阔，是一个旅游资源丰富的国家，任何一个旅游景区在开发旅游产品时都必须突出自身特色，显示出与众不同的独特风格，才能吸引旅游者，并强化、渲染它，以增加它的魅力。

3. 提高旅游设施水平

旅游资源、旅游产品具有吸引力，仅仅是旅游动机产生的条件和基础，而旅游设施是人们旅游需要能否转化为旅游行动的重要因素。旅游设施的数量、规模、档次、服务质量要充分满足游客的需要，保证旅游者进得来，住得下，玩得开，走得动，出得去。在设计上要造型独特，外观雅致，内部舒适。旅游设施要满足不同阶层、不同地区、不同心理需求的旅游者的需要。

> **消费案例**
>
> *哈尔滨的冬天也迷人*
>
> 歌唱家郑绪岚一曲《太阳岛上》流行全国的时候，展示给旅游者的是哈尔滨迷人的夏季，对南方游客很具吸引力。然而夏天一过，哈尔滨的旅游旺季就降温了。随着气候的转冷，哈尔滨旅游逐步从热点直至冰点。为了改变哈尔滨冬季旅游业萧条的局面，旅游部门换位思考，进行市场运作，推出观看"冰雕、冰灯、雾凇"，体验"滑雪、狩猎、冬泳"等一系列特色冬季旅游项目，吸引了大批南方客人。展示在游人面前的是"哈尔滨冬天也迷人"的新画卷，使哈尔滨冬季旅游柳暗花明，由"冰点"转为"热点""亮点"。

复习思考题

1. 饭店市场的消费心理有哪些?
2. 饭店企业有哪些营销策略?
3. 汽车市场的消费者有哪些消费心理?
4. 汽车企业可以采用哪些营销策略?
5. 旅游者的消费心理有哪些?

案例分析题

海底捞成功的核心要素

海底捞不仅创造了三伏天排队吃火锅的奇特景观,更是为多数竞争者模仿、多数学者研究。是什么让海底捞获得成功?

1. 服务

海底捞在服务这一影响因子上,发挥了各方面的资源优势来确保海底捞服务方面的竞争优势,突出服务作为海底捞的核心竞争力。

1)服务过程。海底捞有一套完整的、标准化的服务流程。从消费者的迎接、代客泊车,到就餐过程中的点餐、服务,再到消费者交款、送别、帮客提车,甚至消费者离店之后的后续服务,都能从头至尾保持着统一、高质量的服务。

2)服务内容。海底捞的服务理念总括为:热情、高效、细致、贴心。比如,在海底捞排队等候时,可以享受海底捞独有的增值服务;对于那些竞争对手也能提供的服务,海底捞会做得更加细致。

3)服务价值。海底捞能给消费者造成超出预期的心理感受,不仅由于海底捞的服务理念深入人心,服务内容丰富,更主要的是服务执行到位。海底捞能打造出超出预期的服务价值感受主要源于:服务人员的态度好,服务响应速度快,服务有统一标准。

2. 员工管理

海底捞的员工管理,围绕着服务流程,做到相互匹配。

1)执行力。海底捞员工的执行力表现在工作上就是认真敬业吃苦耐劳。海底捞的服务人员对待消费者都抱以真诚热情的态度,始终如一地保持微笑。

2)主动性。海底捞的员工不仅执行能力强,能够出色地完成本职工作,还能积极主动地去完成本职工作之外的事情。海底捞的员工在与消费者接触的过程中,发现那些不完善的地方,会马上提出更好的意见。另外,这种主动性还促使员工去做一些看起来纯粹是本职工作之外的事情。

3)忠诚度。在海底捞,员工对企业有着很高的满意度和忠诚度。高忠诚度导致海底捞员工的离职率很低,大概低于10%;高忠诚度导致员工对待工作兢兢业业,把企业的良好发展当作是自己的职责尽心来做,从而创造让人有口皆碑的海底捞服务。

3. 选址

海底捞在选址分布上,尽量避开川味火锅现有竞争者。避开现有竞争者有助于减少新建企业投资成本。海底捞在具体的分公司选址一般要遵循以下原则：具有一定的交通优势；要有停车优势；选较繁华地带或者具有潜力的地带。

通过对海底捞的选址原则进行归纳，可以发现海底捞的选址满足了方便消费者到店、物流配送等方面的要求。因此，也是促成海底捞成功的影响因子。

4. 流程

海底捞在北京、上海、西安和郑州设有4个配送中心，分别为各地的门店服务，负责片区门店的"区域要货、区域配送、区域库存"的管理。依靠配送中心的支持，各门店只需将订单通知配送中心，由计划部统一下达配送任务，然后通过配送中心的内部物流便能以最快速度将所需物品送到门店。海底捞还在努力加强后台菜品配送流程，以期达到"分店无后厨"的最终境界。

海底捞完善的物流配送体系，保证了菜源的及时供应和肉品菜品的新鲜、健康，满足了消费者在就餐时对食品质量和上菜速度的要求，与发展策略相匹配。

海底捞的服务具有难复制、稀缺性和价值性的特征，构成了海底捞的竞争优势。与服务相比，员工管理、选址和流程三大影响因子对海底捞的贡献也不容忽视。因此，海底捞成功的核心之处在于以服务为核心，结合其他影响因子，形成海底捞的核心竞争力，实现海底捞的成功扩张。

思考题：

请根据所学知识，分析海底捞所采用的营销策略及其效果。

》》》实训题

请选择本地区的一家旅游企业作为分析对象，对其营销策略进行分析。

第 10 章 消费心理的新发展

引导案例

我们身边的电子商务

根据《中国电子商务发展报告（2019—2020）》，2019 年中国电子商务交易总额达到 34.81 万亿元，同比增长 6.7%。在高速发展的电子市场中，淘宝、京东、唯品会、天猫、拼多多、蘑菇街、抖音直播、快手直播等购物平台已成为网购市场的主要平台。在"云大物移智"时代下，互联网的开放性、全球性、低成本、高效率的特点，已被各行各业广泛应用，很好地满足了消费者"足不出户"的消费需求。可以说，电子商务与我们的生活息息相关。

10.1 电子商务与消费心理

随着信息技术革命和互联网技术的迅速发展，电子商务时代正向我们走来。面对网络购物这种消费形式，消费者的消费心理和购买行为势必会发生变化。我们在研究电子商务时代下消费者的消费心理和购买行为，以实施新的营销策略来满足消费需求，促进电子商务经济向健康方向发展。

10.1.1 网络消费者的网购特征

针对商业领域中消费者的网购特征，主要研究网络消费者的消费心理和行为特征。

1. 网民规模

截至 2022 年 6 月，我国网民规模达到 10.51 亿人，互联网普及率达 74.4%。其中，使用手机上网占比最高，比例已达到 99.6%，手机电子商务在网购中发挥重要作用。同时，网民人均每周上网时长为 29.5 小时，较 2021 年 12 月提升 1.0 个小时。我国总体网民、手机网民数量趋势如图 10-1 所示。

2. 网络消费者的购买行为类型

根据购买行为发生前购买目标确定的程度，网络消费者的购买类型可分为特定购买、计划购买、提醒购买，如图 10-2 所示。

建设和优化网络营销平台，提升品牌口碑，合理地投放网络广告，提高展现量，适时开展网络促销活动有效提升点击量、访问量和咨询量，最终提高转化率，增加订单量。在网络营销中，网络消费者的购买行为通常可以通过"五量"体现，如图 10-3 所示。

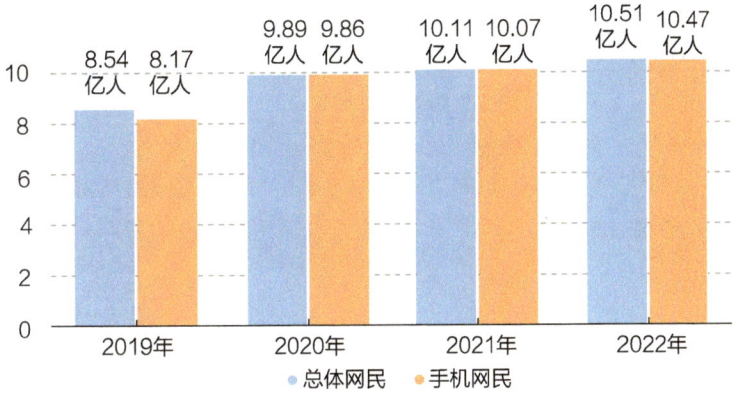

图 10-1　我国总体网民、手机网民数量趋势

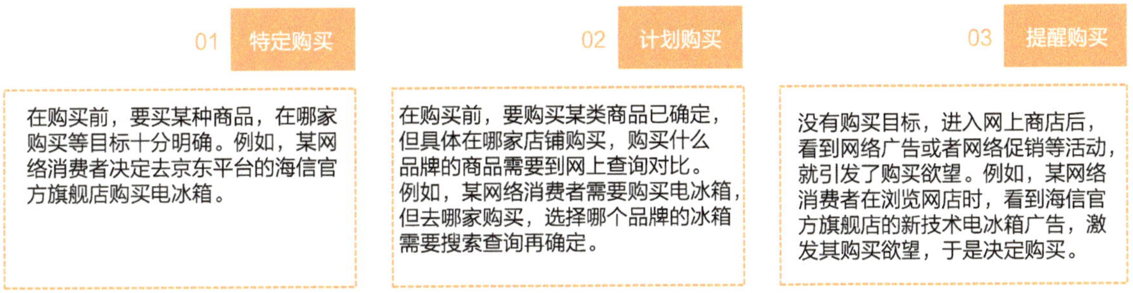

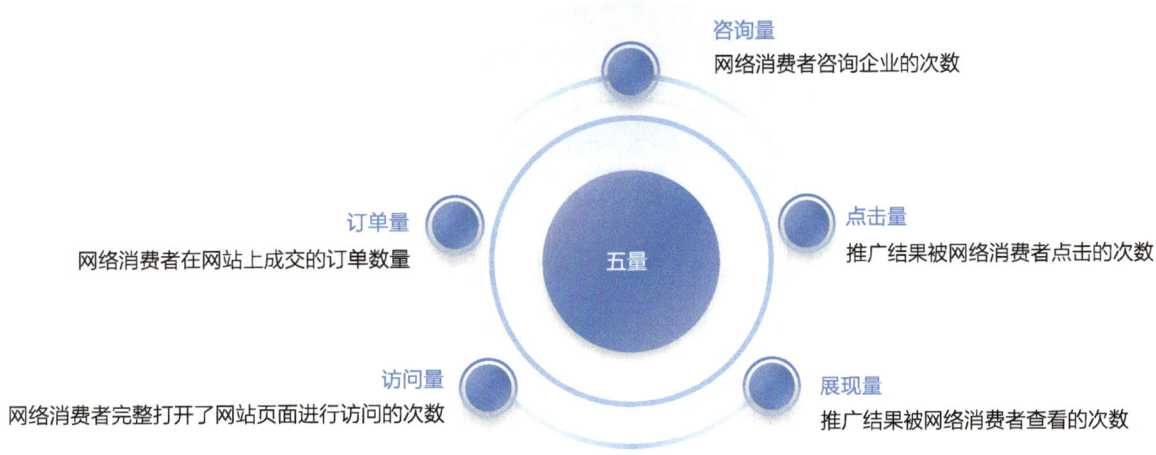

图 10-2　网络消费者的购买类型

图 10-3　五量

3. 网络消费者的消费心理和行为特征

在市场经济飞速发展的今天，市场的主导地位早已完成了卖方市场向买方市场的转变过程，消费者占主导地位的时代已经来临。这种主导地位在电子商务经济中表现得更为突出。网络消费者心理和行为特征如图 10-4 所示。

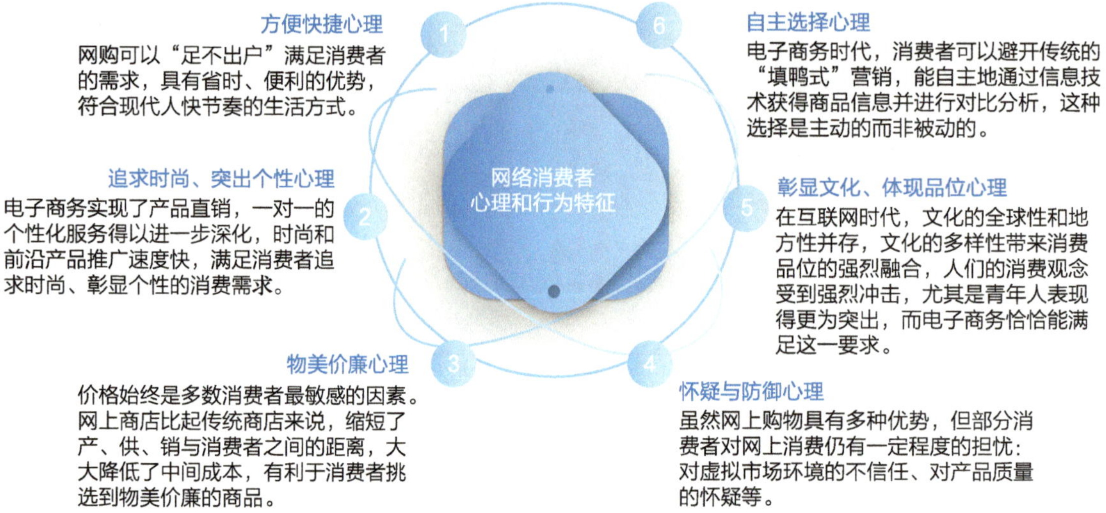

方便快捷心理
网购可以“足不出户”满足消费者的需求，具有省时、便利的优势，符合现代人快节奏的生活方式。
追求时尚、突出个性心理
电子商务实现了产品直销，一对一的个性化服务得以进一步深化，时尚和前沿产品推广速度快，满足消费者追求时尚、彰显个性的消费需求。
物美价廉心理
价格始终是多数消费者最敏感的因素。网上商店比起传统商店来说，缩短了产、供、销与消费者之间的距离，大大降低了中间成本，有利于消费者挑选到物美价廉的商品。
网络消费者心理和行为特征
1
2
3
4
5
6
自主选择心理
电子商务时代，消费者可以避开传统的“填鸭式”营销，能自主地通过信息技术获得商品信息并进行对比分析，这种选择是主动的而非被动的。
彰显文化、体现品位心理
在互联网时代，文化的全球性和地方性并存，文化的多样性带来消费品位的强烈融合，人们的消费观念受到强烈冲击，尤其是青年人表现得更为突出，而电子商务恰恰能满足这一要求。
怀疑与防御心理
虽然网上购物具有多种优势，但部分消费者对网上消费仍有一定程度的担忧：对虚拟市场环境的不信任、对产品质量的怀疑等。

图 10-4　网络消费者心理与行为特征

4. 网络消费者的购买行为过程

网络消费者的购买行为过程一般分为五个阶段：激发需求→收集网络信息→比较选择→网络购买决策→购后评价，如图 10-5 所示。

购买经验等内部渠道
商业和公共等外部渠道
年龄、性别、心理、
生活方式等个人因素
收集网络信息
比较选择
网络购买决策
• 买什么?
• 在哪家网店买?
• 买多少?
激发需求
• 内在需求
• 外在刺激
产品、支付、服务、
营销策略、网站设计
等企业因素
购后评价
• 满意/不满意
• 重购/推荐/排斥

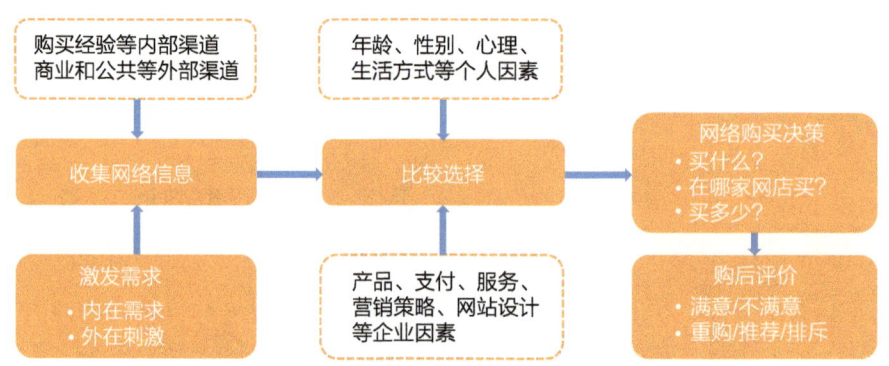

图 10-5　网络消费者的购买行为过程

10.1.2　满足消费者心理需求的合理化建议

电子商务中，消费者特殊的消费心理给企业的营销理念带来了新的挑战，商家必须在经营的产品、营销策略等方面有所创新和突破，只有这样，才能满足现代的消费者心理。

1. 产品的制定要创新

现代的消费者在消费动机方面多表现为求新、求奇、求美等个性化动机，现代企业在开展网络营销时，应该充分发挥互联网的优势，根据消费者不同的消费动机细分不同的目标市场，满足消费者的个性化需求，提供定制化服务。家喻户晓的海尔集团是世界级的家电企业，该公司在国内率先推出了 B2B、B2C 的经营模式，可以按照不同国家或地区的消费特点，进行个性化的产品生产，可以提供 9 000 多个基本型号和 20 000 多个功能模块的产品供消费者选择。

> **小贴士**
>
> **电子商务交易模式**
>
> 电子商务的交易模式主要有以下 7 种。
> 1）B2B（Business to Business）：企业对企业的电子商务交易模式。
> 2）B2C（Business to Customer）：企业对个人消费者的电子商务交易模式。
> 3）C2C（Customer to Customer）：个人消费者对个人消费者的电子商务交易模式。
> 4）B2G（Business to Government）：企业对政府部门的电子商务交易模式。
> 5）C2G（Customer to Government）：个人消费者对政府部门的电子商务交易模式。
> 6）O2O（Online to Offline）：线上到线下的电子商务交易模式。
> 7）B2T（Business to Team）：企业对团队的电子商务交易模式，即一个团队向商家采购（简称"团购"）。

2. 产品的价格要合理

产品的价格是影响市场需求和购买行为的主要因素之一。在多数情况下，价格在消费者购买决策中起到决定性作用。这就要求企业选择定价策略时必须加强其灵活性，实施价格公开、打折优惠、定制定价等策略，才能促使网络消费者做出购买决定，从而能有效地满足消费者独立自主的购物心理。

 消费心理研究室

捆绑定价	购买套餐一定划算吗
将两种或两种以上的商品或服务作为一个整体，给予一个特别优惠的价格出售。	省 29.5 元 **心理分析**：肯德基宅急送网上订餐 APP，推出套餐系列（将汉堡、鸡翅等几种相关联的产品捆绑一起定价），捆绑后价格共计节省 29.5 元。将两种或两种以上的相关产品，捆绑一起出售，并制定一个合理的价格，从而降低顾客对价格的敏感程度。套餐内产品如不能覆盖消费者需求，则会增加购买。

营销策略：除了捆绑定价策略外，还有折扣定价策略、竞争定价策略、集体议价策略、定制化定价策略、免费定价策略等。
- **折扣定价策略**：销售者给予消费者部分价格优惠，以吸引消费者购买或者多买商品。

 数量折扣：两件五折　　 季节折扣：反季清仓羽绒服

- **竞争定价策略**：随着竞争对手价格的变动而调整自己的价格，以保持同类产品的相对价格优势。

- **集体议价策略（团购价）**：当销售量达到不同数量时，销售商制定不同的价格，销售量越大，制定的价格越低。

（续）

- **定制化定价策略**：在企业能实行定制生产的基础上，利用网络技术和辅助设计软件，帮助消费者选择配置或者自行设计能满足自己需求的个性化产品（服务），按照消费者意愿支付价格，向不同的消费者收取不同的价格。

- **免费定价策略**：企业将产品（服务）以零价格形式提供给消费者使用，满足消费者需求，实现企业的营销推广目标。
    1. 完全免费策略
        特点：永久性地为消费者提供免费产品或服务。
        实例：网易 163 邮箱、126 邮箱从注册到使用都是完全免费的（需要开通某些服务功能的除外）。
    2. 限制性免费策略
        特点：网站提供的商品或服务有限制性免费使用条件。
        实例：手机彩铃、程序软件等在消费者刚刚试用阶段是免费的，过了试用期就按照相应标准收费。
    3. 部分免费策略
        特点：网站提供的商品或服务部分是免费使用的，部分是收费使用的。
        实例：阿里巴巴提供的阿里旺旺工具是免费的，而诚信通业务是收费的。

    需要注意的是，免费定价策略主要适用于免费产品（服务），这里说的免费产品应具备以下特点：无形化的特点、零制造成本、易于数字化、具有成长性和冲击性、获得间接收益的特点。

3. 交易的过程要安全

电子商务虽然已被各行各业广泛应用，但对于消费者来说也需要格外小心谨慎，因为网络陷阱无处不在。对于网络消费者来说，多数人都遭遇过诸如虚假信息以及产品质量、售后服务、厂商信用不可靠等问题。所以，网络交易的安全性一直是网络消费者关注的重点。网上的商家应该建立良好的企业形象和品牌形象，通过良好的信誉取信于顾客是网络营销的根本所在，是电子商务成功的前提和基础。另外，建立完善的信用机制，提供公平规范的法律环境，健全相应的网络配套体系也是网上交易安全化的必要保障。

保证电子商务交易安全的方法如图 10-6 所示。

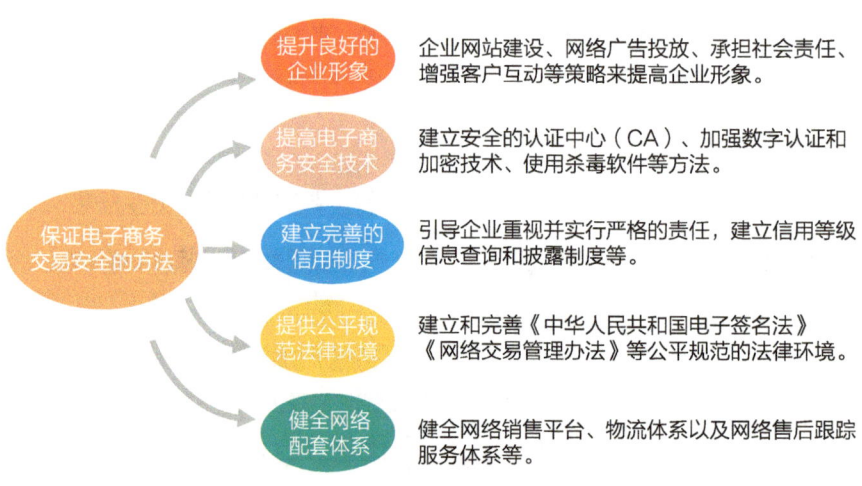

图 10-6　保证电子商务交易安全的方法

4. 在线客户服务要优质

企业网站建设得很好，也发布了网络营销广告，带来了一定数量的访客，但访客能否实现转化，最终成为企业的购买者，一个关键的因素就是能否提供优质的在线客户服务。调查数据显示：90%~95%的访客（潜在消费者）在浏览了企业网站后，都没有主动和企业联系，即流失大量访客；另有调查显示：约60%的客户不会在反应迟钝的网站上购物。可见企业要想锁住潜在消费者，变流量为收入，提供优质的在线客户服务是非常必要的。同时，还要不断提高网上商店的售前、售中和售后服务质量，确保交易的安全性。例如，要热情地招呼好每一位在线顾客，适时提供良好的产品建议，每天24小时营业等，注意培养顾客的安全感和信任感。生活中，我们常通过在线客服机器人、人工客服来了解或解决遇到的问题。在线客户沟通策略如图10-7所示。

图 10-7　在线客户沟通策略

5. 网络推广方法要新颖

随着经济的发展，人们的消费观念、消费内容、消费方式都发生重大变化，随之而来的消费心理也呈现出新特点：消费者购买的不仅是商品的使用价值，更注重商品的"延伸价值"，如符号价值、情感价值等，个性化消费成为消费的主流；由于科技的发展，产品生命周期不断缩短，消费者的消费行为转变较快。这些变化要求企业的网络推广方法要推陈出新，电视广告、户外广告、人员推销等传统媒体的推广方式在交互性、时间性、广泛性等方面已经远远不能满足企业和消费者的需求。与传统媒体相比，新媒体的个性化特征更能满足现代消费者的消费心理。传统媒体对应的新媒体见表10-1。

表 10-1　传统媒体对应的新媒体

传统媒体	新媒体
报纸	数字报纸、官方微博、微信公众号
广播电台	喜马拉雅音频、抖音、快手、西瓜视频
车载电视	车载移动电视、移动手机
楼宇广告	楼宇电视
地铁广告牌	地铁车载媒体广告

新媒体营销是指在互联网的整体环境中，依托新媒体工具和平台，运用现代营销理论开展的营销方式。新媒体营销的类型及营销特点见表 10-2。

表 10-2 新媒体营销的类型及营销特点

类型	营销特点	代表平台
资讯新媒体营销	企业或个人通过网络资讯平台进行的新媒体营销	今日头条、百家号、搜狐号
问答新媒体营销	一般通过提问或问答形式，在与潜在消费者互动过程中植入品牌或产品信息，吸引目标受众	百度知道、知乎
社交新媒体营销	企业可以通过社交媒体平台进行商业活动，用户也可以通过平台交流各种信息	微信、微博
社区新媒体营销	一般通过"兴趣"聚合，找到与目标顾客需求符合的圈子，做品牌宣传或发挥导流作用	小红书、豆瓣、微信朋友圈
社群新媒体营销	互联网环境下，根据人们的兴趣爱好、审美需求等建立了社群，商家可以在社群中进行精准营销。群成员可以自发宣传，形成分裂式推广	微信群、QQ 群
视频新媒体营销	互联网时代的视频营销媒介主要是网络，多通过移动端进行传播的短视频（一般时长在 4 分钟左右）	抖音、快手、西瓜视频
音频新媒体营销	以音频为主要传播载体的营销方式，实现闭屏接收，营销触达更高效	喜马拉雅、荔枝
直播新媒体营销	利用网络或移动网络以直播平台为载体，做产品销售或品牌推广的营销活动	淘宝直播、花椒直播

消费心理研究室

消费群体画像	喜马拉雅为什么能成为在线音频市场的领跑者
通过直接调查客群，或采访与消费群体直接接触的人，如公司的销售团队、服务团队、经销商等，以充分了解消费群体，描绘出人群的完整形象。	**心理分析**：消费者获取知识的痛点之一是：电子产品多种多样，现代人用眼过度。例如，为了保护孩子视力，家长选择了喜马拉雅 FM 平台。当然，喜马拉雅 FM 人物画像类型还有年轻白领、IT 从业人员、出租车司机、主播、企业家等。这些消费者的消费心理或是利用碎片化时间充实自己，或是获取新闻资讯、消遣娱乐，或是分享自己的作品以赢得名声和收益等。

营销策略：当今消费者对某领域的知识有需求、感兴趣，想用听的方式直接获取资讯和知识的场景需求，促进了音频市场的不断发展。音频新媒体平台提供了收听、订阅、下载、播音等核心功能，商家可以推出有新意的活动，如不定时举办不同年龄阶段的平台主播招募活动，重视品牌合作，提倡原创音频传播，充分发挥用户分享、主播互动、粉丝团的作用。

10.2 绿色消费与消费心理

近年来，随着人们生活水平的不断提高，消费意识和消费方式正在发生显著的变化。但是有很多消费者由于缺乏环保意识或者习惯于传统的消费方式，在消费过程中自觉或不自觉地对人类的生存环境带来了污染和破坏，如使用含磷洗衣粉等，这些行为都使我们生存的环境更加恶化，甚至对子孙后代的健康和安全造成威胁。同时，社会也将负担过度消费或者不合理消费引起的负面效应。于是，保护生态环境、减少污染、节约能源、促进生态环境的可持续发展观念开始渐入人心，人们为了追求健康和可持续发展，环保观念也日益增强。

10.2.1 全球绿色消费浪潮的掀起

随着社会经济的发展，社会上产生出一对新的矛盾：一方面，人们的消费能力逐渐增强，消费结构呈多元化发展，人们对健康、文明、科学等需求越来越高；另一方面，在经济发展过程中对环境所造成的污染和人类健康的威胁也日趋明显。如今，社会各界已经意识到问题的严重性，全球绿色消费浪潮已悄然掀起。

1. 绿色消费起源深远

对绿色消费的研究最早起源于20世纪70至80年代。1987年，英国出版的《绿色消费者指南》中第一次提出了绿色消费的观点。1992年，联合国里约环境与发展大会上通过了《21世纪议程》，该议程在"消费模式"一章中指出："若想达到适当的发展，需要提高生产率，以及改变消费，以最高限度地利用资源和最低限度地生产废弃物。"1994年联合国环境规划署的报告《可持续消费的政策因素》中对绿色消费的定义是"提供服务以及相关产品以满足人类的基本需求，提高生活质量，同时使自然资源和有毒材料的使用量减少，使服务或产品生命周期中所产生的废物和污染物最少，从而不危及后代的需求"。可见，从国际上看，绿色消费已经变成一个被重视的宽泛的概念。一些环保专家综合以上说法，把绿色消费总结成5R原则，即节约资源、减少污染（Reduce），绿色生活、环保选购（Reevaluate），重复使用、多次利用（Reuse），分类回收、循环再生（Recycle），保护自然、万物共存（Rescue）。

2. 绿色消费已成为世界各国所追求的新时尚

绿色消费成为人们所追求的新时尚。据有关调查统计，

小贴士

为什么要选择网上购物

就消费者选择网上购物的原因而言，一些研究者发现有心理因素和非心理因素两种。

消费者选择网上购物的心理因素有多种，如网络的购物满足人们的需要、购物经验很少或者不习惯上街购物、商店人员态度不佳、对商店购物有强烈的排斥感、所购买的商品涉及个人隐私等因素。网络购物的隐蔽性和产品独特性，恰恰可以满足这些需求。

消费者选择网上购物的非心理因素，如店铺离家远、没有时间去实体店、商品的体积太大、商品不易搬动以及销售时间过于短暂（如季节性商品）等。而网络购物的全天营业，商品邮寄到家及免除奔赴店内购物等好处，使得网上购物形式更吸引人。

消费者选择花时间网上购物的动机和理由，除了购物以满足个人心理需求外，还有人际因素。对网络使用者而言，网上购物可以替代部分人际互动关系，并降低复杂的人际交流与沟通。

但是网上购物将不可能满足消费者个人的部分社交动机，譬如一般购物时产生的家庭外社交经验，如购物者在超市聊天或与其他社交接触活动的机会。同时，虚拟的环境也无法提供一些服务（如美容相关服务等）。

77%的美国人表示，企业与产品的绿色形象会影响他们的购买欲望；94%的德国消费者在超市购物时会考虑环保问题；在瑞典85%的消费者愿意为环境清洁支付较高的价格；在加拿大80%的消费者宁愿多付10%的钱去购买对环境有益的产品。"绿色革命"的浪潮一浪高过一浪，绿色商品大量涌现，绿色服装、绿色用品在很多国家已成潮流。瑞士早在1994年就推出"环保服装"，西班牙时装设计中心推出"生态时装"，美国有"绿色计算机"，法国开发出"环保电视机"。绿色家具、生态化的化妆品也走入世界市场；各种环保节能汽车正驶入高速公路；使用木料或新的生态建筑材料建成的"绿色住房"也已出现。总之，绿色消费已渗透到人们消费的各个领域，在人们的生活中已经占据重要地位。

世界各国采取了一系列有效措施助推绿色消费，如做好环境标志、进行绿色认证等。环境标志如图10-8所示。

图10-8 环境标志

3. 我国绿色消费的发展情况

我国在2001年首次提出"绿色消费"，并给出三个层次的定义：一是倡导消费者选择未被污染或有利于健康的绿色产品；二是在消费过程中注意垃圾的处理，不造成环境的污染；三是积极引导消费者转变观念，崇尚自然、追求健康，注重环保，节约资源和能源，实现可持续消费。

绿色消费最初形式是对绿色食品的购买，但随着绿色经济的发展，绿色消费不仅仅局限于食品，现已经延伸到各个行业。节能汽车、节能家电、光盘行动、重提菜篮子……环保、节能、健康、可持续的绿色消费模式渐趋多样化。

环保专家把绿色消费总结成"3E"和"3R"原则：讲究经济实惠（Economic）；讲究生态效益（Ecological）；符合平等、人性的原则（Equitable）；提倡分类回收、循环再生（Recycle）；节约资源、减少污染（Reduce）；重复使用、多次利用（Reuse）。三E三R实例如图10-9所示。

图10-9 三E三R实例

10.2.2 绿色消费者的心理特征

绿色消费者是指那些关心生态环境,对绿色产品(或服务)具有现实和潜在购买愿望、购买能力的消费人群,是绿色消费的主要力量。绿色消费者主要有以下心理特征。

1. 绿色需要

绿色需要是指人类的"生态需要",即由于人类生理机制中内在的动机产生的,对符合环境保护标准的产品和劳务的消费意愿。绿色需要是一种高层次的消费需要,它不仅考虑到短期利益的需要,而且更加注重人类社会的长远发展。绿色需要的内容非常广泛,主要有绿色食品、绿色服装、绿色家电、绿色家居、绿色建材和绿色汽车等需要。人们的绿色需要动机是消费者购买绿色商品的基础。

2. 简约主义

绿色消费者的购物理念是超前的、环保的、健康的、可持续发展的,所以在选择商品或劳务时一定要符合自己的消费理念。用简约主义的解释就是即便消费,也要消费得健康,是一种少而精的时尚美。简约主义摒弃一些无用的细节和消费,保留最纯粹、健康的部分。其核心思想是"少就是健康,少就是多"。无论是服装设计还是手表、手机设计,都有许多简约主义的跟随者。

3. 情感需要

一般情况下,人类的消费需求可以分为生理需求和社会需求。生理需求无须解释,需要引起重视的是消费者的社会需求及其所引起的情感,是人类高级的社会性情感。这种情感具有稳定的社会内容,往往以鲜明的情绪表现出来,这种情感对消费者的购买行为具有明显的影响力,因为它代表了人的社会欲求。这种社会性情感可分为三类,即道德感、理智感和美感。例如,人们通过节约生活用水来实现低碳生活方式,这种行为不仅是简单的节约,还充分地体现了人们的社会道德观。

10.2.3 促进绿色消费的心理策略

1. 普及绿色教育,加强公众环保意识

政府有关部门要承担起对全民进行绿色教育的责任,使消费者能学习有关绿色消费和绿色产品的知识,正确理解绿色消费的内涵,让消费者认识到绿色消费不仅有利于人民生活水平

> **小贴士**
>
> 绿色食品是指产自优良生态环境、按照绿色食品标准生产、实行全程质量控制并获得绿色食品标志使用权的安全、优质食用农产品及相关产品。绿色食品的生产实施"土地——餐桌"的全程质量监控。绿色食品标准共分为两个技术等级,即 AA 级绿色食品标准和 A 级绿色食品标准。
>
> AA 级绿色食品:生产过程中不使用任何有害化学物质。
>
> A 级绿色食品:生产过程中允许限量使用化学合成物质。

AA级绿色食品标志

A级绿色食品标志

的提高和生命健康的保障，还有利于保护生态环境和自然资源；不仅关系到现在人们的生活，还关系到人类的子孙后代。只有这样，绿色消费观念才能深入人心，绿色消费模式才能得以实现。

2. 开展绿色沟通，促进绿色消费

绿色产品大多采用较为高新的技术和材料制成，成本和生产工艺以及市场开拓费用相对高昂，具有较高的附加值，所以价位也较高，对一般消费者来说，可能感觉到难以接受。因此，必须通过一定的沟通手段，使他们了解绿色产品的实质，即为什么是绿色，有什么优势等。例如，美国通用汽车公司在发展电动汽车计划时就采取了主动沟通的方式，并且认为这种沟通方式要先于大众媒体的密集式广告，用美国通用汽车公司电动汽车广告经理的话说："我们沟通的第一步是教会人们什么是电动汽车，怎样去与其他车辆进行比较。我们还不得不告诉他们如何比较各种可替代燃料。第二步是教会人们如何现实地看待他们的驾驶方式，以考察电动汽车是否适合他们，什么时候会停下来，运行多长时间停下来，两次充电的间隔时间是否足够长。"

3. 营造绿色时尚，实现绿色消费

绿色消费是随着环保运动发展而兴起的一种理性的高层次消费。这种崭新的消费理念需要多数消费者逐步接受，其最先接受的可能是一些文化水平较高、收入水平可观的且具有一定的社会责任感和道德感的"新生代"，所以企业应首先抓住"新生代"的模范作用，在他们的带动下大力营造绿色时尚，如做绿色产品广告或者找到有影响力的"新生代"做代言宣传等。

4. 进行文化渗透，发展绿色消费

绿色消费是一种新的生活方式。它除了和新工业革命相联系之外，还与以珍惜资源、关爱后代的传统文化相依存。在中国，绿色消费的推行有其特有的文化优势。可以利用"生态养生"之道、勤俭节约的美德、关爱子孙后代等文化进行宣传教育，从而提高公民道德自觉精神，树立绿色消费观念，发展绿色消费。

▶▶▶ 复习思考题

1. 在电子商务迅速发展的今天，消费者有哪些消费心理？
2. 促进绿色消费的策略主要有哪些？

▶▶▶ 案例分析题

网络购物时代与消费者权益的保护

网络购物因其直接性和快捷性等购物特点，越来越受到青年一代的青睐。很多人从中得到了消费的新乐趣，但也有一些人后悔莫及。小李是一所高校的学生在网上选购了一条牛仔裤，价格是69元，邮费是10元。一周后这条牛仔裤如期到货，可是打开邮包一看，小李惊呆了。原来，邮来的这条裤子和网上的样本不但颜色不同，而且尺码还不对，根本不合身。小李随即与卖家联系并说明情况。可卖家表示，邮寄的裤子就是小李在网上拍下的那条。

思考题:

(1) 你有过网购的经历吗？你能给小李提出正确的购物方法吗？

(2) 在网络购物时代的今天，消费者应该怎样保护自己的权益？

》》》实训题

实训内容：

① 你购物的时候，有选择绿色产品的习惯吗？

② 假使你要选择购买食品，你会有什么绿色标准？

③ 根据学生是否有购买绿色产品的习惯或者对食品的绿色标准不同，可将学生分为不同的小组，阐述其观点。

实训形式：课堂实训。

实训目标：引导学生认识绿色消费，做一名真正的绿色消费者。

参考文献

[1] 周欣悦，王丽. 消费者行为学 [M]. 2版. 北京：机械工业出版社，2021.

[2] 江林. 消费者行为学 [M]. 2版. 北京：首都经济贸易大学出版社，2005.

[3] 余杰，罗乐娟. 消费心理学 [M]. 北京：北京理工大学出版社，2010.

[4] 杨海莹，李占军. 消费心理学 [M]. 2版. 北京：高等教育出版社，2006.

[5] 齐常华，林楠，岳文. 消费心理学 [M]. 北京：清华大学出版社，2010.

[6] 李付庆. 消费者行为学 [M]. 北京：清华大学出版社，2011.

[7] 衡凤玲. 消费者行为学 [M]. 北京：北京工业大学出版社，2004.

[8] 朱华，窦坤芳. 市场营销案例精选精析 [M]. 3版. 北京：中国社会科学出版社，2006.

[9] 王一心. 读故事 学营销 [M]. 北京：海潮出版社，2005.

[10] 方光罗. 销售心理学基础 [M]. 2版. 北京：中国财政经济出版社，2006.

[11] 谢东江. 每天读点营销常识 [M]. 上海：立信会计出版社，2011.

[12] 涉谷昌三. 他人心理学 [M]. 于潇彧，译. 北京：机械工业出版社，2021.

[13] 张理. 消费心理学 [M]. 北京：经济科学出版社，1995.

[14] 臧良运. 消费心理学 [M]. 北京：电子工业出版社，2007.

[15] 马义爽. 消费心理学 [M]. 北京：北京经济学院出版社，1995.

[16] 焦利军，邱萍. 消费心理学 [M]. 2版. 北京：北京大学出版社，2013.

[17] 李晓霞，刘剑. 消费心理学 [M]. 北京：清华大学出版社，2006.

[18] 汪玉光. 消费心理学 [M]. 北京：化学工业出版社，2010.

[19] 张丽莉. 消费心理学 [M]. 北京：清华大学出版社，2010.

[20] 柯洪霞，曲振国. 消费心理学 [M]. 北京：对外经济贸易大学出版社，2006.

[21] 李凤燕. 消费心理学 [M]. 北京：清华大学出版社，2007.

[22] 李长秋. 消费心理学 [M]. 北京：科学出版社，2009.

[23] 韦弢勇，廖建国. 汽车营销实务 [M]. 北京：机械工业出版社，2008.

[24] 吴金林. 旅游市场营销 [M]. 北京：高等教育出版社，2003.

[25] 耿黎辉，甘元霞. 消费心理学 [M]. 成都：西南财经大学出版社，2003.

[26] 马义爽，王春利. 消费心理学 [M]. 北京：首都经济贸易大学出版社，2002.

[27] 欧阳风. 说故事的行销力量 [M]. 北京：中国城市出版社，2008.

[28] 罗子明. 消费心理学 [M]. 北京：中央编译出版社，1995.

[29] 肖涧松，张志强. 消费心理学 [M]. 北京：电子工业出版社，2010.

[30] 刘小清. 现代市场营销方式 [M]. 北京：电子工业出版社，2005.

[31] 张成. 做生意要懂心理学全集 [M]. 长春：吉林大学出版社，2010.

[32] 谢钟辉. 消费心理学及实务 [M]. 北京：机械工业出版社，2010.

[33] 荣晓华. 消费者行为学 [M]. 大连：东北财经大学出版社，2005.

[34] 王淑荣，李晓燕. 推销技能训练 [M]. 北京：科学出版社，2008.